本书是教育部人文社会科学研究项目“‘一带一路’战略下东北地区产业转型升级路径与对策研究：基于跨空间产业联动视角”（17YJA790006）资助的最终研究成果。

“一带一路”建设下东北地区产业转型升级路径及对策研究

柴秋星　著

中国财富出版社有限公司

图书在版编目（CIP）数据

“一带一路”建设下东北地区产业转型升级路径及对策研究/柴秋星著.
—北京：中国财富出版社有限公司，2021.10

ISBN 978-7-5047-7543-6

Ⅰ.①一…　Ⅱ.①柴…　Ⅲ.①产业结构升级—研究—东北地区
Ⅳ.①F269.273

中国版本图书馆 CIP 数据核字（2021）第 200334 号

策划编辑 郑欣怡　尹培培　**责任编辑** 王桂敏　**版权编辑** 李　洋
责任印制 梁　凡　**责任校对** 张营营　**责任发行** 黄旭亮

出版发行 中国财富出版社有限公司
社　　址 北京市丰台区南四环西路 188 号 5 区 20 楼　**邮政编码** 100070
电　　话 010-52227588 转 2098（发行部）　010-52227588 转 321（总编室）
010-52227566（24 小时读者服务）　010-52227588 转 305（质检部）
网　　址 http：//www.cfpress.com.cn　**排　　版** 宝蕾元
经　　销 新华书店　**印　　刷** 北京九州迅驰传媒文化有限公司
书　　号 ISBN 978-7-5047-7543-6/F·3366
开　　本 710mm×1000mm　1/16　**版　　次** 2022 年 3 月第 1 版
印　　张 13　**印　　次** 2022 年 3 月第 1 次印刷
字　　数 220 千字　**定　　价** 58.00 元

前　言

改革开放40多年来，中国经济社会的发展取得了巨大成就，已经成为世界第二大经济体。当前，原有的全球化治理模式和国际经济秩序发生了巨大变化，更加不能有效应对全球性挑战，也更加不能满足世界各国人民发展的普遍需求。与此同时，在经济全球化日益加深以及世界经济结构深化调整的过程中，中国深化改革开放，与世界经济联系日益紧密，形成了同生并存的命运共同体。然而，置身世界百年未有之大变局，面对当前大国竞争与博弈加剧、全球经济治理体系快速变革、世界经济增长持续放缓等诸多不确定性的压力，我国亟须转换增长动力、调整经济结构。如何将改革进一步推进，这是摆在我国改革事业面前迫切需要解决的问题。

在此背景下，2013年9月和10月，国家主席习近平先后提出共同建设“丝绸之路经济带”和“21世纪海上丝绸之路”（以下简称“一带一路”）的重大倡议，旨在积极发展中国与沿线国家的经济合作伙伴关系，共同打造政治互信、经济融合、文化包容的利益共同体、命运共同体和责任共同体。2015年3月28日，经国务院授权，国家发展和改革委员会、外交部、商务部联合发布了《推动共建丝绸之路经济带和21世纪海上丝绸之路的愿景与行动》，标志着“一带一路”倡议正式上升为国家发展规划。随着“一带一路”建设的深入开展，我国初步形成了两个“开放新格局”：一个是国内区域协调发展的新格局；另一个是全方位对外开放的新格局。这种战略新格局的叠加对我国经济发展产生了深远影响，尤其是我国东部、中部、西部地区在“一带一路”建设中取得了长足发展。然而，与东部、中部、西部地区经济快速增长不同的是，我国东北地区在此期间却表现为经济增长相对缓慢。虽然东北地区经济增长缓慢的原因有很多并且非常复杂，但实践证明，东北地区经济困局很大程度上源于其产业结构不合理、产业能级不高，缺乏产业关联效应。为此，2016 年，中共中央、国务院审议通过的《中共中央 国务院关于全面振兴东北地区等老工业基地的若干意见》，明确把产业调整和转型升级作为东北地区发展的主攻方向。其中，推进产业转型升级，被认为是东北地区振兴发展的核心问题。

目前我国现有的东北地区产业转型升级的理论研究和实践探索，无论是研究视角还是分析范式，都是基于“国内视角”，试图在与我国东部、中部、西部地区的产业合作、互补过程中实现东北地区产业转型升级，而尚未将我国东北地区产业发展嵌入“一带一路”建设格局进行思考。尤其是未能准确判断我国东北地区在“一带一路”建设格局下产业分工的地位和作用，未能系统思考如何在与“一带一路”沿线国家“内外”产业联动中实现东北地区产业价值链的低端解锁和高端升级，进而促进东北地区产业转型升级。显然，这种研究是缺位的，对东北地区真正融入“一带一路”建设，并在多层次的内外开放与互动中实现其产业转型升级，难以提供系统、可行的战略依据和路径选择。因此，本书从产业联动发展的视角，将空间离散的“一带一路”沿线主要支点国家产业链环依据贸易比较优势，通过产业间存在的耦合关联进行联动研究，进而揭示我国东北地区在“一带一路”建设格局下产业合作发展的模式及推进政策。这既是产业联动理论的不断发展与完善，也是我国东北地区在“一带一路”建设格局下实现产业全面转型升级的内在要求。

目　录

第一章　绪　论

1.1　研究背景

改革开放 40 多年来，我国区域经济发展出现不平衡和不充分的状态。东部地区凭借区位优势，积极对外开放，形成了率先发展的优势，实现了区域经济的快速发展。中部地区区位偏远，经济基础薄弱，交通不便利，加之改革开放初期政策支持重点倾向于东部地区，因此中部地区经济发展相对于东部沿海地区一直处于落后状态。东北地区（辽宁、吉林、黑龙江）虽然具有良好的产业基础，但产业升级长期滞后，创新动力不足，导致东北地区发展水平明显落后于东部沿海地区。西部地区（四川、新疆等），虽然自 2001 年中国加入 WTO（世界贸易组织）以后取得了较大发展，但由于历史欠账过多，一直没有摆脱经济发展洼地的困境，大部分省份仍属于经济欠发达地区。

鉴于我国区域发展不平衡、不充分的现状，党的十九大报告明确指出，我国改革开放要进一步“实施区域协调发展战略……深化改革加快东北等老工业基地振兴”。其目标旨在实现区域协调发展，最终形成优势互补的区域发展新格局。虽然我国通过“西部大开发”“中部崛起”以及“振兴东北”战略，积极推进区域经济的协调和平衡发展，但是从目前的区域发展格局上看，我国中西部地区以及东北地区仍然与东部地区有着较大的发展差距。因此如何优化东北地区产业结构，最终实现东北地区产业转型升级，是解决我国区域发展不平衡问题的关键环节。

与此同时，世界经济复苏缓慢，美国等西方经济大国逆全球化趋势不断升级，世界经济格局面临深刻调整，正处于百年未有之大变局。在这种复杂的国际形势下，我国提出“一带一路”倡议，旨在通过中国与沿线国家构建多边合作机制，打造高效的区域合作平台，进而实现经济的共同发展，重塑世界经济新格局。“一带一路”倡议顺应了经济全球化以及区域一体化发展的内在要求，是全球经济治理新秩序和新模式的积极探索与尝试。“一带一路”建设深刻影响着世界经济发展秩序，同时也重塑着世界经济地理格局。随着“一带一路”建设对世界经济地理格局的重塑，我国正在形成全方位的对外开放新格局。这也为东北地区全面加快实施供给侧结构性改革，优化产业结构，实现区域协调发展提供了前所未有的历史契机。

1.2 研究意义

“一带一路”是我国适应国际经济新形势，不断深化改革开放的重大战略新举措。随着“一带一路”建设的深入开展，我国将形成全方位对外开放以及国内区域协调发展的新格局。这种战略新格局将对我国经济发展产生深远影响，尤其是为我国东北地区嵌入“一带一路”建设提供了重要战略机遇。因此，深入研究“一带一路”建设下东北地区产业转型升级路径及其对策，具有重要的理论意义和现实意义。

1.2.1 理论意义

随着“一带一路”建设的不断推进，国内外学者对“一带一路”建设进行了相关研究。虽然国内外的现有研究成果对“一带一路”建设起到了积极的推动作用，但尚没有从跨空间（国家和地区）产业联动发展的视角，对我国东北地区与“一带一路”沿线国家之间如何形成合理的产业分工体系、实现产业协同发展进行系统性研究。这种研究缺失导致目前多数相关理论研究和政策举措仅局限于从中国视角对“一带一路”进行理解和推进，而对沿线国家如何积极嵌入“一带一路”建设，并在开放合作过程中实现产业结构调整、能级提升缺乏研究。因此，本书从产业联动发展视角，将空间离散的各国产业链环依据其资源禀赋和优势条件，通过产业间存在的耦合关联进行联动分析，旨在揭示我国东北地区与“一带一路”沿线国家产业联动发展的机理，进而通过产业布局重构，实现我国区域协调发展。这无疑是对产业联动理论的发展与完善。本书研究成果可用于产业经济学、区域经济学等相关学科建设，具有重要的理论研究价值。

1.2.2　现实意义

“一带一路”建设使得我国东部沿海地区、内陆地区以及沿边地区的发展条件发生了巨大变化，各区域传统的比较优势因其更大的国际交互影响而发生深刻变化。因此，我国产业空间布局以及区域协调发展也必然要在重新审视和分析我国东部沿海地区、内陆地区以及沿边地区在“一带一路”建设下形成的新的区位条件、要素优势、市场规模的基础上，通过与“一带一路”沿线国家在开放合作中实现产业结构调整和能级提升。因此，本书基于“一带一路”背景下东北地区产业升级的内在机理，在系统分析中国与“一带一路”沿线国家贸易分工基础上，遴选出东北地区联动与承接的重点产业，从而揭示东北地区与沿线国家产业合作与发展的对策，最终实现我国各区域产业空间布局的重构。这既是产业联动理论的不断发展与完善，也是我国“一带一路”建设的更高要求，因而本书研究成果对东北地区产业转型升级具有重要的参考价值。

1.3　研究内容与方法

本书旨在系统分析“一带一路”对我国产业布局重构的区域协调优化效应，揭示将我国东北地区与东部、中部、西部地区协调发展嵌入“一带一路”建设的重要思路、内在机理，并最终提出“一带一路”背景下东北地区产业转型升级的路径及对策措施。为此，本书综合使用了理论建模和实证分析等研究方法，以确保研究的规范性、科学性、系统性和可操作性。同时，针对研究过程中的重点环节，也采用了学科交叉的方式进行系统研究。

1.3.1　研究内容

全书共分十章，各章节研究内容如下。

第一章：绪论。本章主要介绍了本书的研究背景、研究意义以及研究内容与方法。通过论述“一带一路”背景下我国与沿线国家在区位、功能等方面的新变化和新条件，提出了东北地区与沿线国家通过产业联动发展实现产业转型升级的可行性和必要性。

第二章：理论基础及文献综述。本章对产业联动所涉及的相关理论进行了系统而全面的综述，为本研究提供全景式理论展现。“一带一路”倡议虽然是近年提出的，建设时间较短，但是国内学者仍然做了大量的相关研究。这些研究成果对“一带一路”建设起到了积极的推动作用，因此本章系统梳理了国内“一带一路”建设的相关研究文献和成果，从而提炼出有助于本书研究的相关启示和借鉴经验。

第三章：“一带一路”建设对我国区域协调发展环境的影响分析。本章在系统回顾新中国成立后我国产业分工布局、区域经济发展和空间结构演进历程的基础上，通过系统、完整地总结我国区域协调发展的新要求和新特征，深刻揭示“一带一路”对我国区域协调发展所形成的新影响。需要指出的是，“一带一路”建设使得我国各区域的发展条件发生了巨大变化，各地区的传统比较优势会因更大的国际开放视角而发生变化。因此，本章系统、准确地分析了我国各区域在“一带一路”建设格局中所形成的新环境、新定位。这是本书研究东北地区嵌入“一带一路”建设，进而实现产业转型升级的重要逻辑前提和研究基础。

第四章：“一带一路”背景下我国产业布局重构的区域协调优化效应。“一带一路”建设必然会深刻重塑我国产业空间分布格局，在这种重塑进程中，准确揭示产业布局重构对我国区域协调发展的内在优化效应，是将我国东北地区与东部、中部、西部地区协调发展嵌入“一带一路”建设的重要思路，也是我国东北地区产业转型升级的重要标准。因此，本章通过构建多价值链联动体系框架，系统分析了我国区域发展差异收敛的路径，并结合“一带一路”建设下我国产业空间结构演进基本特征和规律，进一步揭示了“一带一路”对我国区域协调发展的动力效应和产业价值链增值效应。同时，本章在实证分析东北地区装备制造业全球价值链分工合作基础上，深入研究了“一带一路”建设下东北地区装备制造业通过不同的价值链分工合作方式获得的价值链增值效应和区域经济发展的协同增进效应。

第五章：我国东北地区产业发展现状及存在问题。本章对我国东北地区产业结构及其发展现状进行了客观评价和系统总结，并从东北地区产业规模以及东北地区三次产业结构的现状出发，系统分析了东北地区三次产业结构的状态、效率以及第二、第三产业的内部结构，总结提炼出东北地区产业结构布局不合理、产业内部发展失衡等问题。可以说，这些问题很大程度上影响和制约着东北地区产业升级与结构优化调整。正是从这些问题出发，本章揭示出在“一带一路”整体框架下进行产业联动是东北地区产业转型升级的必然选择。

第六章：“一带一路”背景下东北地区产业发展面临的机遇与挑战。“一带一路”必然导致东北地区产业发展环境发生变化。东北地区传统的比较优势会因更大的国际开放视角而发生变化，因此如何准确厘清我国东北地区在“一带一路”建设格局中形成的新环境、新定位，是本书研究的重要逻辑前提和基础。因此，本章系统分析了“一带一路”建设为我国东北地区产业发展所带来的重要机遇、挑战以及“一带一路”背景下东北地区产业发展的全新定位。

第七章：“一带一路”背景下东北地区产业升级的内在机理。准确揭示“一带一路”背景下所形成的产业布局重构对我国东北地区产业升级的内在优化机理，是将东北地区产业发展嵌入“一带一路”建设的重要理论依据。因此，本章首先对产业联动的内涵和理论背景进行了系统阐述，从而为后续“一带一路”沿线国家与东北地区产业联动发展研究奠定了坚实的理论基础；其次将“一带一路”建设下东北地区产业升级的内涵和性质与传统产业升级的内涵和性质进行了对比、分析，最终提出东北地区产业转型升级的新要求、新标准；最后结合东北地区产业竞争力现状分析，揭示出“一带一路”沿线国家产业联动所带来的竞争效应和技术溢出效应是有效促使东北地区产业升级和转型的重要动力。

第八章：我国与“一带一路”沿线支点国家产业分工结构分析。明确我国东部地区、内陆地区以及沿边地区与“一带一路”沿线支点国家的产业分工结构，是本书研究东北地区在国家开放型区域协调发展整体战略格局下，与“一带一路”沿线国家进行科学合理、差异有序的产业联动发展的重要前提和基础。因此，本章以贸易总量为标准，对俄罗斯、蒙古国、韩国、印度、东盟等“一带一路”沿线代表性国家和地区产业合作效率进行分析，准确测度这些国家和地区产业合作的综合效率、纯技术效率、规模效率以及规模收益；并在此基础上，分别与我国产业进行比较优势的对比研究，从而为东北地区在“一带一路”背景下的产业承接提供了翔实的实践数据支撑。

第九章：在“一带一路”重塑世界经济地理背景下东北地区跨空间产业联动研究。“一带一路”建设为东北地区产业转型升级带来了新机遇，也提出了新要求。我国东北地区传统的产业转型升级模式和路径很大程度上并不适用于“一带一路”建设所带来的新环境、新机遇、新要求。因此，本章首先对东北地区在“一带一路”建设背景下的产业转型升级的新原则和新目标进行了重新界定，为东北地区产业升级指明方向。同时，在第八章“一带一路”沿线支点国家与我国显性比较优势产业分析的基础上，继续分析“一带一路”建设对世界经济地理格局重构的影响，以及在此趋势下我国与欧盟、东北亚和东南亚地区的产业布局演进趋势，从而进一步厘清我国东北地区与“一带一路”沿线国家的联动产业选择。事实上，“一带一路”倡议重新调整了我国与“一带一路”沿线国家的产业布局。东北地区要想深入参与“一带一路”建设，必然要结合自身产业的发展特点，与“一带一路”产业布局趋势相对应，最终才能实现经济发展方式的转变以及产业能级的提升。

第十章：“一带一路”背景下东北地区产业转型的路径分析。本章从技术创新、产业联动、产融结合以及人才培养等方面提出“一带一路”背景下东北地区产业转型升级的路径。同时，基于“一带一路”建设对我国经济地理格局的重塑，本章对我国东北地区对接“一带一路”政策措施进行了重点研究，从而实现了本书研究成果对东北地区产业振兴的现实指导价值。

1.3.2 研究方法

本书用到的研究方法有四种：

（1）文献分析法。“一带一路”背景下，东北地区产业结构转型升级面临着诸多新机遇、新挑战和新要求，然而国内学者对这些问题仍没有给予足够研究。本书尝试对此展开系统研究，首先从已有的国内外研究中找到一定的成果借鉴和理论支撑，为本书研究框架的搭建提供系统参考。因此，文献分析法是本书研究初期采用的主要研究方法。

（2）实证分析法。在通过运用文献分析法系统归纳、总结、对比过往研究内容和理论的基础上，本书通过广泛收集数据、选取代表性指标、采用科学的统计方法，对现阶段东北地区的产业结构以及产业转型升级的特征进行了实证研究。如在东北地区产业联动过程中，结合“一带一路”沿线国家贸易格局的演变趋势，构建了东北地区产业联动的模型，从而为推进东北地区产业结构优化和升级提供具体路径选择。

（3）归纳演绎法。本书通过系统归纳和演绎，详细论证了“一带一路”建设进程中，东北地区如何积极对接“一带一路”沿线国家产业格局重塑进程，并结合自身产业基础选择适宜自身产业结构升级与优化的联动产业，最终找到一条适合东北地区实现产业结构转型升级的路径。

（4）调研分析法。本书研究充分借助互联网信息技术，综合使用实践调研、问卷调研以及定量分析等研究方法，对“一带一路”沿线代表性国家要素禀赋与优势条件，以及对东北地区在“一带一路”格局下形成的新区位条件、要素优势及市场规模进行调研分析。

以上这些研究方法的使用，最终为产业联动研究提供了客观、翔实的实践数据支撑。

第二章 理论基础及文献综述

产业转型升级是经济学研究的重要内容，国内外学者从产业联动视角对产业转型升级问题进行了研究。因此，本章将对相关产业转型升级理论进行系统综述，以期为本书研究奠定扎实的理论基础。“一带一路”倡议是我国首次提出并实施的国际经济合作倡议，因此国内学者优先对“一带一路”倡议做了大量的相关研究，这些研究成果对“一带一路”建设起到了积极的推动作用。因此，系统梳理国内“一带一路”建设的相关研究文献和成果，也有助于为本书研究提供相关的启示和借鉴经验。

2.1 产业联动相关理论

产业转型升级作为产业联动研究的重要目标和内容，其对空间结构的优化效应一直是国内外学界研究的热点，并成为目前产业联动与区域协调发展问题研究的核心内容。事实上，本书很大程度上也是基于产业转型升级等基础理论展开相关研究的。因此，系统梳理产业联动相关理论，有助于完整体现本书研究的基本理论框架。

2.1.1 绝对优势理论

古典经济学家亚当·斯密于1776年在《国富论》中提出的“绝对成本”学说是绝对优势理论的首要基石。斯密研究认为，各个国家和地区的自然条件和资源是不同的，若具有国际贸易途径的两个国家或地区，因其要素禀赋差异而分别在各自商品生产中具有效率的绝对优势，那么这两个国家或地区分别生产自己具有优势的产品，并通过成本可控的国际贸易进行交换，则这两个国家或地区都能通过这种分工获得额外的收益。这就是斯密的绝对优势理论，该理论进一步肯定了分工和国际贸易对整体经济福利的提升作用，为扩大市场规模和提升效率提供了理论支撑。尽管斯密的绝对优势理论推进了国际分工与贸易的发展，但其仍然存在很大不足。这是因为该理论突出强调了各个国家都是在有各自优势产业的条件下才可以进行国际贸易，但是如果个别国家在没有优势产业、生产效率相较而言也处于劣势的情况下，那么国际分工和贸易是否仍存在，斯密学说却没有给出明确答案。从这个角度来看，斯密的绝对优势理论虽然开启了国际贸易理论研究的先河，但是其对现实的国际分工和贸易的指导性仍然存在不足，不带有普遍性的指导意义。

2.1.2　比较优势理论

根据绝对优势理论，各国应该按照自身地理位置优势、自然环境优势和相对人工成本优势进行国际分工合作。这样一来，参与贸易的各国均能出口在本国国内相对生产成本较低的商品。随后，古典经济学家大卫·李嘉图对绝对优势理论做了改进。他认为各国只需生产在本国具有较大生产优势或成本优势的商品，然后以国际贸易的形式使自身在资本量和劳动力水平不变的前提下实现国内收益的提高。通过这种国际合作形式，每个参与国际贸易的国家都能够从国际分工中获得额外收益。

李嘉图的这一观点被后来的经济学家总结为比较优势理论。为了便于说明，李嘉图在国际贸易模型中假设两个国家（A，B）生产相同的两种商品（X，Y），但相对生产效率不同。即使 A 国两种商品（X、Y）的生产效率均大于 B 国，只要相对生产要素（l，k）存在利用效率差别（$X_A/l_A \neq X_B/l_B$，$Y_A/l_A \neq Y_B/l_B$），A、B 两国就可以通过分别生产其相对优势商品，再经由国际贸易得到更多生产总量。从这个模型中我们可以看到，即便是具有绝对优势或绝对劣势的国家也能从国际贸易中获得额外收益。这意味着国与国之间的分工合作能给参与国带来收益。这是国际展开分工合作和进行国际贸易的内在动力。

李嘉图之后的一些学者则进一步研究了在静态条件下比较优势会随着哪些条件的变化而产生不同，具体有以下四点。

第一，规模经济。哈伯勒等学者通过将替代成本引入经济领域来说明各个国家生产不同种类商品所形成的替代成本差异，并据此来解释国际贸易形成的内在原因。哈伯勒认为，由于生产要素具有某些生产优势，因此当生产要素由生产一种商品变为生产另一种商品时会增加转产损失，这样就会导致替代成本的增加。因此，替代成本递增也就成为日常生产的常态，而生产可能性曲线向原点的内凹性则更能证明其正确性。其他学者则认为，即使最初两国间没有比较优势，也能够以规模经济的方式来确立本国在某种商品上的生产优势，这样一来就会产生人为造成的比较优势。

第二，技术研发。以色列著名经济学家赫尔普曼基于知识资本的处理方法，从技术研发视角解释了比较优势的起因，并在将其融入新贸易理论时提出了动态比较优势理论。该理论在多国贸易的一般均衡模型基础之上加入了“技术研发”这一内生变量，进而揭示出技术研发在国际贸易中是如何引发比较优势的。在该理论模型中，知识和科技作为生产要素在参与国际贸易的各国间自由流动，尽管在短期内会产生额外的成本，但是企业确实可以通过对知识和科技的引入来研发新产品或改进旧产品，以获取利润。此外，消费者对产品差异化的追求也会鼓励企业进行技术研发，从而增加商品种类。事实上，即使新产品占据了市场，消费者对差异化产品的需求也会使得旧产品依然能够享有相应市场份额，这会导致相应产品的种类更加丰富。需要指出的是，在技术研发等要素流动的过程中，资本、利率以及贸易模式也会发生相应变化，消费者对新产品的追求会导致贸易格局的改变。

第三，专业化和分工。杨小凯和博兰等学者通过运用超边际比较静态分析的方法将国内分工贸易和国际分工贸易相结合，将产生比较优势的外生因素纳入以规模经济为前提、以专业化生产与分工为核心的新兴古典贸易理论。他们认为，各生产者之间是否存在先天的外生优势并不重要。即使不存在外生优势，但只要人们不断追求商品的多样性和差异性，专业化的生产也能够带来高效率，这样就会形成更加复杂的分工协作。在专业化分工的情形下，没有外生优势的生产者会随着专业化生产的出现产生内生比较优势，内生比较优势也会随着专业化程度的提升而增加，并会带来市场份额的增加、经济的增长以及技术水平的提高等。在初始发展阶段，由于生产者的专业水平过低，追求专业化增加的成本会大于专业化带来的收益增量，导致追求专业化的厂家很少，因此专业化程度处于较低水平。但经过一段时间的积累，专业化的积累程度会出现质变。此时专业化能够带来正的财富效应，整个行业都会竞相模仿，从而达到一个较高的专业化水平。

第四，技术差异。多勒尔等学者通过观察发现发达国家生产专业化程度存在极端现象。因此，他们将比较优势的形成以及推动国际贸易发展的内在动力归因于技术上的差异。如美国、日本等发达国家的出口产品一般为高技术产品，具有很高的研发附加价值。这些高技术产品往往是资本密集型产品或知识密集型产品，然而发展中国家是不具备这两种产品的研发和生产能力的。这就导致在国际贸易过程中出现了发达国家表现为优势，而发展中国家表现为劣势的国际贸易格局。

比较优势理论的贡献不仅在于其揭示了国际贸易能够给贸易各方带来收益的本质属性，更为随后的国际贸易格局演化提供了理论基石。可以说，大卫·李嘉图的比较优势理论的出现，为后来的贸易理论研究指明了方向。此后的学者也孜孜不倦地探索着决定比较优势的其他因素，并从中发现了比较优势理论也有不足。首先，比较优势理论的假设过于完美或苛刻。因为其假设条件是两国均对国际贸易不加以干预、两国间生产要素完全静止、不计国际贸易的运输成本以及两国相对优势保持静止等，这些条件现在看来已然不可能存在。这是因为各国政府对自身国家安全、利益保护是一直存在的，同时生产要素的自由流动也是现代国际贸易的重要内容，因此上述比较优势理论假设的合理性值得商榷。其次，李嘉图的比较优势理论并没有说明比较利益如何被贸易双方分配。这将在微观层面影响到国际贸易参与者的信心，各国对贸易商品生产的数量也会存在疑问。最后，李嘉图的比较优势理论规避了货币的作用，仅假设两国间的贸易采用物物交换的方式，缺少一定的前瞻性。需要说明的是，尽管比较优势理论存在一定的不足，但其仍然是迄今为止影响较广泛的国际贸易理论之一。

2.1.3 要素禀赋理论

瑞典著名经济学家赫克歇尔在其经典著作《对外贸易对收入分配的影响》中正式提出要素禀赋理论。随后，他的学生俄林在其《区域贸易和国际贸易》一书中继承了他的思想，并进一步将其理论化，形成了国家间拥有的生产要素相对比例差异，即所具有的要素资源差异构成了以比较优势为核心思想的要素禀赋理论。该理论被称为 H－O 定理。随后，美国著名经济学家萨缪尔森将要素价格作为影响因素纳入该研究体系，并在不断完善的过程中形成了要素价格均等化理论（H－O－S 定理）。

2.1.3.1 赫克歇尔－俄林理论

以参与国所拥有的要素比例差异产生国际贸易活动为主要观点的 H－O 理论被认为是狭义的要素禀赋理论。这一观点决定了国际贸易的格局和分工，也决定着一国参与国际贸易的地位和进出口贸易的商品种类。H－O 理论指出，贸易参与国在对外贸易过程中出口的商品应当是其国内资源禀赋具有优势，或是利用要素禀赋效率不同所具有的要素价格优势，并且在进出口商品的选择上应充分考虑生产该商品所需要素在其国内的稀缺性。

广义的要素禀赋理论即 H－O－S 定理。该理论充分考虑了要素价格所带来的影响，也称为要素价格均等化定理。该理论认为，贸易参与国会因其拥有要素的相对丰富或稀缺而决定其在国际贸易中是获得利润还是蒙受损失。需要指出的是，无论是广义的要素禀赋理论还是狭义的要素禀赋理论，它们都依赖于一些在实际生活中难以实现的假设条件。因此，随后的经济学家对该理论所存在的不足进行了改进。这些改进成果包括将技术差异纳入研究体系的 H－O－V 模型、重叠需求理论以及包含规模经济、不完全竞争和差异产品的新要素贸易理论。

2.1.3.2 里昂惕夫之谜的解释

美国经济学家里昂惕夫以美国 20 世纪 40 年代国际贸易的投入产出表为数据来源，对美国进出口商品的资本密集度进行比较分析。其研究结果显示，美国进口商品的资本密集度比出口商品的资本密集度高，这一结果与 H－O 定理完全矛盾，所以被经济学界称为“里昂惕夫之谜”。随后，里昂惕夫从有效劳动的角度解释了这种矛盾现象。他认为由于劳动力之间存在劳动素质差异，即使在同样的资本要素条件下，也会因为劳动素质不同而产生劳动生产率差异。例如，美国高层次的企业注重对劳动力进行后天教育并提高劳动素质，所以美国工人的劳动效率要高于其他国家。因此，美国资本要素处于相对稀缺的状态。在不断的深入研究中，各国经济学家对里昂惕夫之谜的解释也存在很大争议。美国经济学家克雷宁研究发现美国工人的劳动效率并没有远远高于欧洲工人的劳动效率，有效劳动并不能作为该解释的主要原因。但是经济学家基辛却持相反意见。他认为美国在高技术领域具有明显的比较优势，所以美国的国际贸易出口完全建立在高技能劳动密集型商品之上。在他看来，里昂惕夫的解释具有合理性。还有一些经济学家从人力资本的角度对里昂惕夫之谜进行了解释。这些学者研究认为，劳动可以分为熟练劳动和不熟练劳动。熟练劳动是指具有通过教育、培训而获得技能优势的劳动，而这种后天技能的获取需要物质上的投资，所以这种劳动被称为“人力资本”。如果把人力资本纳入物质资本范畴，那么美国仍然是以出口人力资本密集型商品为主的国家。但如果不考虑人力资本，则会出现无法解释的里昂惕夫之谜现象。1980 年，利默尔利用赫克歇尔 - 俄林 - 瓦尼克（HOV）方程证明了里昂惕夫推论的理论基础存在错误，这是导致出现里昂惕夫之谜的根本原因。他认为里昂惕夫采用的资本密集度方法需要两种商品交换的绝对假设条件，却并不适用于现实生活中复杂的、多品种的商品交换环境。此外，赫克歇尔认为要素在自由贸易中存在流动性，会导致要素收益出现平均化的趋势。同样，俄林通过分析国际贸易的原因，也总结出生产要素价格的均值化是一种趋势。然而，赫克歇尔和俄林都没有对这些理论进行严格的数学证明，而萨缪尔森在新古典经济假设的基础上分别对狭义和广义的要素禀赋理论给出了数学证明，并在此基础上将国际贸易产生的原因归结于要素禀赋情况不同，从而揭示出要素禀赋在国际贸易中的决定性作用。

需要指出的是，赫克歇尔 - 俄林理论以要素禀赋相对差异为出发点，对国际贸易产生的原因以及贸易形态的形成进行了解释，并在此基础上将要素价格纳入要素禀赋理论的研究框架，从而研究不同要素价格如何影响国际贸易中商品价格形成的机制。然而，这一理论在深刻揭示生产要素及其组合在国际贸易中对参与国进出口商品结构的重要影响的同时，也具有其理论本身的局限性。其一，赫克歇尔 - 俄林理论中所假设的条件之一是贸易双方国家的技术条件相同，这显然与现实情况不符。其二，该理论所需要的前提必须是静止状态，并没有充分考虑到要素禀赋自身所具有的动态变化特征。以技术要素为例，在现实世界中，技术水平会不断提高，技术进步所带来的影响不仅会降低成本，还会催生出新的产品。技术进步在国际贸易中占有举足轻重的地位，甚至国际贸易参与国的比较利益格局演变在很大程度上也依赖于技术水平的变化。因此，综合来看，要素禀赋的动态变化才是国际贸易中的常态现象，显然这是赫克歇尔－俄林理论研究的重要不足之处。

2.1.4 产业分工理论

分工作为经济学研究的重要内容，一直是经济学家关注的核心和重点。从古希腊分工思想的出现到古典分工理论的形成，再到马克思对分工的研究以及一直以来经济学者对分工现象及分工理论的大量研究和应用，这都使得人们对分工理论的认识有了不断深入的了解。古希腊哲学家柏拉图在《理想国》中就曾提到分工的思想。他认为分工及专业化对增进社会福利有重要意义。此后，英国经济学家威廉·配第于17世纪在其专著《政治算术》中提出了分工的概念。配第通过分析纺织生产分工的经济性，提出了专业化对生产力进步的重要价值。斯密（1776）也将分工视为经济学研究的核心内容，他将分工描述为“未开化社会中一人独任的工作，在进步的社会中，一般都成为几个人分任的工作”。然而令人遗憾的是，以马歇尔为代表的新古典经济学却舍弃了分工问题，而是更关注资源配置问题。这就导致了随后经济学研究的核心问题转变为特定资源配置下的最大效益实现问题。由于分工在经济学问题研究中不可或缺的作用，美国经济学家阿林·杨格（1928）在对斯密提出的分工思想进行深入研究后，从分工效率视角丰富了斯密的分工理论。

马克思和恩格斯认为，所谓分工是“一种特殊的、有专业划分的、进一步发展的协作形式”，是“各种操作不再由同一个手工业者按照时间的先后顺序完成，而是分离开来，孤立起来，在空间上并列在一起，每一种操作分配给一个手工业者，全部操作由协作工人同时进行”。马克思和恩格斯将分工分为两类：自然分工与社会分工。自然分工与社会分工的逻辑是：自然分工—交换—社会分工。由此得出，社会分工就是自然分工之后以产品或商品交换为基础的分工。更具体地讲，自然分工又分为两种形态，即性别分工与地域分工；社会分工包括一般分工、特殊分工和个别分工。可以说，马克思和恩格斯对分工类别的划分对于分工理论的研究具有重要的指导意义。

2.1.5 产业集聚理论

产业集聚是一种重要的产业空间聚群现象。早在20世纪30年代，美国区域经济学家埃德加·M. 胡佛（1937）在分析产业运行规律时就将集聚作为产业空间布局的重要研究内容，并认为规模经济、地方化经济和城市化经济是集聚的重要内生动力。胡佛的研究标志着产业集聚理论的正式形成。20世纪90年代，产业集聚理论得到了迅速发展，熊彼特等学者将产业集聚与创新、技术变化结合起来，深入分析了产业集聚与经济增长的内在关系。随后，保罗·克鲁格曼（1979）等学者继续从垄断竞争、规模报酬递增以及累积因果效应等方面进一步丰富了产业集聚理论，并形成了空间产业集聚理论。美国哈佛商学院著名的战略管理学家迈克尔·波特通过利用钻石模型对产业集聚所形成的国际竞争力进行了分析。需要指出的是，从空间视角研究产业集聚并形成系统理论的是新古典经济学家马歇尔。马歇尔从外部经济的视角系统地解释了产业集聚的原因，他认为形成产业空间集聚的原因包括专业化投入、市场规模以及技术溢出效应。随后，马歇尔集聚动力被不断丰富，逐渐涉及规模经济、共享基础设施以及生产的外部性等问题研究（克鲁格曼，1957；胡佛，1948）。

需要指出的是，产业空间集聚也是区域经济学研究的重要内容。德国区域经济学家韦伯在其著作《工业区位论》中将区位因素分为两类，即影响产业布局的“区位因素”和影响生产效率的“集聚因素”。其中，集聚因素促进企业之间内在的和外在的联系而形成产业集群。关于区位因素在产业空间集聚中的作用，波特（1990）从竞争的视角做了进一步分析。波特认为产业在特定区位的集聚，究其本质是特定区位上的产业集聚所带来的优势，这种优势有利于提升产业竞争力。这种区位集聚所形成的竞争优势取决于生产要素、需求条件、厂商结构以及战略与竞争。在波特的竞争力分析基础上，克鲁格曼（2001）进一步将规模报酬纳入集聚问题的分析。克鲁格曼研究认为，产业集聚是由规模报酬递增、运输成本节约之间的循环累积作用而形成的，并且只有将贸易理论和区位理论结合起来才能真正解释产业集聚的动力及其区位选择的原因。

2.1.6　国家竞争优势理论

一直以来，众多学者不断尝试从微观与宏观等视角对经济活动的竞争力进行研究，并逐渐形成了竞争力理论。迈克尔·波特在《国家竞争优势》中从企业参与国际贸易的微观视角对国家竞争力进行了解释，并把这一思想称为“国家竞争优势理论”。波特研究认为，国家行为对企业具有至关重要的作用，进而将国家行为纳入其研究范畴，并提出国家是竞争力问题研究中不可忽视的重要因素。随着经济全球化不断深入产业和企业的具体生产过程，部分学者认为企业的国际竞争已不再具有国家意义，跨国企业已经发展成为一种超越国家的经济组织。但是，波特并不赞同这一观点，他认为经济发展的规律应该是，在经济的长期发展中，世界范围内无论是行业竞争抑或是产业竞争，竞争优势一直集中于少数国家，并且国家之间的竞争力差异会不断加大。对产业竞争力的研究不能脱离国家这一重要维度，这是因为基于国家层面的竞争力能够保持较高水平，并可从国家宏观战略角度支持国家竞争力的可持续发展。波特认为，尽管在国家竞争中由于国民经济结构、文化传统的差异，竞争力的内涵和影响作用会表现出不同，但不能忽视的是国家依然是支撑产业和企业竞争力的坚实后盾。

在波特的国家竞争优势理论中，国家竞争优势的强弱主要取决于以下几个因素。

第一，生产要素。生产要素又可以分为基本要素和推进要素，其中基本要素是指企业获得成本较低或企业拥有的天然存在的要素，如自然资源、气候、环境、简单劳动力等；推进要素则是指企业需要花费较高成本或需要较高投入才可以获得的要素，如基础设施、科技及高水平劳动力等。在国家竞争力的提升过程中，由于科技的广泛应用，基础要素所发挥的作用越来越有限，而推进要素则日益成为国家竞争力形成的重要来源。

第二，国内需求。国内需求的提高有利于提升行业竞争水平，进而扩大产业的市场规模。一般而言，扩大产业市场规模可以形成激烈的市场竞争，并最终促进企业不断提高产品的生产效率，或进行产品创新，最终使其产品的国际竞争力水平不断提高。

第三，相关支撑产业。作为主导产业发展不可或缺的相关支撑产业，其发展水平与发达程度直接影响着主导产业的竞争力强弱。这是因为，相关支撑产业往往决定了主导产业的成本、质量、信息交流以及市场规模。因此，提高主导产业的国际竞争力必须关注与主导产业相关支撑产业的发展水平，并促进其健康发展。

第四，企业组织、战略和竞争。国内市场的企业竞争对一国产业的国际竞争力有着重要影响。本国企业的竞争将会刺激企业不断成长并保证其不断提高竞争力水平。波特在国家竞争优势理论中指出，即使国内竞争在短期内会造成一定的资源浪费，但从长期来看其一定会提高企业的国际竞争力水平。因此，在企业运作中要不断调整企业的组织管理，不断调整企业的经营战略，进而满足企业国际竞争力的提升需求。

需要指出的是，除上述提及的竞争因素外，波特还强调要充分考虑影响国家竞争力的政府因素和其他机遇因素。其中，政府因素是指一个国家所采取的宏观政策，包括财政政策、货币政策在内的诸多方面。机遇因素则是泛指不确定的技术创新、汇率变化以及其他突发事件等。总之，国家竞争力的获得、保持和提升，需要各要素的相互作用与不断调整。具体而言，国家竞争力研究是在国际贸易实践基础之上的成果，其突出强调了竞争优势在企业参与国际竞争中的作用，并把创新机制与创新能力视为企业提升竞争优势的内因，尤其是重视政府在纠正市场扭曲、维护市场公平竞争的秩序中发挥的积极作用。可以说，波特的国家竞争优势理论对国际贸易理论及实践起到了重要的指导作用。

2.1.7　新经济地理理论

绝对优势理论、比较优势理论以及要素禀赋理论构成了传统的国际贸易理论的主要内容。应该说，这三大理论的逻辑前提和重要条件是国家间的差异性，具体而言是其生产要素禀赋的差异。生产要素禀赋差异是促进贸易产生的主要动因，在一定程度上会引发“显性结论”，即国家间生产要素的相似化程度与贸易总量之间呈负相关关系。然而令人意外的是，在实际的国际贸易实践中，往往具有相似要素禀赋的国家容易发生贸易关系，而要素禀赋差异较大的国家之间的贸易往往少于要素禀赋相似国家之间的贸易。尤其是工业较为发达的国家间的贸易总量逐年增加，而这些国家之间无论是在要素禀赋还是在产品种类等方面，都具有较高的相似度。针对这种与传统优势理论相互冲突的现象，经济学者进行了大量研究。其中，新经济地理学做出了全新的解释。

新经济地理理论并没有否认贸易来源于国家间或区域间的要素禀赋差异，并在此基础上对国际贸易做出了新的理论拓展。在新经济地理理论中，国际贸易的产生主要受规模收益、外部性、不完全竞争、运输成本四大因素影响，并论证了这四大因素是推动国际贸易形成和发展的主要原因。新经济地理理论认为，运输成本的降低、规模经济效应以及制造业比重逐渐增加是区域经济得以发展的主要原因，并由此形成了区域经济一体化趋势。在这种趋势下，产品创新集中化发展，规模经济效益显著提升。克鲁格曼和博格曼等学者分别对这种区域经济发展趋势从不同角度做了论述。克鲁格曼研究认为，产业的前向关联与后向关联会促使制造业在某一特定区域集中化发展，并产生规模效应。同时，随着特定经济发展区域的扩大，产业发展会越来越集中。而制造业比重会因运输成本的降低而增加，进而使得生产者获得要素的能力与规模效应逐渐增强。因此，构成“核心—边缘”经济结构的主要因素有规模经济、运输成本与制造业比重。博格曼则认为，产业部门的地理集中与生产效率的持续提高能够促使区域经济持续增长，进而形成区域经济一体化趋势。在区域经济一体化趋势的作用下，生产部门的规模收益呈递增趋势，产品创新趋于集中化。博格曼的研究还表明，在产业集聚的条件下，具有区位竞争优势的产业能够吸引到更多的下游产业，从而创造出更多的外部经济效益。长期来看，可以形成具有区域特色的经济环境。

新经济地理理论在不断完善“中心—外围”理论的同时，也逐渐将研究重点转移到产业的区域集聚，并进一步从产业关联性、运输成本、要素流动性这几方面对产业集聚与贸易理论的关系进行研究。新经济地理理论认为，产业关联性的增强有助于促进产业集聚与区域经济专业化发展。而运输成本和规模报酬递增是导致上游产业和下游产业集中于特定区域发展的主要原因。究其原因，规模较大的产业能够提供更广阔的市场发展空间，所以许多生产厂商选择在上游产业的集聚区域进行布局。同时，规模较大的生产厂商能够为中间产品的生产厂商提供较多的中间产品，从而有效降低中间产品厂商的生产成本。由此许多中间厂商开始进行专业化生产，并形成下游产业的集聚地。最终，在产业前向关联与后向关联的不断作用下，逐渐形成特定区域下的特定集聚产业，并最终形成不同区域之间的贸易联系。

2.1.8 经济协同发展理论

目前，对于经济协同发展理论的研究主要是跨学科研究，如协同学理论、复杂系统理论以及耗散结构理论。这些跨学科理论为本书研究提供了有益的启示和借鉴，具体内容如下。

2.1.8.1　协同学理论

协同学的研究最早源于物理学理论。德国物理学家赫尔曼·哈肯（1977）在其著作《协同学导论》中通过研究激光传递的原理，发现不仅系统中各要素之间有相互联合的作用，不同学科之间也可以通过跨学科相互作用，最终实现系统结构的优化。自此之后，协同学作为一门学科逐渐被物理学、化学、经济学等多领域、多学科应用。协同学理论的核心观点为：第一，复杂的系统在发展演化过程中会形成独特的内在规律，同时其子系统又会在运行过程中不断进行优化和结构调整，各子系统的协同和竞争促进了复杂系统的不断演进和升级；第二，协同学理论中的支配原理发挥着重要作用，序参量对子系统的作用是支配原理发挥作用的重要因素。简言之，协同学理论的产生和发展本身就是深入复杂系统的内部，进而对系统的组织规律和子系统所进行的研究。

协同学突出强调复杂开放系统中的各子系统会产生协同效应。目前，越来越多的国内外学者开始对协同学在不同学科及领域中的应用效应进行深入的研究。如米切尔、穆尔赫林（1996）等学者对企业并购的协同效应进行了系统研究；李彬、刘怡彬（2017）等学者从内部资本市场角度对关联并购的税收协同效应进行了实践性研究。

2.1.8.2　复杂系统理论

目前，国内外学者对系统的定义尚没有形成共识，但是，普遍认为系统是包括两个及以上要素，且各要素为了实现共同目标而进行着相互作用和彼此制约，从而形成了动态调整的整体。系统自身存在整体性、结构性、动态性等多个特征。其中，系统的整体性主要是强调系统构成的各要素之间呈现的有机整体，系统的各要素活动具有整体的行为，为共同的目标产生整体的功能；系统的结构性则是指系统中各要素之间的关联关系和要素之间的相互作用，系统结构分为有序性和无序性；系统的动态性不仅体现为系统学研究经历了从简单到复杂，从系统结构层面到复杂系统的演进过程，而且复杂系统本身即是动态发展的。因此，动态性是复杂系统的重要属性和本质属性。

复杂系统中包括相互作用、相互关联的子系统，也包括系统关系的构成。复杂系统的各子系统之间具有非线性关系，其特征如下：第一，复杂系统具有非线性和动态性的特征。系统中各子系统之间并非简单叠加，而是通过各系统之间的关联和相互配合，实现整体功能的最大化。同时，整个系统中的子系统及要素会随着时间的变化而不断调整，进而实现与外部环境的交互作用，最终促进整个系统的优化和结构的升级。第二，复杂系统具有开放性与多层次性的特征。复杂系统中的各子系统基于特定关系联合而成，整个系统因子系统的不断更新而日益复杂。复杂系统能够不断与外界进行信息和物质的交换，进而实现系统从无序到有序的演化。第三，复杂系统具有自组织和自适应性的特征。复杂系统不需要外界干预也能够实现组织系统内部的自组织和演化，并且能够针对外部环境的变化，通过自反馈和调节，转换外部环境向有利方向发展，进而促进各子系统不断协调发展。

2.1.8.3 耗散结构理论

在无序、多样和非均衡的开放系统中，比利时物理学家、化学家普里戈金创立了耗散结构理论。其基本思想是，任何一个开放系统处于非平衡状态时，可以通过本系统与外界不断进行能量和物质的交换，最终在特定时间点发生突变，进而形成其在时间、空间和功能上的有序稳定结构。这种有序结构被称为耗散结构。普里戈金通过研究总结出耗散结构理论，主要内容包括三个方面：第一，耗散结构的发展需要通过本系统同外部系统不断进行能量和物质的交换，因而耗散结构是开放的系统；第二，耗散结构是在非均衡状态下，不断向均衡状态进行的跃迁升级，因而耗散结构具有非平衡的特点；第三，耗散结构系统内部的要素存在非线性的作用关系，并且存在协调性，这有利于加速有序结构的形成。

需要指出的是，部分经济学者借鉴耗散结构理论在其他领域中的应用经验，将其作为新的研究范式对经济学问题进行了研究。佩林斯（1986）和希尔尼奥（1998）将耗散结构理论在经济系统和金融系统领域进行了应用性研究，总结出耗散结构理论的经济学特征。同样，曾德明（2009）以高技术产业集群为研究对象，认为耗散结构发挥作用的必要条件是系统的开放性，而系统的封闭性会导致系统无序性的产生。同时他通过对高技术产业集群的研究，解释了集群不断跃迁升级的根源。

2.2 文献综述

“一带一路”倡议是我国近年来首次提出并实施的重大国际经济合作倡议，虽然实施建设的时间不长，但是国内学者对“一带一路”倡议仍然做了大量的相关研究，这些研究文献和成果将有助于本书研究的深入开展。同时，由于产业转型升级作为产业联动的重要目标和内容，其对空间结构的优化效应一直是国内学者研究的热点，并成为目前国内产业联动与区域协调发展问题研究的核心内容。因此，本书将对产业转型和产业升级的相关研究进行系统的梳理。

2.2.1 “一带一路”倡议的相关研究

2.2.1.1 “一带一路”倡议提出的背景

“一带一路”倡议提出的国内背景研究。“一带一路”倡议的提出遵循了历史轨迹，是历史演进的必然。李长久（2013）对中国古“丝绸之路”的路线及其对地区经济的影响进行比较分析，认为古“丝绸之路”有效推进了中外政治、经济及文化间的交流。在经济全球化与区域经济一体化进一步发展的今天，古“丝绸之路”的繁荣为“一带一路”建设提供了历史基点。李琪（2014）对“丝绸之路经济带”构建的历史要素进行了分析，认为古“丝绸之路”的贯通不仅促进了沿线国家之间的政治交流与贸易往来，而且促进了各国文化的传播，同时也体现了古代中国“与我和平”的战略思想。而我国改革开放以来长期以“引进来”为主，面对经济转型发展、对外水平提升及综合国力增强等新的经济发展环境，提出“一带一路”倡议势在必行。王睿、陈德敏（2013）认为中国西部地区经济相对落后，区域间发展不协调，单纯靠本地区发展，难以使西部落后地区形成赶超式发展。“一带一路”倡议的基础设施建设可以为西部地区提供良好的对外通道，为西部地区的开放发展提供国际交流新平台。石泽（2014）研究认为，“一带一路”倡议是中国进入对外开放新阶段、形成对外开放新格局的客观需要，其本质是中国“引进来”和“走出去”战略的延续与发展。毛艳华（2015）研究认为，“一带一路”倡议是中国参与国际经济合作与全球治理的重要路径，中国经济影响力逐步扩大，市场容量增大，对外投资能力增强，在深化对外开放过程中才有能力为吸收商品与对外投资提供必要的市场与资金保障。王义桅（2016）研究认为，中国在人力资本、资金储备、技术优势及市场能力方面的发展为“一带一路”倡议的实施提供了保障。同时，中国面临的产能过剩、经济转型等问题也使“一带一路”倡议成为当前最为重要的发展战略。

“一带一路”倡议提出的国际背景研究。夏立平（2005）研究认为，经济全球化的发展促使亚欧国家及地区之间进行更深入的对话与交流，使亚欧国家及地区之间在政治、经济以及文化方面的合作更为密切。由于亚欧国家及地区战略协作意愿逐步增强，促进了亚欧新型合作方式的形成，这为“一带一路”建设奠定了客观基础。何中（2014）研究认为，中国提出“一带一路”倡议中的“五通”建设与合作方针均体现了“亲、诚、惠、容”的外交理念，是打造命运共同体与利益共同体的内在必然要求。李耕（2014）研究认为，经济危机带来的全球性经济增长缓慢，使中亚地区经济发展面临巨大的挑战。“新丝绸之路经济带”建设是中亚地区合作的重要内容，也是中国打开西进之门，加快西部地区经济发展，推进区域经济一体化的重要策略。王海燕（2015）研究认为，“丝绸之路经济带”的提出顺应了时代的要求。一方面，金融危机后，中亚地区的经济增长速度高于全球平均速度，是世界经济新的增长点，其经济的持续发展为“丝绸之路经济带”的建设提供了发展动力。另一方面，虽然中亚地区收入水平逐渐提高，但仍处在发展中国家水平，需要通过经济区域合作来改善目前的状况，这为“丝绸之路经济带”的建设提供了内在需求。同样，李文、蔡建红（2015）等学者研究认为，随着中国经济迅速发展，综合国力不断增强，日本和美国等发达经济体为维护自身利益而对中国采取了较为激烈的限制措施，“一带一路”的共享共建倡议能够有效化解挑战。

事实上，仅孤立地从国内或国际视角对“一带一路”倡议进行研究，往往因片面而忽略了倡议的全貌。目前，越来越多的学者开始从国内外两个角度综合研究“一带一路”倡议提出的背景。例如，梁晨（2015）研究认为，由于中国的不断壮大，有关“中国威胁论”也不断增多，很多国家担心中国走上霸权主义的道路。另外，中国西部地区相对闭塞与经济基础薄弱是东西部经济发展不平衡的主要原因。因此，“一带一路”倡议的提出是维护中国与世界和平、安全、稳定的需要，同时也是促进中国及区域经济进一步发展的需要。郑志来（2016）研究认为，改革开放以来，中国的经济发展轨迹为：投资—过热—降温。首先，国内由于过热的投资拉动经济增长，众多产业面临产能过剩的问题。其次，国内东西部地区发展不平衡，差距较大。最后，美国、日本及欧盟等国家和地区制定的战略措施对中国经济形成了较大冲击，中国对外贸易面临着国际上新型经济贸易组织的极大挑战。为消化国内的过剩产能，调节东西部经济结构，缓解国际经济冲击，“一带一路”倡议作为一种新型的开放型发展规划，有利于化解这种内外矛盾。刘华芹（2015）也对“一带一路”倡议提出的国内外背景进行了分析，她认为经济危机后世界经济格局和经济结构变化巨大，国际秩序正在进行深入调整，新型国际经济组织发展迅速，跨区域合作范围扩大；与此同时，大多发展中国家迫切希望参与到区域经济合作中，以此提升自身发展水平，同时加强与其他国家的经济联系。在此环境下，“一带一路”倡议应运而生。而在国内方面，刘华芹认为，中国对外开放在促进经济发展的同时也维护着国家安全。一方面，“一带一路”倡议有利于区域经济平衡发展；另一方面，“一带一路”倡议也为中国能源运输以及海上运输安全提供了重要保障。

2.2.1.2 “一带一路”倡议的核心内涵

国内学者从宏观角度、文化角度、空间角度以及经济、安全、人文等角度对“一带一路”的核心内涵进行了全面分析。例如，李向阳（2014）研究认为，“一带一路”倡议可以认为是为适应内外部国际环境而建设的新型区域合作机制，是符合区域经济一体化的经济外交平台。内外联通是“一带一路”建设的基础，物流运输大通道是“一带一路”建设的纽带，而多元化合作则是“一带一路”建设的目标与特征。孙壮志（2014）将“丝绸之路经济带”视为合作的新方式，并认为“丝绸之路经济带”应以中心城市为节点，以完善的交通线路为纽带，以共同利益为核心，将沿线各区域连接起来，进而形成具有辐射效应的带状经济区域。何茂春（2015）研究认为，根据倡议的“五通”原则，“一带一路”可以增加经济、政治、外交及文化交流的深度和广度，从而形成双边乃至多边的贸易往来，为沿线国家参与国际区域经济合作提供新平台。“一带一路”没有起点与终点，而是多条线路的经济走廊，是顺应经济全球化趋势的伟大倡议。胡键（2015）研究认为，“一带一路”倡议是一种互联互通倡议。其一，这种互联互通不仅是指中国与境外的联通，而且包括中国境内各区域之间的联通。中国的经济发展与对外合作有着密切的联系，但国内各区域由于地理上的阻隔进而影响了经济的联动发展。如果内部不联通，就不能从根本上解决中国经济发展不平衡的问题。其二，这种互联互通并不只是基础设施方面的互联互通，而是更侧重于内部机制的联通，只有各地区确立适宜的发展机制，才能缓解区域经济发展不均衡问题。

文化是经济、政治的基础与前提。国内学者对“一带一路”倡议的文化内涵进行了深刻解读。例如，刘卫东（2015）研究认为，“一带一路”继承与发展了“丝绸之路”的文化内涵。在原有“丝绸之路”文化内涵的基础上，“一带一路”倡议更加突出了经济全球化背景下“包容性”对全球经济发展的重要作用，并向世界传达出一种“和平、合作、发展、共赢”的新理念。陈耀（2015）研究认为，“一带一路”倡议并不是重新恢复古“丝绸之路”，而是在现实背景下扩大“丝绸之路”的含义。古“丝绸之路”不仅是经济贸易的国际通道，更是古代文明及精神的象征。“丝绸之路”将沿线各种文明相互融合，兼容并蓄。“一带一路”倡议传承并发展了“合作共赢、共同繁荣”的文化内涵，使其更丰富、更宽泛。

国内学者还从空间维度分析和解释了“一带一路”倡议的核心内涵。例如，徐小洁（2014）从地缘政治经济角度对“一带一路”倡议进行了阐述。徐小洁认为：一方面，中国内陆地区是陆上“丝绸之路”的起点，中西亚地区是连接亚欧大陆的中间地带，沿线所经过的阿拉伯海、黑海、地中海则是“丝绸之路”的重要通道；另一方面，海上“丝绸之路”从中国东海出发，经由中国南海、东南亚部分海域、红海和地中海，最终到达欧洲，其中，中国南海和东南亚地区是海上“丝绸之路”的重要节点。总体来说，“一带一路”将亚欧非地区连接起来，形成文化、经济、政治相互交流合作的新模式。连雪君（2014）研究认为，“新丝绸之路经济带”从太平洋经东亚、西亚、中亚到波罗的海，最后到达欧洲大陆，将沿线国家的经济与文化连接起来，是跨区域经济合作的新模式，成为贯通欧亚大陆经济合作往来的国际大通道，并最终成为以沿线重点地区为节点，以国际物流通道为纽带，以产业发展为重点的经济合作平台。

2.2.1.3 “一带一路”倡议的意义

“一带一路”倡议旨在互利共赢，谋求共同进步，促进和谐发展。因此，“一带一路”倡议的推进对中国经济和世界经济的发展均具有重要意义。从“一带一路”涵盖的内容上看，其不仅在经济方面有巨大的意义，而且在政治、文化、交通、安全各个方面都具有重要意义。概括而言，国内学者从国内产能过剩与经济结构转型、对外开放与区域经济发展、国际区域经济合作、世界和平发展等层面对“一带一路”倡议的意义进行了深刻研究。

产能过剩与经济结构转型是当前中国经济增长面临的最大问题，而“一带一路”倡议的提出成为解决上述问题的重要途径。例如，剧锦文（2015）研究认为，“一带一路”倡议的实施能够满足中国生产要素与产业结构升级的需要。目前，中国经济建设尤其是基础设施建设处于饱和状态，长期形成的优质过剩产能需要向外输出，而当前国际上许多发展中国家仍面临着基础设施建设不足、经济发展落后等问题。在此背景下，通过“一带一路”建设，中国可以将过剩的优质产能向外输出，在帮助落后地区经济发展的同时，满足本国产业升级的需要。同样，王永中（2016）也支持上述观点，并认为“一带一路”倡议的重要意义就是国际产能合作，并深度促进国内产业结构转型升级。改革开放40多年来，中国承接的多是低端劳动密集型产业，而随着中国经济的发展，劳动力成本逐渐增高，部分低端产业应逐步向外转移。“一带一路”沿线国家多为产业发展落后且基础设施相对薄弱的国家，中国利用“一带一路”国际大通道将产品、技术、资源输送到这些国家，在促进沿线国家产业发展的同时可将国内产业进行转移，进而推动中国创新型经济的发展。魏鉴、刘建刚（2016）对“一带一路”倡议实施所产生的经济影响进行了分析，他们认为金融危机后中国经济增长缓慢，逐渐出现产能过剩、动力不足等问题。与此同时，许多发展中国家拥有丰富的自然资源，但缺少先进的开发技术，亟须加强基础设施建设，但资金不足。对于中国来说，无论是在基础设施建设材料还是在资金技术方面都存在较大的比较优势。因此，“一带一路”倡议可以成为产能输出与战略对接的平台，中国通过“一带一路”可以将过剩产能、基础设施输送到“一带一路”沿线国家，也可以将部分产业转移到国外，进而调节国内产业结构，促进国内经济结构转型升级。

由于资源禀赋、自然环境以及政策环境的差异，中国区域经济发展异质性显著，具有从东部发达地区向西部相对落后地区梯次传导的特征。“一带一路”倡议的提出打开了中国对外开放的西部窗口，推动了西部地区的经济发展，有力地促进了中国区域经济的协调发展。例如，肖金成（2015）研究认为，“一带一路”倡议有利于西部地区的经济发展，也有利于促进区域协调发展。“一带一路”倡议将中国西部地区与中亚、西亚等地区联系起来，形成一条潜力巨大的经济带。中国西部地区可以通过“一带一路”倡议与中亚、西亚地区沿线国家进行能源贸易合作，利用国际大通道将西部地区经济发展所需能源引入内陆，而东部地区可以将资金、技术、产业输送到西部地区，支持西部经济发展和产业结构的升级。郝瑞军（2016）研究认为，“一带一路”倡议对各区域经济发展均有带动作用。首先，“一带一路”倡议将中国东部地区与东南亚地区更紧密地联系起来，使中国与东盟之间的经济贸易往来不断加强，进一步扩大了东部地区的对外开放程度，为东部地区开放型经济发展创造了条件；其次，中部地区在区位方面具有很大优势，“一带一路”倡议使中部地区既成为连接东部、西部地区的重要纽带，又成为东部、西部地区经济交流的重要节点；最后，“一带一路”倡议使西部地区成为对外开放新高地，也成为内陆地区另一个经济大市场。同样，“一带一路”倡议也为东北地区发展带来了新机遇，还可依托“长吉图开发开放先导区”带动东北地区经济发展。郭楠（2016）从中国各区域经济发展视角阐述了“一带一路”倡议的意义。“一带一路”倡议使东部沿海地区成为“海上丝绸之路”的重要门户，巩固了东部地区中心城市在区域合作中的地位。“一带一路”打通了中国东西部经济发展的大动脉，中部地区为东西部地区资源与产业流动提供平台，进而为中部地区经济发展创造契机。“一带一路”倡议也使西部地区成为中国面向中亚、西亚地区的前沿地区，进一步提高了西部地区对外开放水平。

“一带一路”倡议不仅对中国内部经济发展、对外开放有积极作用，而且对国际区域经济发展、世界和平稳定具有深远影响。惠宁、杨世迪（2014）对“丝绸之路经济带”的意义做了阐述，认为“一带一路”倡议的实施有利于形成新的区域经济增长极。中国西北地区是连接中国与中西亚地区的纽带，是亚欧大陆国际通道的交通枢纽。“丝绸之路经济带”将亚欧大陆的能源、商品及人才进行内外传输，实现了亚欧大陆跨区域的联动发展，并且通过连接亚欧大陆，形成亚欧新型经济合作伙伴关系，进而打造连接亚欧大陆的新型跨区域经济增长极。陶坚（2015）认为，“一带一路”倡议有利于加强“南南合作”与“南北交流”，进而促进区域间多边经济合作。“一带一路”沿线国家多为发展中国家，在战略实施过程中各沿线国家共同协商、共同进步，从而形成大国与大国、小国与小国乃至大国与小国的经济合作新模式，为“南南合作”奠定基础。王成（2015）认为，“一带一路”倡议有利于促进世界经济再平衡。目前，欧美是世界经济发展的中心，随着全球经济一体化的发展，以西方为主的经济发展模式显现出资源分配不均、贫富差距增大等弊端。而“一带一路”倡议的提出正顺应了经济全球化发展的趋势。一方面，“一带一路”覆盖亚非欧三大洲，沿线国家多为发展中国家；另一方面，“一带一路”倡议秉持“和平合作、开放包容、互学互鉴、互利共赢”的理念，会不断强化区域间国家合作交流，促进各国发展，缩小贫富差距，使亚洲地区形成命运共同体，提高亚洲在世界经济中的地位。同时，打破西方国家在经济上的垄断，最终实现世界经济再平衡。张希梅（2016）认为，“一带一路”倡议不仅有助于推进世界多极化发展，而且有助于反对霸权主义，维护世界和平。一方面，“一带一路”倡议使商品、资源、技术及劳动力可以跨国流动，有利于沿线发展中国家经济转型升级，也有利于促进多边贸易，进一步推进世界多极化发展；另一方面，“一带一路”建设可以促进以亚洲为主的各地区发展中国家的经济发展，提升亚非国家在世界经济中的话语权，有利于建立国际经济新秩序，维护世界和平发展。

2.2.1.4　“一带一路”倡议实施的措施

“一带一路”是中国提出的国际经济发展新思路，目前仍处于起步阶段，能否给沿线国家带来真正的利益，很大程度上取决于倡议推进的效果。毋庸置疑，在“一带一路”建设推进过程中，我国与“一带一路”沿线国家会遇到经济、政治、安全等方面的风险与挑战。“一带一路”建设的顺利实施必然需要相应的政策保障，才能确保“一带一路”倡议向更高级阶段发展。从目前的研究成果来看，国内学者分别从合作机制、互联互通、政治互信等方面研究了相关制度安排和政策措施。

稳定的合作机制是跨地区经济发展的前提。软环境建设是“一带一路”倡议顺利实施的基础，只有合作机制软环境与基础设施硬环境有机结合才能促进经济合作长期发展。如陈文玲（2015）研究认为，推进“一带一路”倡议应完善并健全各国合作机制。首先，应充分利用现有多边合作机制及平台，如 OECD（经济合作与发展组织）等；其次，应完善双边合作机制，充分发挥各相关机构在合作中的作用，共同推进重大合作项目的实施；再次，应建立沿线国家通关机制，促进经济贸易便捷化，尽可能消除贸易壁垒，共同建立自由贸易区；最后，建立政府之间的合作交流机制，同样有利于“一带一路”建设的顺利展开和实施。

互联互通是“一带一路”沿线国家合作的重要基础，而基础设施建设是“一带一路”沿线国家互联互通的重要保障。姜彩良、华光、孙东泉（2014）等学者研究认为，交通物流一体化建设是“一带一路”建设的基础支撑。建立交通物流一体化发展示范区、开展交通物流一体化试点工程、加快物流大通道建设，这些是“一带一路”建设的必要保障。同样，龚新蜀、马骏（2014）研究认为，交通基础设施建设是跨区域经济发展的前提。作为对中亚地区开放前沿的地带，中国西部地区的基础设施建设尤为重要，应建立政府引导、市场调节的基础设施建设投资机制，并通过建立陆空结合的交通网络体系以及加快口岸建设，来促进我国西部地区与中亚地区的经济合作。而刘华芹（2015）等学者研究认为，“一带一路”应建立点、线、面相结合的全方位互联互通格局：“一带一路”贯穿亚非欧三大洲，应将各区域核心城市作为互联互通的“点”；通过积极建设连接各重要城市的交通运输网络，使国际大通道与经济走廊成为互联互通的“线”；交通线路与核心城市形成的区域则是互联互通的“面”，最终将“一带一路”沿线国家紧密相连，形成完整的区域经济带。

“一带一路”倡议覆盖范围广，沿线国家和地区社会制度差异较大，因此要保证“一带一路”倡议顺利实施，必须加强与沿线各国的交流沟通，通过增强政治互信消除其对“一带一路”倡议的疑虑，最终达成经济合作共识。林跃勤（2015）等学者研究认为，推进“一带一路”建设尤其需要做好顶层设计，以增强沿线国家的合作共识。一方面，中国应着力宣传“一带一路”倡议所倡导的“和平合作、开放包容、互学互鉴、互利共赢”的核心理念，让沿线国家能够深刻理解“一带一路”不是霸权主义战略，而是能带来共赢利益的倡议；另一方面，除政府之间的合作外，民间交流也尤为重要。加强沿线国家民众对“一带一路”倡议的理解与认同，是加强国家间政治互信的基础。为此中国可以强化与“一带一路”沿线国家的文化交流活动，通过大力发展文化和旅游业，让各国民众了解中国“一带一路”倡议的真正意图。黄红山（2015）研究认为，推动“一带一路”倡议向现实转变，一是必须加强政治沟通和政治互信，处理好大国之间的关系。因此，中国必须加强与沿线国家沟通，共同寻找“一带一路”倡议与大国各自发展战略的契合点，寻求包容性的合作关系。二是应以“民心相通”为目标，夯实民意基础。民心相通是各项合作的根本保障。利用人文交流平台促进各国文化融合，可以为“一带一路”倡议营造良好的国际环境。而王晓梅、葛欣（2015）通过各大国对“一带一路”倡议的认知研究，认为消除沿线国家对“一带一路”倡议的曲解，中国要从两个方面着手：一方面，要抓住宣传与解释的主动权，向“一带一路”沿线国家表达“一带一路”倡议的真实意图，减少大国博弈色彩，宣扬共同发展的目的；另一方面，“一带一路”倡议涉及国家较多，应做到求同存异，根据不同国家现实需要，制定因地适宜的应对策略，通过加强沟通赢得“一带一路”沿线国家对“一带一路”倡议的支持，为“一带一路”建设创造良好的发展条件。

2.2.2　国内外产业转型相关研究

从本质上看，产业转型是一个国家或地区产业体系的变革和重构。这个变革过程表现在两个方面：一方面是改善产业与资源环境的相互关系；另一方面是改善产业与经济增长的相互关系。从产业与资源环境角度来看，产业转型是将以破坏环境为代价的产业发展结构体系向环境友好型产业发展结构体系转化。从产业与经济增长角度看，产业转型是将投入高、产出低的产业结构体系转化为低投入、高产出的产业结构体系。国内外学者经研究普遍认为，一个国家或者地区实现可持续发展，既需要在产业结构及主导产业方面下功夫，也需要以国家可持续发展战略为支撑。尤其是目前我国正处于经济发展方式转变的重要阶段，改变过往以资源和环境为代价的发展方式，将产业转型和新型主导产业的选择置于可持续发展战略下，是当今我国产业转型发展的必由之路。

国外学者经过多年研究，在产业转型相关领域已经形成了完善的理论体系。如霍夫曼于 1931 年提出的“霍夫曼比例”。霍夫曼在实证研究的基础上认为，在整体工业发展过程中“霍夫曼比例”是不断下降的，并以此把一个地区的工业化发展进程划分为四个阶段：消费工业主导阶段、资本品发展较快阶段、资本品发展平衡阶段以及资本品主导阶段。英国经济学家科林·克拉克（1940）在配第的研究基础上，对劳动力在产业间的分布变化规律进行了总结，进而提出了“配第－克拉克定理”。配第－克拉克定理指出，随着社会分工的不断发展，劳动力会从第一产业流入第二产业，然后再流入第三产业（服务业）。美国著名经济学家西蒙·史密斯·库兹涅茨（1966）则提出了“人均收入影响论”。库兹涅茨研究认为，国民收入水平的变化趋同于产业结构的变化，即产业结构的优化调整会提升整个国民的收入水平。在此基础上，美国著名经济学家霍利斯·钱纳里（1986）利用数学模型对产业结构理论进行了数学化描述，由此提出对产业结构优化的量化指标。

我国学者对产业转型的研究是对国外学者研究成果的继承和发展。1988年出版的《中国统计年鉴》首次使用了“三次产业”的分类方法，而在同一时期，中国也翻译出版了大量国外有关产业转型的著作。在继承国外产业发展理论成果的基础上，我国学者基于中国实践、中国国情，对产业转型进行了丰富、翔实的研究，研究方向主要集中在产业转型策略以及产业转型基本规律两个方面。在产业转型策略的相关研究方面，我国学者针对不同的侧重点给出了不同的建议。例如，吴丽华（2004）从产业转型的影响因素角度进行分析，认为产业转型成功的关键因素主要包括科学的决策和资源的有效配置。任建雄（2008）则针对可持续发展政策对产业转型的影响进行了研究，其研究表明，产业政策在不同演化阶段对产业转型的作用有所不同。周建发（2012）在前人研究的基础上提出，政府通过对产业的精准定位和规划，对于产业转型具有重要作用，并建议同时还要做好相关的配套措施，尤其是在资源、人才、资金方面要做足准备。在产业转型的基本规律方面，我国学者也做了大量研究。例如，李悦（1988）研究认为，技术进步、供求适配是中国改革开放以来，经济结构变动最根本的决定变量。刘伟（1992）研究认为，中国国民经济的体制机制与西方国家有重大区别。因此，中国与西方国家之间的产业结构及其变迁是存在差异的，这也是中国产业结构与就业结构存在非相关性的重要原因。林毅夫（1994）则通过对我国改革开放以来的产业结构变迁路径的研究，提出由于中国过度重视工业投资，导致中国经济结构中工业结构占比过大的观点。这是改革开放前20年中国人民生活水平增长缓慢的重要原因。同样，刘世锦（2001）也持相同观点，但其突出强调由于不同工业对技术创新的需求不同，因此我国产业结构出现不合理的现象。而李正辉、刘思明（2009）则进一步研究认为，金融对我国制造业有很大影响，因此在国际金融秩序重构过程中，对制造业进行结构调整是我国产业结构调整的重心。

2.2.3　国内外产业升级相关研究

国外学者关于产业升级研究集中在两个方面：一方面是在经济学视角下产业升级的相关研究；另一方面是在价值链视角下产业升级的研究。在经济学视角下，配第－克拉克定理揭示了劳动力在产业间的转移规律，并对其原因进行了阐释。配第－克拉克定理强调，随着经济的不断发展，劳动力首先在农业领域得到解放，溢出的劳动力在工业生产率和支付报酬大幅提高的情况下，会逐渐向工业领域转移。随着经济的不断发展，服务业的规模日益扩大，其生产效率和报酬率会逐渐高于工业。在此阶段，工业又会出现劳动力溢出，多余的劳动力会逐渐向服务业转移。这就是劳动力在三次产业中的转移规律及其内在原因。随后，在配第－克拉克定理的基础上，库兹涅茨（1966）以各产业就业的劳动数量和国民生产总值占比作为产业转换的参考指标，全面总结了经济持续发展下的产业变动规律。而在价值链视角下，波特在1985年首次以全球价值链为视角，对产业升级问题进行了研究。随后，国外越来越多的学者开始关注全球价值链研究，相关成果也日益丰富。如瓜拉尼（Guarani，2005）等学者研究认为，全球价值链的升级动力很大程度上源于技术创新。从这个角度来说，产业升级的根本动力在于技术创新。需要注意的是，国外学者对发展中国家的价值链问题也进行了大量研究。如汉弗莱（Humphrey，2004）认为发展中国家的企业为了保持自身的竞争优势，必须在价值链中不断地调整和攀升。同时，卡塔内奥（Cattaneo，2010）等学者研究认为，面对日益变化的世界市场环境，发展中国家企业发展的根本动力是在研发领域的持续投入，进而通过研发来保持和实现企业核心竞争力。此外，国外学者对企业嵌入价值链中的作用机制也进行了探讨。如莫里森（Morrison，2008）等学者研究认为，价值链中各主体间的利益关系是企业在全球价值链中实现高端攀升的重要原因，并在此基础上对全球价值链流程进行了阐释。

同样，国内学者也对产业升级问题进行了丰富研究，主要成果集中在两个方面：一方面是产业升级影响因素的研究；另一方面是全球价值链视角下的产业升级问题研究。关于产业升级的影响因素方面，宋维佳（2012）等学者针对制造业产业升级展开了实例研究。其研究结果表明，海外投资对制造业升级具有双向影响效应。汪浩瀚（2018）等学者以2003年至2015年京津冀和长三角地区城市群面板数据为样本，基于Hansen门槛模型，并以金融规模与金融效率为门槛变量，考察了京津冀与长三角地区企业的创新能力和产业结构转型效应。其研究结果表明，金融业发展对产业升级的影响存在较为显著的门槛效应。关于在全球价值链视角下产业升级的相关研究，国内学者罗勇（2007）等学者结合全球价值链现状，提出了我国产业整体升级的思路。罗勇等学者研究认为，通过提升自身附加值和优化自身产业结构这两种途径能够实现我国产业集群质的飞跃。而张少军（2009）、孟祺（2016）等学者研究认为，“一带一路”建设为我国实现全球价值链高端攀升带来了新的历史机遇。由于“一带一路”沿线国家经济发展阶段不同，经济发展水平和产业结构特征也不同，这种互补的国家和地区间的产业特征，为我国产业实现全球价值链升级提供了更大的空间。

2.2.4 国内外相关研究的简要述评

从国内学者对于“一带一路”建设的相关研究成果来看，虽然国内学者对“一带一路”建设取得了大量的研究成果，同时这些研究成果对我国进一步推进“一带一路”建设也起到了积极的作用，但是从现有的综述结果来看，国内学者在“一带一路”建设对我国经济地理格局的重塑效应方面仍缺乏足够研究。事实上，“一带一路”建设使得我国东部沿海地区、内陆地区以及沿边地区的发展条件和发展环境发生了巨大变化，各区域传统的比较优势因其更大的国际交互影响而发生深刻变化。因此，针对我国东部沿海地区、内陆地区以及沿边地区在“一带一路”建设下形成了新的区位条件、要素优势、市场规模，国内学者必然要对我国产业分工空间布局及区域协调发展进行重新审视。

虽然目前国内学者重视东北地区产业转型升级的重要意义，也进行了相关的丰富研究，但是，大多研究是从国内视角探索东北地区如何与东部、中部、西部地区形成科学合理的产业分工体系，尚没有从跨空间（国家和地区）产业联动视角对东北地区与“一带一路”沿线国家之间如何形成合理产业分工体系，进而实现各国（地区）产业协同发展进行系统性研究。显然，这种研究缺失对东北地区真正融入“一带一路”建设，以及在多层次的内外开放与互动中实现产业结构调整和能级提升，难以提供系统、可行的战略依据和路径选择。

第三章 “一带一路”建设对我国区域协调发展环境的影响分析

“一带一路”建设使得我国各区域的发展条件、发展环境都发生了巨大变化，各区域传统的比较优势因“一带一路”建设所带来的更大的国际合作而发生根本性变化。因此，如何准确厘清我国各经济区域在“一带一路”建设中形成的新的环境、新的定位，是本书研究东北地区嵌入“一带一路”建设而进行产业转型升级的重要逻辑前提和研究基础。因此，本章在系统回顾新中国成立以后我国产业分工布局、区域经济发展和空间结构的演进历程基础上，客观总结我国区域协调发展面临的新问题和新要求，深刻分析“一带一路”建设对我国区域协调发展环境的重要影响，包括“一带一路”背景下我国区域经济发展的机遇和风险识别。

3.1 我国产业空间结构的历史演变

中华人民共和国成立初期，我国区域经济发展实施的是均衡发展战略，产业布局从东部沿海地区向中西部内陆地区分散，各区域低水平均衡发展。改革开放后，我国政府积极倡导效率优先的非均衡发展战略，在市场机制的作用下各种生产要素向东部沿海地区聚集，形成了以东部地区为核心的产业布局结构，导致我国各地区经济发展水平差距不断加大，空间经济结构不平衡、不合理。

3.1.1 中华人民共和国成立初期的产业均衡布局

中华人民共和国成立初期，我国产业布局极不平衡，将近70%的工业生产活动都聚集在我国东部沿海地区，而中西部地区仅有的工业产业也重点分布在太原、武汉等少数城市。为了缩小沿海城市与内陆城市之间的差距，改变地区间不均衡发展状况，我国政府按照公平原则，调整区域产业布局，全面实施区域经济均衡发展战略。

（1）产业布局重点从沿海地区转向内陆地区。在“一五”（1953—1957年）期间，我国东部沿海地区基本建设投资占全国总投资的46%，中西部内陆地区占54%。千万元以上的工业项目在全国的分布状况是我国内陆地区拥有472个项目，占比接近70%。其中，接受苏联帮助而建设的156个项目中，中西部内陆地区有118个项目，东部沿海地区只有32个项目。

（2）空间上划分六大经济协作区。1958年，中央为了加强对地区经济的计划与协调，将全国划分为七大经济协作区。1961年，中央将华中经济区和华南经济区合并为中南经济协作区，由此全国逐渐建设形成了六大经济协作区：东北经济区、华北经济区、华东经济区、中南经济区、西南经济区以及西北经济区。各经济区根据各自资源禀赋基础，形成了相对完整的产业分工布局。

（3）开展“三线”地区建设。20世纪60年代中期，鉴于当时我国所处的国际局势异常复杂，东南沿海地区、西南地区、东北地区的政治和国防形势都存在很大的不确定性，因此我国将经济建设的重心放在了“三线”地区。“靠山、分散、隐蔽”是当时“三线”建设的总方针。整个“三五”阶段，我国整体上在“三线”地区的投资总额占全国投资总额的53%，产业布局重点向中西部地区倾斜。在此期间，内陆地区国内生产总值增加了40多倍，工业生产总值在全国的占比由原来的28%增加到36%，缩小了同东部沿海地区的收入差距。需要注意的是，这种依靠政府指令和计划安排的资源配置方式，扰乱了价格机制作用的发挥。同时，人为的分散经济活动、强行调整产业布局的行为也造成了生产效率的下降和社会福利整体水平的下降。应该说，“三线”建设虽然在一定程度上缓解了我国区域经济不均衡发展的问题，但是这种区域经济均衡发展的结果却是整体经济发展水平的低效率。

3.1.2 优先发展的非均衡产业布局

20世纪70年代后期，国际上有了利于我国发展的国际环境，和平发展成为当时国际环境的主基调。同时，经济全球化趋势在此期间逐渐形成，由发达国家主导的跨国公司开始在全球范围内选择那些既拥有丰富资源又具备成本优势的国家进行战略布局。与此同时，我国也展开了社会主义本质的讨论，对社会主义体制和机制问题进行了符合中国国情和经济发展阶段特征的新判断。在全国人民积极和热烈的讨论中，党中央逐渐提出聚焦于经济发展和建设的各项政策。全国人民意识到经济发展水平落后不符合社会主义本质要求，区域发展差异也不适合中国发展道路要求，因此，我国区域经济均衡发展战略开始让位于区域优先发展战略。非均衡发展思想得到了理论和实践的证明。邓小平同志提出“让一部分人、一部分地区先富起来”的观点。到了20世纪80年代，这一观点发展为“两个大局”的战略构想，并成为“六五”计划到“七五”计划我国区域经济发展的中心思路。1981—1985年，我国东南沿海地区的深圳、厦门、珠海、汕头四个城市设立了经济特区，同时开放了上海、宁波等14个沿海港口城市，极大促进了这些城市从内向型经济向外向型经济的转变。1986—1990年，“七五”计划正式把我国区域经济划分为东部沿海地区、中部地区和西部地区三大经济地带，并提出区域非均衡发展、梯度推移的宏观经济发展战略。同时，经济特区和东部沿海开放城市继续作为国家政策倾斜、重点投资和建设的地区。从整体经济发展效果上看，“六五”到“七五”期间，我国非均衡区域发展战略成功打造了包括长江三角洲、珠江三角洲在内的多个增长极，显著提高了整体经济运行效率和国民经济总产出。从区域经济发展效果上看，经济特区和沿海城市开放策略使得东部沿海地区经济实现了快速发展。然而需要指出的是，由于国家实施的是非均衡区域发展策略，东部地区经济增长极的辐射效应带有一定的迟滞性和局限性。因此，1981年至1990年，我国其他区域的资源、人才持续地向东部沿海地区转移。这些资源转移既加速了东部沿海地区的经济发展，同时也在一定程度上使得西部和中部地区缺乏足够的发展动力。加之东部沿海地区向中西部地区的经济引领效应不显著，最终导致了我国东部、中西部地区之间经济发展水平和居民收入的差距越来越大，区域间经济发展的不平衡性显著加剧。

3.1.3 促进区域经济协调发展的产业非均衡布局

20世纪90年代中期开始，我国开始重视区域间分工及在此基础上的产业布局重构，希望能够有效促进区域经济协调发展。具体实践政策包括：东部地区进一步实施开放战略，强化国际经济合作；逐渐实施沿江、沿边、沿交通干线开放，重点开发和促进我国同俄罗斯、蒙古国、越南以及南亚国家的边境贸易。比如重点把毗邻长江的南京、武汉等城市打造为继东部沿海开放城市后的又一开放城市带，以扩大内陆城市的对外开放程度。可以说，这些战略举措很大程度上促进了我国各地区间的产业分工与合作，也加强了东中西部以及东北老工业基地之间的内在经济联系，在我国形成了由南到北、从东到西的全方位开放发展的新格局。但是，由于我国区域经济发展差距是由长时期的历史因素造成的，因此在经济发展规律和循环累积机制的作用下，我国各地区的经济发展并没有完全齐头并进，而是东部沿海地区仍然保持了快速、领先的发展态势。这种态势一直到20世纪90年代中期，各地区经济增长率差距达到了历史峰值。尤其是作为老工业基地的东北地区，由于缺少自主创新能力以及改革的内在动力，在全国的经济地位迅速下降，出现了产能低、效率低以及产品生产与市场需求脱节等较为严重的问题。同时，东北地区地方政府财政负担日益加重，国有企业职工下岗问题较为突出，三次产业结构中第三产业占比小，在转变经济增长方式和产业结构升级等方面进展异常缓慢。

3.1.4 科学发展观下的区域统筹发展

改革开放以来，经济发展、区域协调以及环境保护等各种问题相互交织、相互影响，已经严重制约了我国国民经济发展的可持续性，因此我国开始重新思考经济发展的道路和方式选择。为统筹兼顾各地区协调发展并实现国民经济的可持续发展，2003年10月党的十六届三中全会明确提出了“坚持以人为本，树立全面、协调、可持续的发展观”，统筹城乡发展，统筹区域发展。在科学发展观的指引下，我国持续推进“西部大开发”战略。仅从2000年到2009年，累计开工的西部大开发工程项目有120项，总投资规模近2万亿元，同时西部地区的基础设施、生态环境以及民生也都得到了极大改善。继“西部大开发”以后，国家又分别于2004年3月和8月相继提出“中部崛起”和“振兴东北”战略，旨在通过优化布局、集中开发，实施东西互动，以此带动中部和东北地区经济发展，促进区域经济协调发展。

在国土空间开发利用方面，2010年年底国务院印发了《全国主体功能区规划》（以下简称《规划》），该《规划》确定了从“十一五”到2020年全国国土空间的布局规划。根据这一布局规划，我国国土空间被划分为优先开发区域、重点开发区域、限制开发区域和禁止开发区域四大主体功能区。2003年10月，党的十六届三中全会提出了我国经济发展的“五个统筹”，其中之一即为“统筹区域发展”。2018年11月，《中共中央 国务院关于建立更加有效的区域协调发展新机制的意见》进一步强调要推动国家重大区域战略融合发展，以“一带一路”倡议为引领，以东中西部以及东北地区“四大板块”为基础，促进地区间互融互通，建立区域协调发展新机制。至此，我国初步形成了以“一带一路”建设助推沿海、内陆、沿边地区的产业布局，“一带一路”沿线国家基础设施的互联互通统筹了国内外、协调了东中西部和南北方区域发展的新格局。

3.2 我国区域经济发展格局的新特征

根据国民经济发展的客观规律以及我国经济发展的各阶段特征，我国区域产业发展经历了均衡布局、非均衡布局以及科学发展观下的区域统筹发展布局等阶段。这些产业布局的调整和实施也逐渐形成了我国区域经济发展的新格局，并形成了显著的发展特征。

3.2.1 产业空间布局由集中转向分散

根据克鲁格曼的空间基尼系数测算，“十一五”期间我国工业空间布局集中度从0.476下降为0.442，整体下降了7.14个百分点。这说明我国产业布局在空间上呈现出明显的从集中到分散的变化趋势。如表3－1所示是1995年至2019年中国四大区域工业增加值占全国比重的变化趋势。从表中的数据可以看出，自2010年开始，我国区域产业布局打破了东部集中现状。2010年同2015年相比，东部地区工业增加值占全国比重从53.0%下降至52.0%，而西部地区工业增加值占全国比重从17.8%增至18.8%，中部地区工业增加值占全国比重从20.4%增至21.4%，东北地区工业增加值占全国比重从8.9%下降至7.8%。这表明“西部大开发”“中部崛起”等区域经济发展战略效果开始显现出来，中国各地区经济开始进入协调发展阶段。2015年同2019年相比，东部地区工业增加值占全国比重从52.0%增至53.6%，而西部地区工业增加值占全国比重基本保持不变，中部地区工业增加值占全国比重从21.4%增至23.1%，东北地区工业增加值占全国比重从7.8%降至4.7%。这表明，随着我国区域协调发展战略的实施，我国工业逐渐向中西部地区转移，尤其是中部地区工业发展相较其他地区得到了一定提升。但是，在全国区域经济逐渐呈现协调发展的趋势下，我国东北地区的工业增加值占全国比重出现了相对较大的下滑现象。这反映出了我国东北地区经济转型滞后于全国发展水平，相对经济地位迅速下降。同时需要指出的是，在产业整体布局从集中向分散转变的过程中，支撑经济发展的生产要素依旧向东部沿海地区集聚。

表3-1　1995年至2019年中国四大区域工业增加值占全国比重的变化趋势

（单位:%）

年份	东部地区	西部地区	中部地区	东北地区
1995	47.2	17.5	20.2	15.1
2000	55.8	15.2	18.8	10.2
2005	56.2	14.3	17.2	12.3
2010	53.0	17.8	20.4	8.9
2015	52.0	18.8	21.4	7.8
2019	53.6	18.6	23.1	4.7

数据来源：中经网统计数据库。

2015年，东部沿海地区服务业增加值在全国服务业的比重由20世纪90年代的49%大幅上升至58.3%，而同期的中西部地区服务业增加值占比分别为16.9%和17.0%，分别下降了1.9个和4.6个百分点。这种服务业增加值占比的变动趋势，进一步说明在我国区域经济发展格局由东部沿海地区集中转向中西部地区分散的同时，东部沿海地区产业结构也经历了优化升级的过程，生产要素配置从增加值低的工业开始转向增加值高的第三产业。2019年，我国东部沿海地区服务业增加值在全国服务业的占比为54.5%，略微下降；而同期中西部地区服务业增加值在全国服务业的占比分别为20.7%和19.8%，上升趋势明显。这表明近年来我国东部地区和中西部地区经济在协调发展的同时也各自实现了发展质量的提升。

3. 2. 2　区域经济发展差距不断缩小

改革开放初期，由于我国实施的是东部沿海地区率先发展的非均衡发展战略，东部沿海地区经济发展速度始终快于中西部和东北地区。特别是 20 世纪 90 年代以后，随着经济特区和沿海开放城市的开发，东部与中西部以及东北地区的发展差距逐渐拉大。1991 年至 1998 年，东部地区 GDP（国内生产总值）相对增长率高于中西部和东北地区。相比于 1979 年至 1990 年，我国东部地区与中西部地区间差距越来越大，已经成为困扰中国经济协调与可持续发展的重要问题。

为促进国民经济的协调与可持续发展，我国政府在 2000 年正式提出“西部大开发”战略，并于 2004 年相继提出“中部崛起”和“振兴东北”战略。随着国家的政策和资金逐渐向中西部和东北地区倾斜，中西部和东北地区经济开始快速发展。2010 年东部地区经济增长率为 14. 8%，中部地区为 14. 6%，中部地区的增长率基本上与东部地区的持平；西部和东北地区经济增长率均为 14. 1%，略低于东部地区。2010 年至 2016 年，我国中西部和东北地区经济增长速度基本趋近东部地区。这意味着在此期间我国产业布局正由东部地区的集中发展转向中西部以及东北地区的分散发展，区域经济发展从不协调开始向相对协调转变，区域经济发展差距扩大的势头得到有效遏制。2017 年至 2019 年，我国中部地区经济增速连续三年超过东部地区，其中 2018 年和 2019 年增速超过 11%。我国西部地区经济增速在 2017 年之后也开始超过东部地区，始终保持着快速增长的趋势。然而需要指出的是，东北地区经济增速在 2017 年开始放缓，经济增长动力明显不足。可以说，在全国区域经济发展差距不断缩小，各地区经济正趋于协调发展的趋势下，东北地区在全国经济地位中相对下滑，与东部地区的发展差异日渐扩大。

3. 2. 3　区域发展规划的综合性和科学性更加凸显

近年来，为统筹区域协调发展，我国政府先后批复了很多区域发展规划。一般而言，从国家层面提出的区域发展规划主要有综合配套改革试验区和国家战略区域规划。截至 2019 年年底，我国共有 12 个综合配套改革试验区，分别是上海浦东新区综合配套改革试验区、天津滨海新区综合配套改革试验区、重庆市统筹城乡综合配套改革试验区、成都市统筹城乡综合配套改革试验区、武汉城市圈“两型”社会建设综合配套改革试验区、长株潭城市群“两型”社会建设综合配套改革试验区、深圳市综合配套改革试验区、沈阳经济区新型工业化综合配套改革试验区、山西省国家资源型经济型综合配套改革试验区、浙江省义乌市国际贸易综合改革试验区、厦门市深化两岸交流合作综合配套改革试验区、黑龙江省“两大平原”现代农业综合配套改革试验区。这 12 个综合配套改革试验区各自具有明确的发展任务要求，同时在区域协调发展方面起到了示范、突破和带动作用，也形成了很多可复制、可推广的制度创新成果。关于国家战略区域规划，目前我国正在积极推进京津冀协同发展、长江经济带发展、粤港澳大湾区建设、长江三角洲一体化发展等区域重大战略。这些区域发展规划覆盖了我国主要的经济中心，在我国经济发展中起到了至关重要的作用。

从区域发展规划的布局上看，我国东部地区仍旧是中央政府政策规划的重点地区。原因有两方面：一方面，由于东部地区经过几十年的建设已经进入产业分工再布局和经济结构再调整的重要阶段，需要从国家层面给予统筹规划；另一方面，由于东部地区经济总量长期占全国 50% 左右，若东部地区经济出现衰退，必将严重影响我国国民经济的整体发展。尤其是我国东部地区产业基础较好，正处于产业结构优化和调整阶段，对我国中西部和东北地区的产业转型具有重要的辐射和带动作用。因此，加快东部地区的产业转型升级也是进一步推进我国区域协调发展的重要举措。总之，在国家各项区域发展规划的指导下，我国经济已经形成了从东到西、从南到北的产业布局和相对协调的区域经济竞合机制；在全国范围内突破了以东部沿海地区为单一增长极的历史局限，形成了纵横交错的增长格局，推进了我国经济的全面协调发展。

3.3 “一带一路”背景下我国开放型区域协调发展的新视角

“一带一路”倡议是我国适应国际经济新形势，全方位开放的重大战略新举措。因此，“一带一路”倡议的实施也必然为我国区域协调发展提供了新视角。

3.3.1 “一带一路”倡议的区域合作本质

2013 年 9 月，习近平总书记在哈萨克斯坦纳扎尔巴耶夫大学发表演讲时，首次提出共建“丝绸之路经济带”倡议。2013 年 10 月，习近平总书记在印度尼西亚国会讲话时进一步强调，中国愿意同东盟国家共建“21 世纪海上丝绸之路”。2015 年 3 月 28 日，国家发展和改革委员会、外交部、商务部联合发布了《推动共建丝绸之路经济带和 21 世纪海上丝绸之路的愿景与行动》（以下简称《愿景与行动》）的倡议，标志着中国政府提出的“一带一路”倡议正式进入全面实施阶段。这也反映出中国的改革开放和社会主义建设进入一个全新的发展阶段，中国经济在 21 世纪迎来了重大战略性调整。改革开放以来，中国对外合作以“引进来”发展战略为主，通过积极参与国际经济合作获得国外的资本和技术支持。随着中国综合国力持续上升，“走出去”发展战略开始登上历史舞台。尤其是《愿景与行动》的公布，更加彰显出中国积极参与国际经济合作，重塑国际政治经济新格局的决心。我国政府所提出的“一带一路”倡议是以积极促进全球贸易自由化、推动世界经济一体化为目标的国际经济合作倡议。可以说，传承古“丝绸之路”内涵的“一带一路”倡议，其本质是平等、友好并极富包容性的国际经济合作倡议。

3.3.2 “一带一路”沿线国家的合作基础

截至 2021 年 1 月 29 日，中国已经与 171 个国家和国际组织签署了 205 份共建“一带一路”合作文件。加入“一带一路”倡议的国家经济总量约为 23 万亿美元，占全球经济总量的 1/3。2020 年，我国与“一带一路”沿线国家货物贸易额达 1.35 万亿美元，同比增长 0.7%，占我国外贸总额的 29.1%；我国对“一带一路”沿线国家非金融类直接投资达 177.9 亿美元，同比增长 18.3%，占我国对外投资总额的 16.2%；我国对“一带一路”沿线国家对外承包工程的营业额达 911.2 亿美元，占我国对外承包工程总额的 58.4%。同时，“一带一路”沿线国家也非常看好中国发展机遇，2020 年“一带一路”沿线国家在中国新设企业 4294 家，直接投资 82.7 亿美元。需要指出的是，“一带一路”沿线国家除新加坡等 16 个国家是发达国家和地区之外，其他国家都是处于发展阶段的国家。根据世界银行对各国 GDP 增速统计，“一带一路”沿线国家处于不同的经济发展阶段，如表3－2所示，2019年“一带一路”沿线国家中共有54个国家处于中低速增长阶段，占沿线国家总数的81.8%。

表3－2 2019年“一带一路”部分沿线国家GDP增速

增速	国家
高速增长（>6%）	孟加拉国、亚美尼亚、柬埔寨、越南、塔吉克斯坦、中国、尼泊尔、土库曼斯坦、菲律宾
中速增长（4%～6%）	乌兹别克斯坦、埃及、马尔代夫、格鲁吉亚、蒙古国、印度尼西亚、印度、匈牙利、老挝、吉尔吉斯斯坦、哈萨克斯坦、伊拉克、爱沙尼亚、马来西亚、塞尔维亚、波兰、罗马尼亚
低速增长（0%～4%）	立陶宛、文莱、伊朗、黑山、马其顿、以色列、摩尔多瓦、东帝汶、保加利亚、乌克兰、克罗地亚、阿富汗、缅甸、波黑、捷克、斯洛文尼亚、斯洛伐克、泰国、不丹、斯里兰卡、阿塞拜疆、阿尔巴尼亚、拉脱维亚、韩国、约旦、巴林、阿联酋、俄罗斯、白俄罗斯、巴基斯坦、巴勒斯坦、土耳其、新加坡、日本、阿曼、科威特、沙特阿拉伯
负增长（<0%）	卡塔尔、也门、黎巴嫩

资料来源：世界银行WDI数据库。

事实上，无论是经济中低速增长的高收入国家还是低收入国家，低速增长都是各国政府亟待解决的问题。在高速增长的9个国家中，中国是市场最广阔、经济发展最快、经济总量最大的国家。而以卡塔尔为代表的经济低迷国家则迫切需要找到经济发展新思路，摆脱现有的困境。因此，“一带一路”倡议不仅为中国，同时也为沿线各国发挥各自资源禀赋优势、实现互利共赢的协调发展提供了战略平台和政策支持。尤其是作为一个刚刚从中低收入跃升为中高收入的发展中国家，中国在积极推进“一带一路”建设中既能为处于不同发展阶段的国家提供经验，也能为不同类型国家提供新型的多边合作机制，从而释放各国潜力，实现经济融合、产业联动和成果共享。

3.4 “一带一路”背景下我国区域经济发展的机遇识别

“一带一路”建设为我国区域协调发展提供了新的视角，也带来了重要的机遇。然而，只有准确把握“一带一路”建设对我国区域经济发展带来的各种影响效应，才能真正发挥“一带一路”建设对我国区域协调发展的推动作用。因此，准确揭示“一带一路”背景下我国区域经济发展的机遇，是本书研究的重要前提和基础。

3.4.1 “一带一路”建设对我国区域定位的重塑效应

“一带一路”建设为我国加强同世界各国的国际经济合作带来了重要的机遇。加强我国与“一带一路”沿线国家的政治互信与经济合作，为我国以外向型经济为主的经济结构转型以及各地区协调发展提供了强有力的保障。“一带一路”建设有利于我国加速形成新型的全方位对外开放格局，使我国东部沿海地区成为“海上丝绸之路”的重要门户，进一步巩固东部沿海地区中心城市在国际经济合作中的地位。尤其是“一带一路”建设为我国东北地区对外开放提供了广阔的空间，也为东北地区经济转型升级提供了前所未有的机遇。从地理区位上看，东北地区紧邻俄罗斯、朝鲜，与日本隔海相望，具有得天独厚的地理区位优势；从产业转型升级来看，东北地区目前存在的产业结构失衡、产能过剩等问题也可以通过与沿线国家的深入合作得到有效改进和缓解。同时，加强和深化跨境合作也有利于推动东北地区经济体制的变革与创新，为东北地区老工业基地实现新一轮的振兴提供历史机遇。

“一带一路”建设为“中部崛起”提供了战略纵深。中部地区处在向东和向西开放的中间地带，其承东启西、连接南北的中心枢纽作用使其有望成为新一轮中国经济发展的中心地带。“一带一路”建设将有利于中部地区形成通往全球的国际物流大通道，有利于中部地区深度推进国际产能和装备制造业合作，从而在更宽领域以更高水平参与国际竞争与合作。综合而言，“一带一路”建设为中部地区塑造区域竞争新优势，打造开放型经济新高地提供了战略引领，这意味着中部地区将在我国新一轮全方位对外开放中迎来重大发展机遇。

“一带一路”建设为西部地区发展提供了新的思路和方案。西部地区经济发展滞后的主要原因是开放型经济发展落后使其无法有效参与到国际国内的产业分工格局中。随着“一带一路”建设的深化，全球内配置资源的趋势日益明显，西部地区发展面临着前所未有的新格局，产业转型升级也迎来了历史性机遇。“一带一路”建设将中国西部地区与中亚、西亚等地区相连接，形成一条潜力巨大的经济带，使西部地区可以与中亚、西亚沿线国家进行能源、贸易等领域的深度合作，并利用国际大通道引入中亚和西亚的优势资源，而我国也可以将东部地区的资金、技术、产业优势输送到中亚、西亚地区，从而完成西部地区经济的转型发展和产业结构升级。

3.4.2 “一带一路”建设对产业升级的技术溢出效应

我国与“一带一路”沿线国家产业合作的技术溢出效应主要通过产业集聚和协同创新两个途径来实现。产业集聚是指具有合作或竞争关系的企业、组织形成区域内的聚集体，而且这种集聚必然形成集聚区域的规模经济、外部经济等效应。我国与“一带一路”沿线国家产业集聚，一方面可以由政府引导而形成，通过政策和资金扶持加速沿线国家形成经济带集聚；另一方面可以通过市场机制自发形成，依托基础设施、生产要素以及资源禀赋优势形成产业集聚。值得注意的是，我国与沿线国家产业集聚的关键是要实现市场信息共享以及基础设施共享，从而形成强大的规模经济，最终提升沿线国家产业的国际竞争力。具体而言，“一带一路”沿线国家可以通过产业间纵向一体化，使要素供给、生产加工、产品市场有效地连接起来，增强产业链的竞争力；同时，沿线国家也可以通过产业横向一体化，提升产业的影响力和控制力，并通过整体性、综合性的集群互动，以更大的市场规模形成沿线国家产业集群的可持续发展内生动力。总之，“一带一路”建设为沿线国家的产业集聚提供了方向引导，使那些具备资源优势、技术优势、市场优势的沿线国家可以快速形成优势产业集群，并通过沿线国家间的产业合作，提升整体产业竞争力。

事实上，“一带一路”建设也可以通过协同创新效应来促进相对落后国家的产业发展。协同创新是指在国际产业合作中，企业、科研机构、金融机构等组织在共同目标和驱动力下，依托现代技术，突破主体之间的创新壁垒，从而实现信息、技术、资本、人才等全方位和多角度的合作创新。协同创新具有显著的整体性和动态性特征。我国与“一带一路”沿线国家的产业协同创新主要包括三个方面。第一，在产业合作中实现技术创新。技术落后一方可以通过引进、学习、消化、吸收技术进步国家的技术溢出获得后发优势。

第二，经济发展水平较高、技术相对进步的国家可以加强知识创新与工业化和信息化的深度融合，通过“一带一路”沿线其他国家的市场拓展实现本国的产业升级，以创新引领经济发展。第三，“一带一路”建设有利于实现协同创新的技术溢出。在“一带一路”沿线国家产业合作过程中，随着分工的不断细化，为了满足沿线不同国家的市场需求，各沿线国家可以通过生产技术提升、管理模式优化等方式，发展适用于本国的新业态、新产品和新服务。概括而言，“一带一路”沿线发展中国家只有全面、有效地参与到“一带一路”建设的产业分工与合作中，才能更好、更快地实现经济发展和产业结构的优化。

3.4.3 “一带一路”建设对生产要素配置的优化效应

由于长期形成的投资驱动型经济增长模式具有一定的惯性，处于“三期叠加”的中国要想实现经济增长方式的转变并不是一件容易的事，特别是在经济全球化背景下，想封闭式的自我完成经济发展方式转变与经济结构转型是很难实现的。因此，寻找新的国际经济合作路径是我国目前迫切需要解决的问题。而“一带一路”建设为我国经济发展方式的转变与经济结构调整提供了新机遇和新动力。“一带一路”连通了亚洲、欧洲、非洲所覆盖的140多个国家和30多个国际组织，覆盖全球最主要的能源和战略资源供应地。而且这些国家自然资源充沛，要素禀赋各异。因此，“一带一路”沿线国家与我国产业合作的要素互补潜力巨大。可以说，“一带一路”倡议促使沿线国家从更广阔的视角、更宏大的市场完成要素优化配置，进而为各国产业转型升级，形成利益补偿共享的区域合作新局面提供了机遇。原因有以下三点：首先，“一带一路”倡议将中国东部地区与东南亚地区紧密联系起来，使中国与东盟之间的经济贸易往来不断加强，进一步扩大了东部地区的对外开放程度，为东部地区开放型经济发展创造了条件。其次，中部地区在区位方面具有很大优势，“一带一路”倡议使中部地区成为连接东西部地区的重要纽带，同时成为东西部地区经济交流的重要节点。最后，“一带一路”倡议使西部地区成为对外开放新高地，也成为内陆地区的一个超大经济市场。简言之，“一带一路”倡议为沿线国家高效率进行资源优化配置提供了重要机遇。

3.5 “一带一路”背景下我国区域经济发展的风险识别

“一带一路”倡议是我国首次提出的重大国际经济合作倡议，涉及国家众多。因此，“一带一路”倡议也为我国区域协调发展带来了一定的风险和挑战。

3.5.1 “一带一路”建设中大国政治和经济博弈的复杂性

如何正确处理和协调中国与西方经济大国间的政治、经济关系，是“一带一路”建设中不可规避的重大博弈。此外，“一带一路”倡议涉及140多个国家和30多个国际组织，沿线国家之间也存在着大国地缘政治博弈。如印度一直关注其在南亚地区的主导和控制地位，对我国提出的“海上丝绸之路”建设也形成了一定的阻碍。此外，日本政府早在20世纪初期就提出了“丝绸之路外交”战略。2019年，日本政府向“丝绸之路”沿线国家投资了近2000万美元，用于道路、桥梁等基础设施建设，其遏制中国“一带一路”建设的意图非常明显。由此可见，“一带一路”倡议并不是一帆风顺的，在建设过程中必然会面临激烈和复杂的大国政治和经济博弈。

3.5.2 “一带一路”沿线国家发展水平的差异性

“一带一路”沿线国家众多，虽然在产业结构和资源禀赋上具备一定的互补性，但从整体上看，“一带一路”沿线国家经济发展水平普遍偏低，各国基础设施建设水平也参差不齐。此外，沿线国家多为发展中国家，而且这些发展中国家的经济增长速度也参差不齐。如2019年沿线国家中共有54个国家处于中低速增长阶段，占沿线国家总数的81.8%。根据2019年亚洲基础设施投资银行测算，“一带一路”沿线国家基础设施建设在未来十年内，需要投入至少8.5万亿美元，才能支撑沿线国家经济的持续发展。然而，由于沿线国家经济发展水平普遍偏低，各国政府能提供的财政支持非常有限，这对“一带一路”建设持续的资金投入需求造成了不利的影响。此外，由于大部分沿线国家经济处于低水平发展阶段，支撑其国民经济的主导产业均集中在资源开发和初级产品加工领域。这在一定程度上限制了“一带一路”建设过程中的国际产业合作，对我国在“一带一路”框架下实现区域经济协调发展形成了一定的挑战。

3.5.3 “一带一路”沿线国家文化认同的多元性

解读经济发展问题仅仅关注经济因素是不够的，还要分析文化对经济的影响。从斯密以经济与道德两方面来界定“理性人”，到穆勒突出强调信仰对经济的重要影响，这都反映出文化在经济问题研究中所处的重要地位。作为漫长历史演进中逐渐形成的社会约束和行为规范，文化以其广泛而深刻的渗透力对经济活动产生重要影响。“一带一路”建设连接亚洲、欧洲与非洲等，涉及140多个国家和30多个国际组织，各个国家、国际组织之间存在着明显的区域性多元文化差异，呈现出东亚文化、南亚文化、中东文化以及东欧文化。这些区域内的国家在风俗习惯、思维方式和外交理念上，也存在着显著的差异，从而导致“一带一路”建设过程中出现了文化交流的碰撞与冲突，一定程度上影响了沿线国家之间的合作。那么如何超越文明隔阂、超越文明冲突、超越文明优越，使各个国家、国际组织之间更加准确地理解“一带一路”倡议的本质，无疑是深入推进“一带一路”建设的重要前提和现实基础。由于“一带一路”倡议是我国在21世纪首次提出的，部分沿线国家仅仅从当前世界经济格局规划范畴内认知“一带一路”，而对中国与“一带一路”沿线国家早已形成的利益共同体、命运共同体和责任共同体缺乏深刻认识，甚至部分域外国家将“一带一路”倡议误解为是中国崛起的经济霸权手段。因此，经贸合作必须文化先行。然而，由于“一带一路”沿线国家经济发展阶段不同，文化交流合作层次和水平均不高，尤其是我国现阶段文化产业发展仍显落后，文化软实力偏低。因此，实现“一带一路”倡议的国际文化认同，既是我国顺利推进和实施“一带一路”建设不可或缺的重要前提，也是不可回避的巨大挑战。

第四章 “一带一路”背景下我国产业布局重构的区域协调优化效应

“一带一路”背景下我国各区域的发展条件都发生了巨大变化，面临新的产业联动与分工要求，我国产业空间结构必将调整，分布格局必将重塑。在新格局重塑进程中，准确揭示产业布局重构对我国区域协调发展的内在优化效应，是将我国东北地区与东中西部地区协调发展嵌入“一带一路”建设的重要思路，也是我国未来推进建设新型区域协调发展格局的重要标准。本章通过构建多价值链联动体系，系统分析了我国区域发展差异收敛的路径选择，并结合“一带一路”下我国产业空间结构演进的基本特征和规律，揭示了“一带一路”对我国区域协调发展的动力效应和价值链增值效应。同时，本章实证分析了“一带一路”建设中东北地区装备制造业，如何通过不同方式的价值链分工合作获得价值链增值效应和区域经济发展的协同增进效应，并以东北地区为例，揭示在全国更大范围内如何依托“一带一路”倡议构建的全方位对外开放格局优化各地区产业分工布局，最终实现区域协调发展。

4.1 产业开放布局的多价值链联动体系

“一带一路”沿线国家既有发达国家又有发展中国家，不仅为国际经济合作拓展了空间范围，也为我国与沿线国家深化区域价值链（RVC）合作提供了重要的契机。通过“一带一路”建设，我国应在区域经济一体化框架内构建多价值链联动体系（GVC－NVC－RVC），并使之成为推动我国产业升级的内生动力。

4.1.1 产业转移背景下，多价值链联动体系构建

人们普遍认为，第二次世界大战之后，国际经济合作表现出三次规模较大的产业转移浪潮。在这三次产业转移浪潮中，韩国、日本、新加坡等国家以及我国台湾地区躲过中等收入陷阱，从中等收入变成高收入国家及地区。我国也在第三次产业转移过程中，积极嵌入世界产业体系。事实证明，产业转移势能一般都是从高度发达的国家或地区流向欠发达的国家或地区。这种产业转移大幅度地实现了交易成本的降低，并最终形成以产品内分工为基本形态的全球价值链（GVC）系统。根据边际产业扩张理论，发达国家往往会聚焦于高价值增值的产业环节，而将低价值增值部分转移到其他国家或地区。而对于低价值环节的承接产业转移的发展中国家而言，如果能够凭借劳动力优势和土地成本优势，迅速嵌入全球产业价值链条，那么对于其扩大市场规模、促进技术创新，进而实现产业升级都具有重要作用。

改革开放以来，我国区域经济发展的实践也证实了产业转移所带来的经济增长动力效应，尤其是我国东部沿海地区在国际产业转移过程中起到了承上启下的作用。一方面，通过嵌入由发达国家主导的全球价值链，并承接发达国家转移的劳动和资本密集型产业，最终形成了发达国家与我国东部沿海地区的“中心—外围”格局；另一方面，通过低端产业西向转移，构建了国内价值链（NVC），并在我国内部形成了以东部地区为中心，中西部地区为外围的“中心—外围”格局。因此，“一带一路”沿线国家由于经济发展阶段不同、经济发展水平不同，势必为“一带一路”沿线国家和我国经济合作拓展空间范围，并为构建沿线国家区域价值链提供契机。

4.1.2 多价值链联动体系下的区域发展差异收敛

目前，我国地区经济具有比较明显的产业梯度差，地区间经济发展差距不断加大。东部沿海地区由于率先嵌入全球价值链系统，产业发展取得了长足的进步，收入水平明显高于中西部地区。但是，在现有的 GVC - NVC 中，由于发达国家价值链分工集中在产品设计、研发和售后服务环节，占据了 GVC 分工的有利位置。而我国东部地区是以低劳动成本和“原”字号资源的方式嵌入全球价值链，从而只能获得 GVC 分工的微薄利润。而中西部地区在

国内价值链中被东部沿海地区纵向锁定在低端要素的主要供应地环节，经济效益远低于东部沿海地区。因此，在 GVC – NVC 中，我国不论是东部沿海地区还是中西部内陆地区，都不处于价值链主导地位，而是处于全球价值链低端位置。这种现状给我国各地区通过价值链升级实现区域协调发展带来很大困难。“一带一路”倡议的提出刚好从根本上改变了我国各个地区经济发展的外部环境，将有利于我国与沿线国家合作共建区域价值链，并延长国内价值链，同时将改变我国在现有全球价值链分工中的被动局面。

那么如何改变我国在全球价值链中分工的被动局面呢？首先，鼓励东部沿海地区在 GVC – NVC – RVC 中积极参与分工，通过技术创新逐渐将其承接的国外产业纳入我国产业体系，同时将成熟、低价值链产业环节有序转移到我国东北、中西部等有条件的地区，最终形成我国的 GVC – NVC 联动系统，并实现“四大板块”区域协调。其次，进一步与“一带一路”沿线国家合作，使国内价值链跨国家、跨地区延伸，并充分利用两个市场、两种资源，将沿线国家纳入我国产业分工体系，促进 NVC – RVC 形成，进而间接带动东中西部地区以及东北地区经济协调发展。最后，我国应在 GVC – NVC – RVC 不断优化过程中，构建由我国企业主导的新型 GVC，形成以东部地区为核心，以中西部地区为桥梁，辐射沿线国家的国际产业分工空间格局。

4.1.3 区域发展差异收敛路径选择

在 GVC – NVC 中，国内各个地区尤其是东部地区要优化进口产品结构，推进有实力的企业嵌入国际生产的配套环节。另外，在与“一带一路”沿线国家构建 GVC – NVC – RVC 过程中，我国各地区要实施差异化的进出口政策，协调区域间专业化分工。具体实施方法：首先，对于自然资源丰裕而制造能力有限的西部地区而言，应借助“一带一路”背景下空间区位由不利转向有利的历史契机，充分发挥自然资源优势，以便积极融入国内价值链和沿线国家区域价值链分工体系。同时，以国内资源和国内市场为依托，向机械装备、零部件、半成品等中间品的生产方面倾斜，最终实现产业结构优化调整和区域经济增长。其次，我国中部地区应增加高端产品的进出口，积极面向“一带一路”沿线国家市场，迅速成为国内生产制造基地。在新一轮的对外开放中，中部地区要把自己打造成为 GVC – NVC – RVC 的中坚力量，在沿线国家区域价值链重构中实现产业转型升级。最后，对于经济发达的东部沿海地区而言，应在嵌入现有的全球价值链过程中，实施一定的进口替代政策，成为多价值链联动体系中的“发包者”和“链主”，最终实现在全球价值链中的升级。

4.2 “一带一路”背景下我国产业空间再布局的特征和规律

要素禀赋的互补性、产业结构的差异性以及经济梯度推移，决定了区域间产业分工布局演进的方向和过程。在优势互补的基础上实现各地区相互协作，是实施区域协调发展战略的基本目标。但是，如何在“一带一路”建设进程中重新谋划产业布局，是本书研究的重点和创新点。因此，本节从区域产业分工布局的影响因素、空间结构、发展阶段三个方面分析其内涵，进而为“一带一路”背景下区域协调发展研究奠定理论基础。

4.2.1 要素禀赋差异与产业分工布局演进

在分工理论中，地区间要素禀赋的差异是形成产业分工的基础。而要素禀赋包括自然资源、劳动力资源、资本、技术等要素。首先，自然资源的差异性是区域间产业分工与合作得以开展的前提条件，也在一定程度上决定了区域产业分工与合作的领域和方向。由于“一带一路”沿线国家拥有丰富的自然资源，我国通过与沿线国家合作，可以使各地区经济发展突破各项资源限制。其次，劳动力资源是区域产业分工的关键因素，区域内劳动力的多少将直接影响该地区的市场容量和开发潜力。“一带一路”建设有利于劳动力资源的域内流动。在市场机制的作用下，高素质的劳动力资源会形成集聚，从而提升某一地区的社会经济发展水平。最后，资本和技术也是经济增长的重要内生变量。资本投入数量是制约区域经济发展的重要因素，而技术作为附加在劳动力和资本上的生产要素，它决定了产业分工和区域经济协调发展的质量和速度。由于“一带一路”沿线国家中既有发达国家，也有发展中国家，随着“一带一路”建设的深入，沿线国家之间将逐渐形成资本和技术的统一大市场，将有利于资本和技术的流动，从而有效解决部分沿线国家资本和技术不足的问题。综上所述，“一带一路”建设将加快区域内国家的各种生产要素的流动，并提升各种要素的配置效率。事实上，正是各种要素禀赋在空间上的集中、分散和转移形成了产业在不同地区的集聚和扩散，使得产业分工合作呈现新格局。

需要指出的是，虽然要素禀赋差异是区域间产业分工的基础条件，但分工程度的高低却取决于产业分工主体的要素配置能力。区域间产业分工主体包括地区组织、城市群和企业。首先，地区组织主要指的是地方政府，其制定的政策决定了区域间产业分工的基本运行机制和政策环境，进而影响区域间产业分工的整体效率与合作方式。其次，城市群作为区域经济发展的集聚地与辐射源，其内部结构的形成过程是区域产业分工逐步演化、地区产业布局重新调整的过程。城市群的功能定位和可持续发展的实力直接影响区域经济竞争力。再次，城市群内集中了大量微观企业的经济活动。而微观企业的经济活动受其交易成本的影响，交易成本大的企业往往集中布局在城市中心，交易成本小的企业则分散分布在城市边缘。考虑到成本的影响和约束，原材料供应商往往会逐渐从大城市中心转移到郊区或次级城市，进而形成产业间的关联效应和空间布局有序的产业集群。最后，企业的制度创新、技术进步、规模以及数量的调整都决定了产业分工的水平，并最终影响区域产业布局网络的形成。

4.2.2 空间结构变化与产业分工变动

1965 年，哈格特（Haggett）在其经典著作《人文地理学的区位分析》中明确指出，空间形式由点、层次、网络渠道、流和面五部分构成。这种观点也对随后的相关产业布局研究产生了深远影响。从区域产业分工视角来看，分工合作主体之间的相互影响和相互作用的结果必然投射在一定的空间上，于是形成了集聚或扩散的区域产业分工布局空间结构。然而产业分工不同于企业间的业务往来，区域产业分工是带有明显的空间布局指向特征的。从产业分工演变过程看，区域间产业分工按照由产业间分工到产业内分工，再到产品内分工的顺序进行。与之相对应的产业布局空间结构则是从低水平分散布局阶段发展到增长极布局阶段，再到辐射布局，最后形成了复杂的网络布局和经济带布局模式。因此，企业在一定空间（城市间）范围内的集中、扩散、转移是实现区域产业分工演化和升级的重要动力。

产业分工布局演化的具体表现形式为企业—中心城市—城市群—经济带。在区域产业分工低水平分散布局阶段，产业分工合作内容以该区域的资源禀赋为基础，重点发展有绝对优势和相对优势的产业。作为产业分工合作微观主体的企业，其活动范围局限在某一地方的中心及其周边。产业分工布局有一定的偶然性和自发性，分工合作的活动空间和影响半径都比较小，这是一种分散的产业分工布局。随着分工不断细化，交通逐渐便利化，区域产业分工布局呈现出集群式布局模式。自然资源丰富、区位优势突出、产业基础好的地区会吸引更多的企业向此处集聚。企业的涌入必然带来人口的集中，于是就形成了以中心城市为核心的区域产业分工布局模式。随着产业内分工逐渐转为产品内分工，相邻城市间的经济联系变得日趋紧密。区域产业分工合作空间范围逐步拓宽，产业分工布局从中心城市与周边郊区的分工变为中心城市之间的分工，城市群正式形成，区域产业分工合作进入扩散式发展阶段。城市群内各个中心城市在区域产业分工中扮演着不同的角色：资源丰富的城市变成了原材料供应中心，创新能力强的城市成为研发和设计中心，具有劳动力优势的城市则专注于生产加工，由此城市间形成了产业链上下游关系。中心城市不再是单纯地发挥集聚作用，而其扩散效应和辐射功能更加突出。区域产业分工从集中过渡到分散，分工的空间布局从中心城市变为城市群。当经济发展达到较高水平时，区域间产业关联程度不断得到加深，地区对外开放格局也不断得到优化。不同层次、不同规模的中心城市、次中心城市之间的联系也更加紧密，单纯的产业链上下游分工已经不能满足区域经济发展的需要，因此区域产业分工向纵深方向发展，从而形成了错综复杂的网络分工体系。在此基础上，各个地区形成了点状密集、面状辐射、线状延伸的生产、流通一体化带状区域产业空间格局。

4.2.3 产业分工布局模式变化与产业分工

我国曾经在不同时期实施了不同的产业布局。尽管这些布局模式的选择具有一定的历史性和必然性，但是，准确厘清我国产业布局模式的具体演变过程，对准确界定我国现阶段产业分工再布局具有非常重要的借鉴意义。

（1）增长极模式。改革开放初期，我国整体经济发展水平落后，只有少数几个城市具备相对有利条件。因此，我国当时的区域产业分工布局选择了增长极布局模式。具体方式是，在全国范围内选择经济基础较好、区位优势明显、投资环境优越、政策支持力度较大的地区作为产业布局的中心区，如中心城市、资源集聚区、传统工业基地、经济特区等。然后，我国政府对这些地区有计划地给予政策、投资支持，形成有利于市场机制发挥作用的经济环境，以吸引更多的产业集聚，进而形成增长极。随后通过增长极的扩散和回流效应再带动整个区域经济的发展。但是增长极产业布局模式仅适用于我国经济发展初期，随着增长极自身的不断扩大，区域产业分工也逐步实现了由点到线的分工布局。

（2）点轴布局模式。点轴布局模式是增长极模式的延伸，是经济发展整体水平提高的必然结果。从区域产业布局演化过程看，经济中心总是首先集中在少数经济条件好、呈斑点分布的增长极上。随着经济发展，这个经济中心不断扩大，点与点之间由于生产要素和产品交换需要，各地区开始建设基础设施和交通线。于是，同一区域内与主导产业相关的产业根据交易费用、关联强度呈梯度层次逐渐沿着交通线布局，慢慢形成了经济轴线。这条经济轴线一旦形成，便会对人口、产业产生相当程度的吸引力。那么点轴布局模式是如何形成的呢？劳动力、相关产业向轴线两侧集聚，并由此裂变出新的增长极；点和轴不断贯通就形成了点轴空间布局。因此，点轴布局模式可以理解为产业分工在空间上从发达地区向欠发达地区的推移过程。

（3）网络（块状）布局模式。网络布局模式是对已有的点轴布局模式的强化与延伸。随着区域内增长极之间经济联系广度和密度的不断加深，经济轴线之间按照一定的经济规律纵横交错，使得点、线、面组成一个有机整体，最终带动区域经济向一体化方向发展。网络布局模式是一种完备的区域产业布局模式，多出现于经济比较发达的地区。例如，长三角地区是我国最早形成网络布局模式的地区之一。改革开放以后，我国先以上海为中心城市，并以苏州、南京、杭州、无锡作为增长极，在该地区迅速形成了苏州—无锡—常州和嘉兴—杭州—湖州两条经济轴线。进入 21 世纪后，在长江以北形成了扬州—泰州和长江以南杭州—绍兴—宁波两条经济轴线，生产力集聚十分明显。可以说这些网络布局模式的形成，标志着长三角地区经济走向成熟阶段。

（4）经济带布局模式。经济带布局模式是在一个比较大的空间范围内由处于不同发展阶段的各个地区构成的一种布局模式。这些地区的资源禀赋、产业结构、技术条件相互交汇，形成了我国区域产业分工布局新的发展模式。目前，我国的三大经济带是指环渤海经济带（京津冀为中心）、长江经济带和新丝绸之路经济带。这三大经济带都是在一个开放的区域空间内，由相对发达区域和欠发达区域结合而成。因此，经济带的建设在一定程度上能够优化生产力布局，使欠发达地区在与发达地区合作的过程中逐渐完成产业转移的承接以及要素配置效率的提高。

综上所述，区域产业分工的前提条件是区域间要素禀赋差异和要素配置结构的优化调整。而作为经济活动的实施主体，企业、地区组织相互之间的作用和经济联系在一定经济空间上的映射，就形成了区域产业分工的空间布局。然而区域产业分工从产业间分工到产品内分工这一过程，直接决定了产业分工布局经历了由点（中心城市）到线（次级城市），由线及面（城市群），由面成带（经济带）的演进过程。因此，根据经济发展水平由低到高的变化，区域产业分工布局模式可归纳为增长极模式、点轴布局模式、网络布局模式和经济带布局模式四种。所以，在“一带一路”建设背景下，我国应不断强化经济带对产业分工再布局的引领作用，促进生产要素的空间流动，进而形成轴带引领、多极支撑的产业分工布局新局面。

4.3 “一带一路”建设的区域协调发展影响机理

“一带一路”是我国适应国际发展新趋势而提出的一项重大倡议，开创我国全方位对外开放新格局，对我国区域协调发展具有重要的驱动作用。因此，准确揭示“一带一路”建设对我国区域协调发展的内在影响机理，不仅是深刻研究我国新时期区域协调发展内在规律的重要前提和基础，也是我国区域协调发展的内在必然需求。

4.3.1 “一带一路”的区域协调发展动力效应

区域协调发展涉及复杂的地区关系，例如“四大板块”之间的关系，沿海、内陆、沿边三者之间的关系。区域协调的过程是区域之间的联系不断深化，其结果是不同地区的利益协同增进。我国自古就有“不患寡而患不均”

的思想，较长时间里都在追求相对均衡的发展格局。对于我国任何一个地区而言，其本身就是一个开放的系统，而“一带一路”倡议的提出则使得各个区域统一嵌入国家顶层战略的部署当中。虽然我国各地区之间存在很大的异质性，但无一例外地处于相互影响、相互依存、协同发展的大环境中。我国各地区之间以要素流动、知识技术扩散、产业关联等错综复杂的形式进行着区域间的相互联系、相互支撑和相互依赖，同相邻地区形成了高度的关联性。

区域协调发展的内生动力究其本质是来自地区内企业和地方政府的合力。企业本身是生产要素的集合，也是区域经济的微观经济主体，其生产、销售、扩张等行为都与市场中的其他企业密切相关。这种企业间的内在关系如果跨越了区域边界，就会直接产生区域互动发展的内生动力。首先，“一带一路”倡议的提出激发了沿线国家企业的活力。“一带一路”倡议必然会促使企业进行跨区域组织生产，从而扩大生产要素的来源，获得更大的市场规模，大幅度降低成本约束，减轻原材料种类限制。这种跨区域组织生产，使得企业开始进行规模扩张和专业化分工。事实上，当某个企业加快专业化生产时，它必然与其他企业甚至产业之间产生相互协调与合作关系，进而获得更高的生产效率。这种良性发展最终会突破区域边界，产生促进区域协调发展的动力。其次，地方政府行为也会对区域经济协调产生影响。作为辖区利益代表，地方政府尽管在决策过程中可能没有将其他辖区的利益考虑在内，但是，非营利部门与公共部门的溢出效应同私人部门一样广泛存在。某一地方政府行为会对其他地区的发展产生正外部性或负外部性的影响。例如，地方政府改善本地区的基础交通设施，其直接目的是提高本地区的通达性，而间接地会使邻近地区也获得交通便利的外部溢出。当然，有正外部性产生，就一定会存在负外部性。如果正外部性大于负外部性，那么便会产生促进区域协调发展的动力，反之则形成阻力。若源于区域内企业和政府两个主体的动力相互作用，便可形成影响区域经济协调发展的内在合力。除地区的内生动力以外，中央政府的行为也会产生影响区域协调发展的外在动力，如中央政府可以通过政策调整、制度安排来影响区域间的利益关系，进而协调区域发展。可以说，“一带一路”建设从根本上改变了各个地区之间协调发展的内生动力和外在动力。

4.3.2 “一带一路”的区域协调发展收益效应

区域协调发展强调的是区域间的分工合作，目的是实现各个地区利益的协同增进。然而，一个地区的社会经济发展若以牺牲另一个地区的发展为代价，那么这种发展必然是难以持续的，甚至会演变成严重的社会冲突。因此，要想实现区域协调发展，我国政府必须协调好地区间的经济利益。区域协调发展关注的重点不是某一个地区，而是追求所有地区整体利益的最大化。“一带一路”倡议的提出正是将各地区经济发展置于整体规划之中，通盘考虑，整体部署，在整体利益最大化的基础上，尽可能地满足各个地区的利益诉求，以便实现区域间利益的协同增进。

“一带一路”建设有利于构建区域利益协商沟通机制。区域间的协调发展，首先要使欠发达地区拥有同发达地区一样的话语权。但是，经济发展水平不高的中西部地区总是存在“人微言轻”的情况。从“四大板块”发展来看，内陆地区同样在话语权上存在不及东部沿海地区的问题。“一带一路”倡议提出了东西双向开放的战略，使得原来相对落后的西部和中部地区成为对外开放前沿和战略支点，很大程度上改变了其服务东部地区经济优先发展的历史定位，给予了弱势地区更多的发声机会。内陆和沿海地区、中部和西部地区在“一带一路”建设中会形成新型的区域间沟通协商机制。各个地区都有同等的机会来表达自己的利益诉求，并从更广泛的视角共同商讨区域协调发展的利益格局问题。

“一带一路”倡议的提出为区域利益协调发展提供了顶层设计。正如前文所述，区域协调发展的内在合力是其域内的企业和地方政府的合力。在市场机制和财政分权的体制下，区域间的利益格局存在不可调和的矛盾，仅仅依赖区域协商机制是不能达到令人满意的效果的。所以，区域间协同发展的外在动力显得尤为重要，这种外在动力则表现为来自中央政府的顶层设计。“一带一路”正是中央政府站在重要历史时期而提出的国家级顶层合作倡议。“一带一路”倡议在国家层面上统筹资源配置，通过制定具有前瞻性和整体性的战略规划，指导各地方政府在“一带一路”整体框架下重新进行产业分工、促进生产要素有序流动、优化资源配置并完成功能互补和分工协作，进而从根本上实现区域利益的整体增进。

“一带一路”倡议强调了区域补偿和共享。区域协调发展的根本目标是缩小地区间的发展差距，最终实现不同区域的共同发展。但是，由于发达地区率先发展了很多年，在累积循环效应的作用下，形成了一个巨大的经济黑洞，对资金、人才、信息、科技等生产要素产生了巨大的吸引力。因此，在市场经济中，发达地区往往会在一定程度上影响欠发达地区的发展，使得欠发达地区难以享受发展收益。在“一带一路”倡议的实施过程中，国家对欠发达的中西部地区给予了更多的支持和援助，并对利益受损地区进行公平补偿。这也为中西部地区优化三次产业结构起到了积极作用。此外，“一带一路”建设从根本上改变了中西部内陆地区的战略位置，在“一带一路”建设过程中，中西部地区已经成为实现东西相连的重要战略支点。“一带一路”建设带来的区域基础设施的互联互通，以及资本、人员、技术、信息等要素的自由流动，将成为推进中西部欠发达地区经济发展的重要力量。

4.4 “冰上丝绸之路”对我国经济地理格局的重塑

“冰上丝绸之路”是“一带一路”倡议的延伸，其对我国国际海运航线的优化，使得我国东北地区与北欧、北美的国际贸易将比我国东部地区在国际运输成本方面更具比较优势。国际海运航线的变化决定了国际航运中心的位移和交替，并最终决定了国际贸易重心的空间位移以及世界经济中心的发展走向。由此我国经济地理格局很大程度上已经开始形成，并积蓄了国际贸易和产业重心向东北地区转移的空间势能。这给东北地区产业发展带来了历史性的重大契机。

近年来，随着气候变暖、极地冰层融化，长期冰封的北极航道已具备商业性通航条件。2017 年 7 月，国家主席习近平与俄罗斯总统普京共同签署了《中华人民共和国和俄罗斯联邦关于进一步深化全面战略协作伙伴关系的联合声明》，正式宣布中俄两国开展北极航道合作，首提“冰上丝绸之路”合作意愿。2018 年 1 月，中国政府发布了《中国的北极政策》白皮书，正式向国际社会阐释“冰上丝绸之路”是“一带一路”倡议的自然延伸，也是中国参与北极事务的重要方略。2018 年 9 月，第四届东方经济论坛在俄罗斯远东的符拉迪沃斯托克举行，中俄领导人再次强调中俄两国要积极开展战略对接，加快推进“冰上丝绸之路”建设。“冰上丝绸之路”是穿越北极圈连接东亚、西欧和北美三大世界经济中心的国际海运新航道。较之传统的南向国际贸易海运航线，北向的“冰上丝绸之路”连接的东亚与欧洲的海运航程平均缩短近4000海里，东亚与北美的海运航程缩短近3500海里，这使得我国“冰上丝绸之路”的通行每年可节省约千亿美元的国际贸易海运成本。

“冰上丝绸之路”建设对全球航运和国际贸易影响的日益显现，必然会触发我国与国际产业分工格局的新一轮调整，并深刻重塑我国产业空间布局。因此，东北地区加快对接“冰上丝绸之路”建设，牢牢把握我国产业集群北向转移的历史机遇，积极进行产业转移承接与分工合作，进而从更开放的国际视角实现产业结构转型升级，更深层次地融入国际产业分工体系。这不仅有利于东北地区深化供给侧结构性改革、加快推进新旧动能转换和产业转型升级，从而形成新时代我国改革开放的北方新高地；同时也是我国新时代全面深化改革开放、统筹推进“五位一体”总体布局和协调推进“四个全面”战略布局的必然要求。

海洋运输承载着全球贸易，创造着全球价值。从历史维度来看，国际航运对于世界经济发展起着至关重要的作用，国际航运中心的世界地理变迁轨迹与世界经济重心的地理变迁轨迹有着高度的一致性。自20世纪70年代开始，国际贸易重心向亚洲东岸转移，使得我国东部沿海地区经济实现了快速发展。国际海洋运输能力的提高也不断强化了中国与欧洲、美洲、非洲的国际经济合作。国际海洋运输承担了我国进出口贸易总量的70%以上。目前，中国国际海洋运输航线主要包括八条航线，分别为中国至红海、东非、西非、地中海、西欧，至北欧波罗的海，至北美以及中南美航线。而“冰上丝绸之路”的建设对我国国际海洋运输航线的布局和结构将产生重大的影响。

4.4.1 “冰上丝绸之路”对中国至西北欧国际海运航线的优化

“冰上丝绸之路”所依托的航道是穿越北极圈连接东亚、西欧和北美三大经济中心的北极航道。随着气候变暖、极地冰层融化，长期冰封的北极航道已具备商业性通航条件。北极航道共有三条航线：第一条是东北航线，西起西北欧北部海域，东到符拉迪沃斯托克，途经新西伯利亚海、北冰洋巴伦支海。东北航线很大程度上将对中国至西欧、北欧波罗的海、地中海现有的三条国际海运航线形成替代影响。第二条是西北航线，起点位于白令海峡，沿美国北冰洋离岸海域，向东穿过加拿大北极群岛，经戴维斯海峡可达纽约港。西北航线很大程度上将对中国至北美以及中南美国际海运航线形成优化和替代影响。第三条是中央航线，直接穿越北冰洋中心区域到达格陵兰海。虽然中央航线可分别对接中国至北美、中南美以及西北欧国际海运航线，并且航程更短，但是由于北冰洋中心区域多年覆盖积冰，航行风险较大。因此，我国商业性通航的北极航道主要是指东北航线和西北航线。经北极航道的中国至西欧、至北欧波罗的海、至北美国际海运新航线将对我国现有的国际海运格局形成巨大的变革性影响。

中国经北极航道至西北欧的国际海运新航线将更具里程优势。传统上中国至西北欧国际海运航线一般是以中国东部沿海港口为起点，向南经马六甲海峡，通过苏伊士运河至欧洲西部或北部各港口。而经北极航道东北航线的中国至西北欧的国际海运新航线，将通过白令海峡直接进入北极圈，经俄罗斯北冰洋沿岸海域，直接到达欧洲西部或北部各港口。从海运航线里程上看，中国至西北欧的国际海运新航线要比传统的中国至西北欧的国际海运航线更便捷。例如，中国上海港经传统西北欧国际海运航线至葡萄牙里斯本港总航程约 9401 海里，而经北极航线至里斯本港总航程约 9000 海里，缩短航程约 401 海里，总航程节缩 4. 2%。上海港经传统西北欧国际海运航线至德国汉堡港总航程约 10715 海里，而经北极航线至汉堡港约为 7952 海里，缩短航程约 2763 海里，总航程节缩 25. 79%。通过对比分析，经北极航线至西北欧的国际海运新航线开通之后，我国至西北欧的国际海运航线便捷性有了大幅提高。

一般而言，中国各港口和欧洲国家各港口之间的海洋航运总里程随着我国与欧洲国家港口的地理纬度的升高，航运总里程的缩减幅度则变大。这意味着，经北极航线，中国北部港口至欧洲各港口的海运总里程要比中国南部港口至欧洲各港口的海洋运输总里程缩减得更为显著，平均航线里程缩减了近 25%。而从“冰上丝绸之路”建设对我国经济地理格局的影响来看，由于北极航道对中国至欧洲国际海运航线的优化，我国东北地区与西北欧的国际贸易将比我国东部地区更具有国际运输成本的比较优势。

4.4.2 “冰上丝绸之路”对中国至北美国际海运航线的优化

“冰上丝绸之路”的建设也将对中国至北美的国际海运航线起到优化作用，经北极航道至北美的国际海运航线将更具里程优势。传统上中国至北美国际海运航线一般是以中国东海沿海岸港口为起点，向东经越太平洋，通过巴拿马运河到达北美各主要港口。而经北极航道西北航线的中国至北美国际海运新航线，将通过白令海峡直接进入北极圈，经美国北冰洋近岸海域，向东穿过加拿大北极群岛，可到达北美各大港口。从海运航线里程上看，中国至北美国际海运新航线要比传统的北美航线具有更大的便捷性。例如，中国上海港经传统的北美国际海运航线至加拿大圣约翰斯港总航程约 11290 海里，而经北极航线至圣约翰斯港总航程约 7722 海里，缩短航程约 3568 海里，总航程节缩 31.6%。上海港经传统的北美国际海运航线至美国纽约港总航程约 10567 海里，而经北极航线至纽约港总航程约 8632 海里，缩短航程约 1935 海里，总航程节缩 18.31%。通过对比分析，经北极航线至北美的国际海运新航线开通之后，中国至北美的国际海运航线的便捷性有了大幅提高。

一般而言，中国各港口至北美各大港口的国际海运航线随着北美国家港口所处地理纬度的升高，航运里程缩减幅度则更大。这意味着我国北部港口至北美各港口的国际海运航运里程，要比中国南部港口至北美各港口的国际海运航线里程缩减得更为显著，其平均航线总里程缩减 27%。而从“冰上丝绸之路”建设对我国经济地理格局的影响来看，由于北极航道对中国至北美国际海运航线的优化，我国东北地区与北美的国际贸易将比我国东部地区与北美的国际贸易更具有国际运输成本的比较优势。这也表明，“冰上丝绸之路”建设对中国至北美的国际海运航线的优化作用，使得中国与北美的国际贸易空间布局形成了内在的变革动力。这种变革动力同样形成了中国国际贸易和产业重心向东北地区转移的空间势能。

需要指出的是，“冰上丝绸之路”建设对中国至西北欧和北美国际海运航线的优化不仅体现在航线里程上的燃油成本节缩方面，同时也体现在其显著的航运总成本节缩方面。构成国际海运成本的因素主要包含燃油成本、人工成本、海洋运输保险成本、港口使用成本、船舶折旧成本以及必须考虑的地缘政治风险等因素。一般而言，国际海运航线成本的70%源于燃油成本和人工成本，而燃油成本和人工成本与航线效率相关。从中国至西北欧、北美国际海运新航线里程上看，中国港口至西北欧国际海运航线的平均航程缩减了25%，中国港口至北美国际海运航线的平均航程缩减了27%。从费效比上看，这意味着新航线的燃油成本和人工成本也相应下降了25%和27%。一方面，随着近年来国际石油价格的不断攀升以及人工成本的提高，中国至北美和西北欧国际海运新航线的运行大大降低了中国国际海运成本。另一方面，中国传统至西北欧国际海运航线途经马六甲海峡、索马里海域、苏伊士运河，导致航运船舶面临较大的地区战争、政治冲突、海盗劫持等非自然事故和风险，因此额外的各类附加保险费用也大大增加了海运航线的运行成本。而依托北极航道的“冰上丝绸之路”建设，沿线国家涉及环北极的加拿大、丹麦、芬兰、冰岛、挪威、瑞典、俄罗斯与美国8个国家。这些国家的航线运行成本主要集中在燃油、人工、港口使用以及各项附加费等方面，非自然事故和风险费用大幅降低。因此，从航线运行效率和成本上看，依据2018年中国至北美与西北欧国际海运成本总额估算，“冰上丝绸之路”建设每年可为中国节省国际海运成本近1000亿美元。

4.5 “一带一路”背景下产业价值链增值效应

“一带一路”背景下，我国各地区积极融入全球价值链分工体系，不同程度上获得价值链增值效应。本节将深入探索在“一带一路”建设中，东北地区装备制造业如何通过不同方式的价值链分工合作获得价值链增值效应和区域经济发展的协同增进效应；进而以东北地区为例，揭示在全国范围内如何依托“一带一路”构建的全方位对外开放格局使得各地区优化产业分工布局，获得价值链增值，最终实现协调发展。

4.5.1 理论模型

不失一般性，假设有两个国家（本国和外国），均有 N 个可以进行相互交易的部门，每个部门的产品既可以用于直接消费，又可以作为中间产品参与后续生产。因此，在某种程度上，一国的总产出必须以最终产品和中间产品形式用于本国或外国。以 r 国为例，总产出可表示为：

$$x_r = A_{rr}x_r + A_{rs}x_r + y_{rr} + y_{rs} \quad r,s = 1,2 \tag{4-1}$$

其中，x_r 代表 r 国的国民经济总量；A_{rr}是 r 国所损耗的本国产品；A_{rs}是 s 国在生产过程中所投入的 r 国生产的中间产品；y_{rr}是 r 国的最终需求；y_{rs}表示 s 国对 r 国特定产品的最终需求数量。两个国家的生产和贸易可用国家间投入产出模型矩阵表示：

$$\begin{bmatrix} x_1 \\ x_2 \end{bmatrix} = \begin{bmatrix} A_{11} & A_{12} \\ A_{21} & A_{22} \end{bmatrix} \begin{bmatrix} x_1 \\ x_2 \end{bmatrix} = \begin{bmatrix} y_1 \\ y_2 \end{bmatrix} \tag{4-2}$$

基于投入产出理论，可将式（4－2）转换成如下形式：

$$\begin{bmatrix} x_1 \\ x_2 \end{bmatrix} = \begin{bmatrix} I - A_{11} & -A_{12} \\ -A_{21} & I - A_{22} \end{bmatrix}^{-1} \begin{bmatrix} y_{11} & y_{12} \\ y_{21} & y_{22} \end{bmatrix} = \begin{bmatrix} B_{11} & B_{12} \\ B_{21} & B_{22} \end{bmatrix} \begin{bmatrix} y_1 \\ y_2 \end{bmatrix} \tag{4-3}$$

式（4－3）中 B_{rs}是 $N \times N$ 阶里昂惕夫逆矩阵（又称完全消耗系数矩阵），表示 s 国生产额外一单位最终产品所需要的 r 国中间产品投入；y_r 表示 r 国生产的最终消费品，因此式（4－3）可以简写为：

$$x = (I - A)^{-1}y = By \tag{4-4}$$

进一步定义一国出口产品总额中本国直接增加值为：

$$V_r = \lambda \left[I - \sum_r A_{rs} \right] \tag{4-5}$$

λ 是 $1 \times N$ 向量。基于里昂惕夫逆矩阵进一步得出 $2N \times 2N$ 最终增加值矩阵：

$$V = \begin{bmatrix} V_1 & 0 \\ 0 & V_2 \end{bmatrix} \tag{4-6}$$

由此可以得出两国出口的增加值分解：

$$VBE = \begin{bmatrix} V_1B_{11}E_1 & V_1B_{12}E_2 \\ V_2B_{21}E_1 & V_2B_{22}E_2 \end{bmatrix} \tag{4-7}$$

根据两国 N 部门模型的原理，可以推导出三国甚至更多国家之间衡量出口增加值矩阵：

$$VBE = \begin{bmatrix} V_1B_{11}E_1 & V_1B_{12}E_2 & V_1B_{13}E_3 \\ V_2B_{21}E_1 & V_2B_{22}E_2 & V_2B_{23}E_3 \\ V_3B_{31}E_1 & V_3B_{32}E_2 & V_3B_{33}E_3 \end{bmatrix} \tag{4-8}$$

将式（4－8）中各行非对角元素加总，表示 r 国出口中间产品到 s 国，s 国加工后以最终产品形式再出口到 t 国的增加值。对于 r 国来说，这部分出口增加值为间接增加值出口，用 IV 表示：

$$IV_r = \sum_{r \neq s} V_r B_{rs} E_{st} \tag{4-9}$$

通过对式（4－9）进行加总，r 国出口产品中的外来价值增值，可用 FV 表示：

$$FV_r = \sum_{r \neq s} V_s B_{rs} E_r \tag{4-10}$$

进一步，VBE 矩阵里的国内价值增值可以用 DVA 表示如下：

$$DVA_r = V_r B_{rr} E_r \tag{4-11}$$

根据以上的分析，可将一国出口增加值分解为以下表达式：

$$\begin{aligned} E_r &= DV_r + FV_r \\ &= V_r B_{rr} \sum_{r \neq s} y_{rs} + V_r B_{rr} \sum_{r \neq s} A_{rs} x_{rr} + V_r B_{rr} \sum_{r \neq s} \sum_{r \neq t} A_{rs} x_{st} + V_r B_{rr} \sum_{r \neq s} A_{rs} x_{rs} + FV_r \end{aligned} \tag{4-12}$$

在增加值贸易框架下，库普曼（Koopman，2014）构建了衡量一个国家在全球价值链中地位的模型，则国家全球价值链地位指数表示如下：

$$GVC\_ \ position_{ir} = \ln\left(1 + \frac{IV_{ir}}{E_{ir}}\right) - \ln\left(1 + \frac{FV_{ir}}{E_{ir}}\right) \tag{4-13}$$

考虑一个国家具体产业在全球价值链中的地位时，就需要在式（4－13）中纳入地区产业差异。按照增加值思路在一国间接出口增加值 IV_{ir} 上乘以地区该产业增加值与全国增加值之比，得出某一具体地区在全球价值链中的间接增加值；在 FV_{ir} 上乘以地区进口中间产品与全国进口中间产品之比，得出地区产业出口增加值中含进口部分。由此，本书在库普曼等人提出的衡量一个国家全球价值链地位指数基础上，得到了估算地区某一产业全球价值链地位指数：

$$GVC\_ \ position_{irj} = \ln\left(1 + \frac{IV_{ir}}{E_{ir}} \times \frac{N_{irj} \times Q_{ir}^{-1}}{E_j \times E^{-1}}\right) - \ln\left(1 + \frac{FV_{ir}}{E_{ir}} \times \frac{M_{irj} \times M_{ir}^{-1}}{E_j \times E^{-1}}\right) \tag{4-14}$$

根据一国全球价值链参与度指数，本书得到了反映 r 国 j 地区 i 部门全球价值链参与度指数：$GVC\_\ participation_{irj} = \frac{IV_{ir}}{E_{ir}} \times \frac{N_{irj} \times Q_{ir}^{-1}}{E_j \times E^{-1}} + \frac{FV_{ir}}{E_{ir}} \times \frac{M_{irj} \times M_{ir}^{-1}}{E_j \times E^{-1}}$。

若某地区该指数越大，则反映出其参与全球价值链的程度越高，反之越低。值得注意的是，在衡量全球价值链参与度指数时，需要考虑 r 国 j 地区 i 部门在全球价值链中的前向关联度和后向关联度。若一个地区拥有较高的后向参与度，则表明其供应链更多地依赖于外国的中间产品；若前向参与度高，则说明地区增加值更多地作为中间产品出口到第三方国家。无论是前向关联度还是后向关联度的增加，该地区都能从中获益。总之，一个地区全球价值链参与度指数越高，说明其在全球价值链中更为重要。

4.5.2 实证结果分析

根据上述理论模型，本书分别对东北地区的基础金属及金属制品、机械设备、电子及光学设备以及运输设备四类装备制造业细分产业，在 2011 年至 2019 年参与全球价值链的分工特征进行分析。其测算结果如表 4－1 所示的东北地区装备制造业细分产业全球价值链参与度指数，以及如表 4－2 所示的东北地区装备制造业细分产业参与全球价值链地位指数。

表 4－1　东北地区装备制造业细分产业全球价值链参与度指数（*GVC－participation*）

细分产业	地区	2011 年	2012 年	2013 年	2014 年	2015 年	2016 年	2017 年	2018 年	2019 年
基础金属及金属制品	东北	0.1968	0.1292	0.1224	0.1318	0.1272	0.1524	0.1513	0.1832	0.1079
	中国	0.3601	0.3525	0.3427	0.3254	0.3154	0.3043	0.3055	0.3201	0.3385
	世界	0.3742	0.3963	0.4037	0.4251	0.4235	0.4389	0.3836	0.3993	0.4249
机械设备	东北	0.5738	0.6873	0.7146	0.6212	0.6594	0.6232	0.7191	0.6448	0.6639
	中国	0.3736	0.3791	0.3584	0.3484	0.3304	0.3109	0.2977	0.3084	0.3180
	世界	0.3493	0.3654	0.3657	0.3748	0.3820	0.3904	0.3486	0.3563	0.3726
电子及光学设备	东北	1.0787	1.0627	0.9105	0.8756	0.8582	0.7985	0.8863	0.8687	0.9388
	中国	0.7773	0.7387	0.7085	0.6836	0.6519	0.5930	0.5836	0.5847	0.5758
	世界	0.4145	0.4296	0.4302	0.4375	0.4384	0.4366	0.4088	0.4173	0.4230
运输设备	东北	1.4244	1.8436	1.3332	1.0599	0.7735	0.7800	0.5842	0.5803	0.6658
	中国	0.4323	0.4271	0.4058	0.4056	0.3801	0.3449	0.3097	0.3130	0.3236
	世界	0.3940	0.4123	0.4130	0.4248	0.4345	0.4428	0.4022	0.4113	0.4267

说明：表中数据根据 OECD－WTO（TiVA）数据库整理。

表 4-2 东北地区装备制造业细分产业参与全球价值链地位指数（*GVC-position*）

细分产业	地区	2011 年	2012 年	2013 年	2014 年	2015 年	2016 年	2017 年	2018 年	2019 年
基础金属及金属制品	东北	-0.1555	-0.1099	-0.0979	-0.0991	-0.0898	-0.1139	-0.1227	-0.0820	-0.1005
	中国	-0.2944	-0.2851	-0.2768	-0.2582	-0.2468	-0.2351	-0.2487	-0.2568	-0.2683
	世界	-0.2880	-0.3003	-0.3052	-0.3128	-0.3090	-0.3207	-0.2903	-0.2966	-0.3113
机械设备	东北	-0.4405	-0.4711	-0.5129	-0.4485	-0.4630	-0.4317	-0.4948	-0.4508	-0.4537
	中国	-0.3035	-0.3047	-0.2884	-0.2787	-0.2619	-0.2438	-0.2391	-0.2461	-0.2519
	世界	-0.2775	-0.2880	-0.2880	-0.2927	-0.2960	-0.3016	-0.2737	-0.2784	-0.2886
电子及光学设备	东北	-0.6641	-0.6313	-0.5428	-0.5099	-0.4808	-0.4704	-0.5381	-0.5185	-0.5562
	中国	-0.5254	-0.4962	-0.4746	-0.4547	-0.4325	-0.3968	-0.3938	-0.3953	-0.3935
	世界	-0.2812	-0.2898	-0.2893	-0.2916	-0.2927	-0.2989	-0.2782	-0.2821	-0.2893
运输设备	东北	-0.8300	-0.9576	-0.7575	-0.6238	-0.4826	-0.4856	-0.3925	-0.3893	-0.4333
	中国	-0.3334	-0.3249	-0.3085	-0.3045	-0.2828	-0.2523	-0.2334	-0.2319	-0.2385
	世界	-0.2901	-0.3018	-0.3027	-0.3096	-0.3149	-0.3236	-0.2997	-0.3025	-0.3117

说明：表中数据根据 OECD-WTO（TiVA）数据库整理。

（1）东北地区基础金属及金属制品产业参与全球价值链分工特征。

图 4-1 左、右两边实线分别对应东北地区基础金属及金属制品产业全球价值链地位指数最小值和最大值，上、下两边实线分别对应全球价值链参与度指数最大值和最小值。2011 年至 2019 年世界基础金属及金属制品产业全球价值链参与度指数均值为 0.4077，全球价值链地位指数均值为 -0.3038。图 4-1 中间两条实线将图划分为四个象限，可见东北地区基础金属及金属制品产业整体落在第Ⅳ象限，表明该产业目前参与到全球价值链上游分工环节，出口产品中含进口比重小于世界均值。从全球价值链演进特征来看，东北地区基础金属及金属制品产业在全球价值链分工中的参与度不断下降，而全球价值链地位指数则表现为波浪形变化趋势。地区内的产品被跨国公司强行锁定在全球价值链的上游环节，东北地区基础金属及金属制品产业以中间产品形式参与多次跨境贸易的总体趋势下降，导致后向关联指标增加。东北地区基础金属及金属制品产业被发达国家强行推至全球价值链上游环节，且向发达国家提供的绝大多数产品进入消费领域。由此可见，东北地区以牺牲地区资源为代价，生产增值能力较弱的最终产品。从图 4-1 箭头所指方向可以得出，2011 年至 2019 年东北地区基础金属及金属制品产业处于全球价值链上游

环节趋势明显。

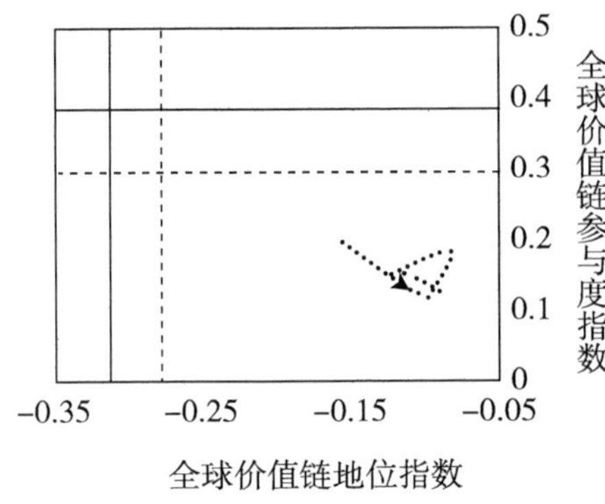

图 4-1　东北地区基础金属及金属制品产业参与全球价值链（GVC）分工特征

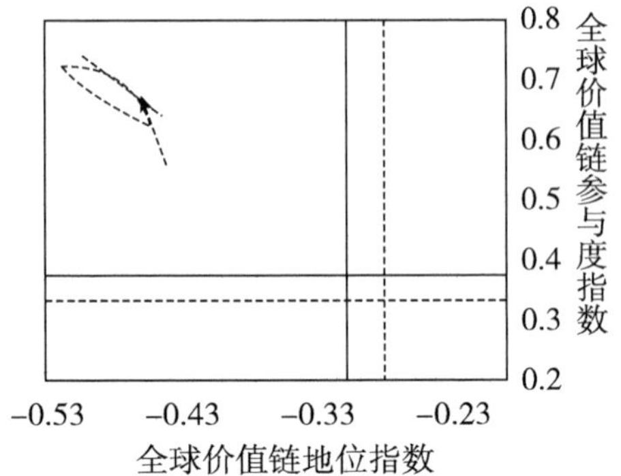

图 4-2　东北地区机械设备产业参与全球价值链（GVC）分工特征

（2）东北地区机械设备产业参与全球价值链分工特征。

2011 年至 2019 年，世界机械设备产业全球价值链参与度指数均值为 0.3672，全球价值链地位指数均值为 -0.2872。如图 4-2 所示，东北地区的机械设备产业整体落在第Ⅰ象限，表明东北地区机械设备产业出口产品中有大量国外中间产品进口，同时作为中间产品出口的部分机械设备产业参与多次跨境生产的能力较弱，因此全球价值链参与度指数远远大于世界均值，全球价值链地位指数小于世界均值。机械设备属于知识密集型的中高技术产业，全球价值链地位指数低位运行同时伴随着全球价值链参与度指数高位运行，这表明东北地区的机械设备产业缺乏核心技术优势。重要产品技术来源于国外，尤其是关键零部件和中间产品缺少核心技术。自中共中央、国务院发布《关于实施东北地区等老工业基地振兴战略的若干意见》以来，东北地区机械设备产业在全球分工网络中的参与度虽有下降，但全球价值链地位处于上升阶段，这是该产业融入全球价值链后产业升级的表现。根据全球价值链参与度指数和全球价值链地位指数模型可知，全球价值链参与度指数变小，同时全球价值链地位指数变大。这一系列变化说明，2011 年至 2019 年东北地区对进口中间产品的依赖逐年减弱，自主研发能力在增强，中间产品出口跨境贸易增多。这在一定程度上得益于参与全球价值链获得的技术外溢。从整体上看，东北地区机械设备产业在震荡过程中，逐步向全球价值链上游攀升。

（3）东北地区电子及光学设备产业参与全球价值链分工特征。

图4－3左、右两边实线分别对应东北地区电子及光学设备产业全球价值链地位指数最小值和最大值，上、下两边实线分别对应全球价值链参与度指数最大值和最小值，中间两条实线将图划分为四个象限，可见东北地区的电子及光学设备产业整体落在第Ⅰ象限。同机械设备产业相似，东北地区电子及光学设备产业全球价值链参与度指数与全球价值链地位指数之间存在负相关关系。需要注意的是，电子及光学设备产业不同于其他两类知识密集型产业，其生产模块化程度高，生产环节多，是装备制造业细分产业中价值链分割程度较高的产业。东北地区电子及光学设备产业虽然同机械设备产业一样落在第Ⅰ象限，但从全球价值链演进趋势上看，二者截然不同。2016年至2019年，由于国外需求量下降，中间产品多次跨境贸易减少，全球价值链地位指数中的前向关联指标下降。同时，作为高技术产业的电子及光学设备产业缺少核心技术的劣势进一步凸显出来，而后向关联指标快速上升，这致使2019年全球价值链地位指数下滑至2013年水平，增值能力变弱。所以在融入全球价值链过程中，东北地区电子及光学设备产业出现了高技术产业低增值能力的错配情形。

（4）东北地区运输设备产业参与全球价值链分工特征。

2011年至2019年世界运输设备产业全球价值链参与度指数均值为0.4179，全球价值链地位指数均值为－0.3062。由图4－4可知，东北地区运输设备产业整体落在第Ⅰ象限，表明运输设备产业目前参与到全球价值链下游环节，在国际垂直分工地位较低。需要指出的是，运输设备产业是吉林省装备制造业的主导产业，2019年运输设备出口占该省装备制造业进出口比重最大，是参与全球价值链的主要产业。但是，2019年吉林省运输设备产业全球价值链地位指数为－1.5402，远低于同期的辽宁省和黑龙江省。这种现象产生的原因，很大程度上是吉林省缺乏交通运输设备制造业的核心技术。2019年，吉林省交通运输设备生产总值占整个装备制造业生产总值的69.35%，运输设备出口总值占整个装备制造业出口总值的45.44%。这种低价值增值问题随着出口规模的扩大而被放大，导致吉林省运输设备产业全球价值链地位指数极低。从全球价值链演进趋势来看，2011年至2015年东北地区的运输设备产业参与度逐年下滑，进口比重不断上升，下降趋势严重。截至 2016 年，这一形势略有好转，东北地区运输设备产业在全球价值链中的地位呈现上升趋势。

从地区经济发展、国家政策导向以及国际分工趋势等角度来看，东北地区运输设备产业目前处于产业升级的最佳时机。图 4 -4 中的垂直虚线和水平虚线分别代表了从国家层面考察运输设备产业全球价值链地位指数和全球价值链参与度指数，并且中国运输设备产业整体的全球价值链地位指数要略高于世界平均水平。因此，东北地区可以借助国家政策支持和国内各区域间的产业联动发挥后发优势，实现在全球价值链中的高端攀升。

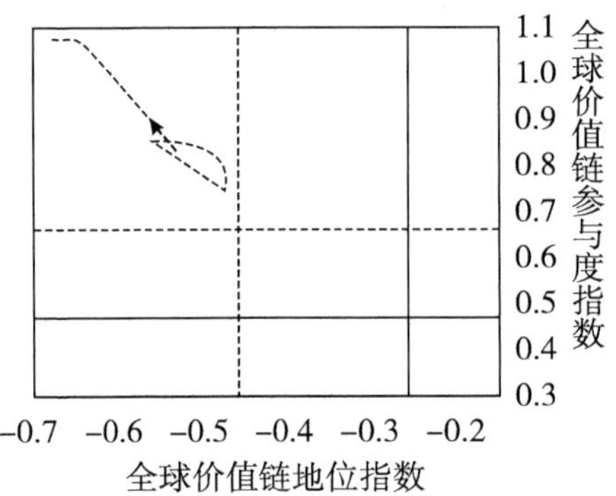

图 4 -3　东北地区电子及光学设备产业参与全球价值链（GVC）分工特征

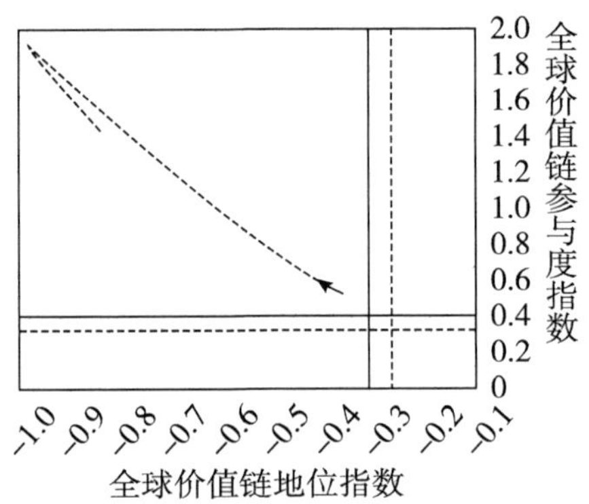

图 4 -4　东北地区运输设备产业参与全球价值链（GVC）分工特征

4.5.3　基于价值链联动系统的产业升级

本节通过构建综合反映地区产业全球价值链参与度指数和地位指数的分析模型，揭示了东北地区装备制造业融入全球价值链分工的模式。在此基础上，东北地区装备制造业要依托全球价值链参与度指数与地位指数，选择正确的全球价值链升级路径。总体而言，在融入全球化的进程中，东北地区装备制造业要想优化产业分工布局，一方面要着力展开同具有地缘优势的“一带一路”沿线国家形成区域价值链的行动；另一方面要同东部、中部以及西部地区积极构建国内价值链，并借助国外国内两个市场，在新一轮对外开放过程中完成产业布局的再调整。

那么东北地区装备制造业如何优化产业分工布局呢？具体做法如下：

探寻东北地区基础金属及金属制品产业升级路径。目前，东北地区基础金属及金属制品产业全球价值链地位指数高、参与度指数低。这表明该产业在全球价值链分工中处于上游环节，属于资源提供者。因此，东北地区基础金属及金属制品产业具体升级路径应从当前的第Ⅳ象限出发，向左移动，增加基础金属及金属制品进口比重，提高后向关联指标。在提高全球价值链参与度指数过程中，应积极降低全球价值链地位指数，缩小东北地区高污染、资源消耗型基础金属及金属制品产业布局。在全球价值链升级过程中，东北地区基础金属及金属制品产业要突破静态比较优势束缚，减少基础金属和初级加工金属制成品的出口，寻求突破区位和国家限制的产业布局方式。同时积极同“一带一路”沿线国家，包括俄罗斯、卡塔尔、伊朗、伊拉克、沙特阿拉伯、阿联酋等国家展开能源合作，构建以合作为导向的“一带一路”沿线国家区域价值链，完成产品和生产工艺的升级。

从图4－2中可以看出，东北地区机械设备产业位于第Ⅰ象限，全球价值链参与度指数高，但全球价值链地位指数低。这说明在地区出口总额中，国外增值部分大于地区出口中间增加值。由此判断该产业处于全球价值链下游环节，需要进口大量中间产品，且价值增值低。但从全球价值链演进过程看，东北地区机械设备产业目前正处于向全球价值链上游攀升的过程中，其全球价值链地位指数将会大幅提高。如果全球价值链地位指数和全球价值链参与度指数同时上升，东北地区机械设备产业应从第Ⅰ象限升级到第Ⅳ象限，具体表现：在当下全球价值链环节向中高端攀升，最终完成功能升级。在此过程中，一方面，东北地区机械设备产业要继续依托比较优势，优化本土制造业企业与发达国家跨国公司的关联模式，通过学习改变“学习曲线”形状，不断降低生产平均成本，进而寻求更有利的国际分工地位；另一方面，作为东北地区传统优势产业，机械设备产业应尽快建立地方产业集群，以“集群整体”形式嵌入全球价值链，提高集群内企业自主创新能力，形成高水平产业集群，从而实现产品升级转向功能升级。

电子及光学设备产业作为东北地区既缺少产业基础又不具备增长优势的产业，其产业升级面临的最大挑战是“群体创新惰性”。从东北地区实际情况来看，加大国际直接投资的引资力度是其走出当前困境的有效途径之一，但由于发达国家对高端技术的封锁，同跨国公司合作而得到的技术外溢，事实上很难持续缩小同价值链上游企业的地位差距。因此，东北地区在短期内要重点扶持具有重要影响力、自主创新能力强的本地企业，通过构建产业关联度较强的国内价值链，使东北地区生产出来的电子及光学产品能够更好地满足国内以及“一带一路”沿线国家的需要，从而扩大市场影响力，在区域范围内实现产业升级。从长期来看，东北地区要不断延长国内价值链的长度，积极建立新型、长效的产学研合作机制，尽快推进电子及光学设备产业从低端加工组装环节向研发设计等高增加值环节转变，完成产品到生产工艺，再到功能性的全球价值链产业升级。

运输设备产业是东北地区三个知识密集型装备制造业中最容易实现升级的细分产业。2016 年，东北地区运输设备产业在全球价值链中的地位进入上升通道。目前其全球价值链地位指数和参与度指数最接近世界平均水平，而且中国运输设备产业整体的全球价值链地位指数要略高于世界平均水平。根据汉弗莱（Humphrey）和施米茨（Schmitz，2004）提出的全球价值链治理模式，东北地区运输设备产业在全球价值链分工体系中与发达国家是一种接近能力互补、技术共享的均衡治理型。因此，现阶段东北地区的运输设备产业升级的关键在于加快融入 NVC 的同时完成在原有 GVC 中的产业升级，进而打造 GVC - NVC 系统。除此之外，东北地区运输设备产业应同时加入美国和欧洲主导的 GVC 中，并在两大价值链中发挥“杠杆”作用，从而将在两条价值链中得到的优势进行相互转移，以期更快、更有效，以更低的成本实现产业价值链的升级。同时，应在“一带一路”沿线国家展开更加丰富、密切的经济技术联系，促进原有全球价值链同区域价值链的对接，从而积极推进东北地区运输设备产业的结构调整和产业升级。

第五章　我国东北地区产业发展现状及存在问题

要深刻揭示我国东北地区与“一带一路”沿线国家产业联动发展内在机制并形成东北地区科学合理的产业转型升级策略，必须对我国东北地区产业结构及其发展现状进行客观的评价和系统的总结。因此，本章系统分析了东北地区产业规模现状、产业结构现状以及产业发展存在的问题。同时，通过对东北地区产业发展现状的系统分析，揭示出东北地区产业布局不合理以及内部发展失衡等问题。简言之，这些问题在很大程度上影响和制约着东北地区产业升级与产业结构调整。而对东北地区产业升级存在问题的剖析，也进一步表明，与“一带一路”沿线国家的产业联动发展是东北地区产业转型升级的重要路径。

5.1　东北地区产业规模现状

从东北地区各产业的总体发展规模来看，2019 年辽宁省全年 GDP 为 24909 亿元，增速为 5.5%，增长速度居于东北三省之首。按照三次产业划分来看，第一产业增加值为 2178 亿元，增长 3.5 个百分点；第二产业增加值为 9531 亿元，增长 5.7 个百分点；第三产业增加值比第二产业增加值高 3000 多亿元，增长 5.6 个百分点。从生产规模划分来看，辽宁省规模以上工业增加值较 2018 年平均水平提高了 6.7%，国有企业增加值增长率为 2.2%，股份制企业增加值增长幅度为 8.0%，外资企业增加值提高了 4.5%。按照产业类别来看，制造业增加值增幅为 7.6%，采矿业增加值增幅为 2.0%，电力等能源供应类增加值增幅为 5.1%。2019 年，辽宁省全年实现社会消费品零售总额为 15009 亿元，增长率达 6.1%。从经营方式看，城镇消费品零售额突破

13000 亿元，比 2018 年提高 5.9%；农村消费品零售额仅为 1907 亿元，但增长率为 7.1%，大于城镇消费品零售额增长速度。2019 年辽宁省进出口总额为 7255 亿元，比 2018 年下降 4.0%。其中，出口总额为 3130 亿元，同比下降 2.6%；进口总额为 4125 亿元，同比下降 5.0%，可见对外贸易的规模不断下降。其中，一般贸易进出口总额为 4345 亿元，加工贸易进出口总额为 1801 亿元。整体来看，辽宁省 2019 年经济发展态势良好，乡村第三产业发展的潜力很大，三次产业内部各行业指标均有不同程度上涨。可以说，辽宁省三次产业发展速度和总体质量都有所上升，发展势头较好。

2019 年，吉林省 GDP 达 11727 亿元，按当年价格折算后，实际增长 3.0%。按照三次产业划分来看，第一产业增加值为 1287 亿元，第二产业增加值为 4135 亿元，第三产业增加值为 6305 亿元，产业结构比例为 11.0∶35.3∶53.8。在第一产业发展方面，农林牧渔业增加值为 1338 亿元，增幅为 2.5%。其中，全年粮食产量为 3878 万吨，比 2018 年增长 6.7%。在第二产业发展方面，吉林省工业增加值为 3348 亿元，增幅为 3.1%。其中，国有控股企业增幅达到 6.0%，集体企业增幅为 8.0%，外商投资企业增幅为 0.3%。按照产业类别来看，采矿业下降幅度为 2.6%，制造业增幅为 3.1%，电力、热力等供应类产业增幅最高达到 8.9%。在第三产业发展方面，吉林省社会消费品总额为 7777 亿元，增幅为 3.4%。其中，城乡商品零售额为 6732 亿元，餐饮收入额为 1045 亿元，分别增长 3.4% 和 3.2%。从经营方式看，吉林省城镇消费品零售额为 6909 亿元，比 2018 年增长了 3.4%；农村消费品零售额仅为城镇消费品零售额的1/9，增幅为 3.3%，与城镇消费品零售额增长速度基本持平。从三次产业发展速度的横向比较来看，第三产业的发展速度较快，城乡居民消费水平均有大幅度上升；第二产业发展速度放缓，采矿业逐步萎缩，产业发展结构处于调整阶段；而第一产业发展较为平稳，农林牧渔各产业均有不同幅度的上涨。总体来看，吉林省三次产业的总体规模处于整体上升阶段，其中第三产业的增长速度和贡献率增加值最高。由此可见，吉林省整体产业发展结构在不断地向高级化迈进。

2019 年，黑龙江省全年 GDP 达 13613 亿元，按当年价格折算后，实际增幅为 4.2%。按照三次产业划分来看，第一产业增加值约为 3183 亿元，增幅为 2.4%；第二产业增加值为 3615 亿元，增幅为 2.7%；第三产业增加值为

6815 亿元，增幅为 5. 9%。三次产业结构比例为 23. 4 : 26. 6 : 50. 1。人均地区生产总值达 36183 元，增长率为 4. 7%。在第一产业发展方面，种植业增加值约为 2355 亿元，增幅为 2. 5%；牧业增加值约为 664 亿元，增幅为 1. 7%；林业及渔业增加值分别约为 101 亿元和 62 亿元，增幅分别为 5. 1% 和 4. 1%。作为全国农业大省，黑龙江省农业发展整体势头强劲，农业发展规模以及技术水平位居全国前列。在第二产业发展方面，黑龙江省规模以上工业增长率为 2. 8%。其中，装备制造业、食品加工业等产业均实现了一定程度的增长，是全省工业的重要支撑力量；高技术制造业增长较快，增长率为 1. 2%。2019 年，黑龙江省工业实现了主营业务收入，比 2018 年增长了 4. 6%，但利润总额下降了 21. 8%。相对于农业，黑龙江省工业的发展速度较慢，占比也较低，各产业的生产技术与发展模式都较为陈旧，增长动力不足。从第三产业的发展情况来看，黑龙江省社会消费品零售总额比 2018 年增长了 6. 2%。从行业角度看，批发业零售额增长率为 6. 2%；餐饮业零售额增长率为 6. 3%。从以上数据可以看出，黑龙江省第三产业发展速度较快，产业内部发展质量逐步提高，三次产业结构趋于高级化。

总体来看，东北地区各产业发展成就斐然，三次产业发展质量的不断提升对地区经济的发展起到了一定的拉动作用。东北地区第三产业在国民经济中所占份额不断扩大，反映出东北地区在三次产业的发展规模和结构方面做出了积极调整，产业结构正逐步趋向合理化。

5. 2　东北地区产业结构现状

本节从东北地区三次产业结构的状态、效率以及第二、第三产业内部结构现状对东北地区产业结构进行系统、翔实的分析。

5. 2. 1　东北地区三次产业结构的状态

本文利用费希尔（Fisher）的三次产业结构分析法，从宏观角度对东北地区产业结构进行分析，同时根据 2001 年和 2020 年的《中国统计年鉴》《辽宁统计年鉴》《吉林统计年鉴》和《黑龙江统计年鉴》相关数据，对 2000 年和 2019 年东北地区三次产业结构变动趋势进行统计分析，并将其与湖北省、广东省以及重庆市的数据进行比较，从而确定东北地区产业结构在全国的相对地位。具体数值如表 5 –1 和表 5 –2 所示。

表 5 –1　　　2000 年东北地区三次产业产值占比及对比情况　　　（单位：%）

省份	第一产业	第二产业	第三产业
辽宁	10.8	50.2	39.0
吉林	20.4	39.4	40.2
黑龙江	12.2	54.9	32.9
湖北（中部）	18.7	40.5	40.8
广东（东部）	9.2	46.5	44.3
重庆（西部）	15.9	42.4	41.7

说明：表中数据是作者根据相关年鉴统计数据整理的。

表 5 –2　　　2019 年东北地区三次产业产值占比及对比情况　　　（单位：%）

省份	第一产业	第二产业	第三产业
辽宁	8.7	38.3	53.0
吉林	11.0	35.3	53.8
黑龙江	23.4	26.6	50.1
湖北（中部）	8.3	41.7	50.0
广东（东部）	4.0	40.5	55.5
重庆（西部）	6.6	40.2	53.2

说明：表中数据是作者根据相关年鉴统计数据整理的。

将表 5 –1 与表 5 –2 中的相关数据进行对比，可以得出东北地区三次产业结构变动趋势。

从整体上看，2019 年东北地区第三产业均值为 52.3%，比 2000 年东北地区第三产业均值（37.4%）增加了 14.9%。其中，第三产业占比均值提升了近 15%，三次产业结构逐步趋向高级化。同时，东北地区第三产业占比增幅超过我国广东、湖北和重庆。这意味着东北地区产业结构调整的速度和幅度要大于同期的东部、中部和西部地区。但需要注意的是，2019 年东北地区三省份第三产业占比均值为 52.3%，仍然低于广东省 55.5% 和重庆市 53.2%。这反映出尽管东北地区三次产业结构调整和优化取得了一定成绩，但是仍然低于全国平均水平。从单个省份的情况来看，黑龙江省第三产业占比增幅最大，达到了 17.2%；吉林省、辽宁省第三产业占比增幅分别为 13.6% 与 14.0%。这说明黑龙江省第三产业调整速度快于吉林省和辽宁省，但是黑龙江省第三产业占比仍然低于这两个省份。

从三次产业产值占比及对比情况来看，东北地区第一产业占比略有下降，但与东部、中部和西部地区相比，其第一产业占比相对较高。这说明东北地区作为重要的农产品生产基地，其农业占比虽缓慢下降，但仍处于较为重要的发展位置。第二产业的占比均值由 2000 年的 48.2% 下降至 2019 年的 33.4%，下降约 15%。这表明东北地区正在逐渐摆脱依赖第二产业拉动经济发展的局面，经济发展重心逐渐从第二产业转向第三产业。从整体上看，东北地区第二产业发展基础较为雄厚，第三产业中生产性、生活性服务业发展也较快，通过与第二产业的协调发展，共同促进了东北地区产业结构的优化升级。

5.2.2　东北地区三次产业结构的效率

一般认为，从宏观角度研究地区产业效率可以利用产业贡献率指标来进行分析。一个省份或地区的经济增长量与三次产业的经济增长量及其占比密切相关。下式中，Y 代表 GDP，X_1 是第一产业增加值，X_2 是第二产业增加值，X_3 是第三产业增加值。三次产业的 GDP 增长率可用如下公式表示：

$$\frac{\Delta Y}{Y} = \frac{\Delta X_1 + \Delta X_2 + \Delta X_3}{X_1 + X_2 + X_3}$$

$$= \frac{X_1}{X_1 + X_2 + X_3} \times \frac{\Delta X_1}{X_1} + \frac{X_2}{X_1 + X_2 + X_3} \times \frac{\Delta X_2}{X_2} + \frac{X_3}{X_1 + X_2 + X_3} \times \frac{\Delta X_3}{X_3}$$

其中，$\frac{\Delta Y}{Y}$表示三次产业的 GDP 增长率，$\frac{\Delta X_j}{X_j}$表示第 j 产业的增长率，其内生动力包括产业生产率、技术水平、创新程度；第 j 产业在全年 GDP 的占比表示该产业的经济贡献度。东北地区三次产业增加值贡献率如表 5－3 至表 5－5 所示。表 5－6 是中国三次产业增加值贡献率，体现了全国三次产业发展的平均水平，在此作为参照值对东北地区三次产业的发展进行比较分析。

表 5－3　辽宁省三次产业增加值贡献率　（单位：%）

年份	第一产业	第二产业	第三产业	年份	第一产业	第二产业	第三产业
1991	13.8	41.2	45.0	2006	2.1	53.5	44.4
1992	6.4	64.2	29.4	2007	2.7	57.6	39.7
1993	12.1	63.3	24.6	2008	4.3	60.1	35.6
1994	2.7	63.3	34.0	2009	2.0	60.9	37.1
1995	8.6	55.7	35.7	2010	3.1	61.8	35.1
1996	18.0	50.2	31.8	2011	4.6	62.4	33.0
1997	1.9	64.7	33.4	2012	4.5	56.5	39.0
1998	17.7	50.2	32.1	2013	－0.2	36.5	63.7
1999	7.4	56.0	36.6	2014	2.8	47.8	49.4
2000	－2.0	65.4	36.6	2015	9.6	－11.0	101.4
2001	8.0	42.2	49.8	2016	19.1	128.5	－47.6
2002	8.6	47.5	43.9	2017	7.9	30.2	61.9
2003	6.5	51.0	42.5	2018	4.9	51.3	43.8
2004	6.4	57.0	36.6	2019	5.7	39.9	54.4
2005	6.4	53.2	40.4				

数据来源：《辽宁统计年鉴》。

表 5－4　吉林省三次产业增加值贡献率　（单位:%）

年份	第一产业	第二产业	第三产业	年份	第一产业	第二产业	第三产业
1991	—	41.1	58.9	2006	4.9	49.6	45.5
1992	3.4	56.1	40.5	2007	1.2	58.3	40.5
1993	15.7	59.6	24.7	2008	8.1	53.6	38.3
1994	25.7	26.4	47.9	2009	2.7	59.4	37.9
1995	12.8	52.2	35.0	2010	3.1	66.4	30.5
1996	29.1	43.2	27.7	2011	4.5	66.8	28.7
1997	－1.1	43.4	57.7	2012	5.6	61.9	32.5
1998	32.7	37.5	29.8	2013	4.9	57.4	37.7
1999	3.9	57.4	38.7	2014	6.9	55.2	37.9
2000	21.7	44.8	33.5	2015	7.2	44.9	47.9
2001	10.1	47.0	42.9	2016	6.3	44.5	49.2
2002	12.9	44.3	42.8	2017	5.6	36.5	57.9
2003	11.0	55.9	33.1	2018	3.9	44.8	51.3
2004	12.0	52.2	35.8	2019	9.3	31.0	59.7
2005	14.5	41.4	44.1				

数据来源：《吉林统计年鉴》。

表 5－5　　黑龙江省三次产业增加值贡献率　　（单位:%）

年份	第一产业	第二产业	第三产业	年份	第一产业	第二产业	第三产业
1991	－9. 1	45. 4	42. 6	2006	8. 7	57. 1	34. 3
1992	5. 8	55. 2	40. 8	2007	4. 1	54. 3	41. 5
1993	－1. 5	56. 7	39. 1	2008	7. 8	55. 1	37. 1
1994	12. 5	58. 3	38. 5	2009	4. 9	62. 3	32. 8
1995	23. 4	54. 3	34. 2	2010	5. 0	62. 9	32. 1
1996	15. 5	64. 5	36. 1	2011	6. 3	51. 4	42. 3
1997	1. 7	45. 6	34. 6	2012	7. 6	49. 9	42. 5
1998	27. 4	72. 4	31. 4	2013	7. 1	40. 0	52. 9
1999	5. 8	56. 2	23. 5	2014	10. 8	23. 8	65. 4
2000	－5. 1	74. 6	30. 5	2015	9. 9	11. 1	79. 0
2001	11. 7	59. 3	29. 0	2016	15. 1	13. 5	71. 3
2002	10. 9	58. 6	30. 5	2017	12. 4	13. 4	74. 2
2003	3. 6	65. 5	30. 9	2018	13. 6	13. 3	73. 1
2004	14. 4	61. 5	24. 1	2019	13. 6	17. 3	69. 1
2005	8. 3	62. 1	29. 6				

数据来源：《黑龙江统计年鉴》。

表 5－6　　中国三次产业增加值贡献率　　（单位:%）

年份	第一产业	第二产业	第三产业	年份	第一产业	第二产业	第三产业
1991	6. 8	61. 1	32. 2	2006	4. 4	49. 5	46. 1
1992	8. 1	63. 2	28. 7	2007	2. 7	49. 9	47. 4
1993	7. 6	64. 4	28. 0	2008	5. 3	48. 4	46. 3
1994	6. 3	66. 3	27. 4	2009	4. 1	51. 9	44. 0
1995	8. 7	62. 8	28. 5	2010	3. 6	57. 2	39. 2
1996	9. 3	62. 2	28. 5	2011	4. 2	51. 5	44. 3
1997	6. 5	59. 0	34. 5	2012	5. 3	49. 3	45. 4
1998	7. 2	59. 7	33. 0	2013	4. 4	48. 0	47. 6
1999	5. 7	56. 8	37. 5	2014	4. 8	47. 1	48. 1
2000	4. 2	59. 5	36. 3	2015	4. 6	41. 6	53. 7
2001	4. 7	46. 2	49. 1	2016	4. 4	37. 4	58. 2
2002	4. 2	49. 2	46. 6	2017	4. 6	34. 2	61. 1
2003	3. 1	57. 9	39. 0	2018	4. 1	34. 4	61. 5
2004	7. 4	51. 7	40. 9	2019	3. 8	36. 8	59. 4
2005	5. 3	50. 3	44. 4				

数据来源：《中国统计年鉴》。

从东北地区各省单次产业增加值贡献率的绝对值来看，辽宁省第一产业增加值贡献率呈现波动下降的趋势，第一产业增加值贡献率维持在5%左右，与全国平均水平持平。在2013年之前，辽宁省第二产业增加值贡献率维持在60%左右，是三次产业中贡献率最高的产业；在2013年以后，辽宁省第二产业增加值贡献率呈波动下降趋势，保持在40%左右的贡献率水平，这与辽宁省三次产业结构变动状况相吻合。从第二产业增加值贡献率看，第二产业仍是辽宁省主导产业。辽宁省第三产业增加值贡献率波动较大，对于GDP的贡献率也处于较高的水平。总体来看，全国第三产业增加值贡献率呈现逐年上涨的趋势，在2017年第三产业增加值贡献率超过60%，已经达到后工业化阶段水平。辽宁省第三产业增加值贡献率明显落后于全国平均水平，说明其三次产业结构处于较低的发展阶段，三次产业的发展仍然具有极大的调整和发展空间。

在2005年之前，吉林省第一产业增加值贡献率一直在10%以上浮动，远远高于全国平均水平。在2005年以后，农业增加值贡献率逐年放缓，工业增加值贡献率逐年提升，并在2011年达到峰值66.8%。其后，服务业开始进入缓慢增长时期，并形成了以服务业为主导的三次产业结构状态。从吉林省三次产业的总体发展趋势来看，吉林省三次产业发展趋势较为平稳，总体上与全国平均水平一致，正处于转变经济发展方式与提升产业发展效率的关键时期。

从总体上看，黑龙江省第一产业的增加值贡献率处于10%以上的水平。农业相较于其他省份对GDP的贡献率较高，反映出黑龙江省农业发展水平远高于其他省份。整体来看，黑龙江省第二产业增加值贡献率自2014年大幅下滑，难以起到对全省经济发展的支撑作用。在全省经济增长速度一定的情况下，第二产业增加值贡献率的下滑反衬出第三产业增加值贡献率的“腾飞”，但其产业结构并没有发生实质性的改变，黑龙江省三次产业结构正处于调整的“阵痛期”。但从全省整体经济发展的前景来看，现阶段的付出将为未来整体产业结构的调整奠定一定的基础。

5.2.3 东北地区第二产业内部结构现状

在本节中，共选取3大方面4个能够衡量第二产业内部结构的相关指标，从产业结构角度剖析东北地区第二产业内部存在的问题，为进一步揭示东北地区产业结构存在的问题提供依据。

（1）工业及建筑业总产值。依据中国产业分类法，第二产业主要包括工业和建筑业，其中，工业主要是指制造业以及涉及主要能源的相关产业；第二产业总值主要是工业产值和建筑业产值总和。根据东北三省统计年鉴的相关数据，本节对东北三省工业及建筑业总产值及其增长趋势进行了图示分析。

从图5－1可以看出，辽宁省工业及建筑业总产值的变化趋势具有一定的相似之处。二者同时在2013年达到峰值，在这之后，其产值开始逐年减少，并呈现负增长趋势。这与辽宁省不断转变经济发展方式，将拉动经济的主要动力由第二产业转变为第三产业紧密相关。除此之外，2015年以来，国家持续推进供给侧结构性改革，作为重工业大省，辽宁省淘汰了大量的落后工业产能。因此，辽宁省工业及建筑业总产值表现为下降势头。2016年之后，辽宁省工业总产值开始触底回升，展现出增长弹性，建筑业总产值基本保持不变。

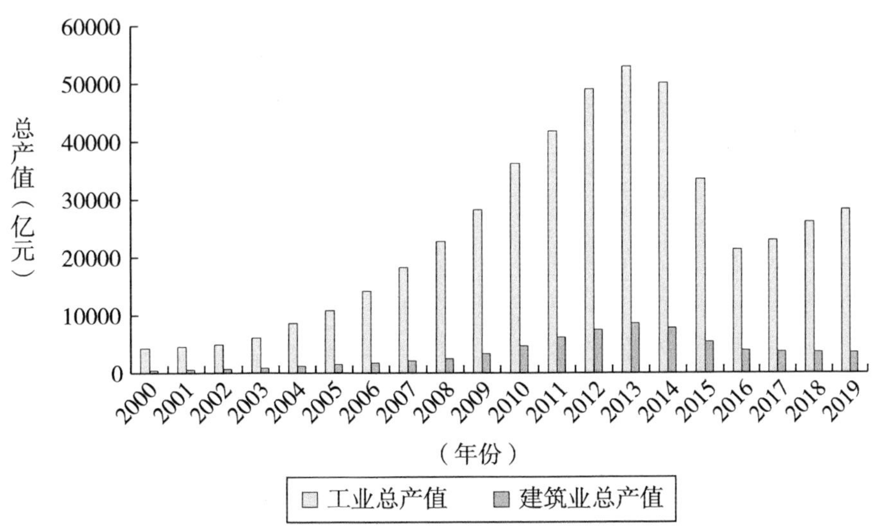

图5－1　辽宁省工业及建筑业总产值变化趋势

数据来源：《辽宁统计年鉴》。

从图5－2可以看出，吉林省规模以上工业及建筑业的总体规模处于黑龙江省与辽宁省总体规模之间。但吉林省规模以上工业及建筑业总产值在2000

年至2014年，一直保持着持续上涨的趋势；在2015年之后总体呈下降趋势，进入产业发展的瓶颈期。这表明吉林省总体经济发展良好，其经济结构正在逐步从第二产业主导阶段转向第三产业主导阶段。

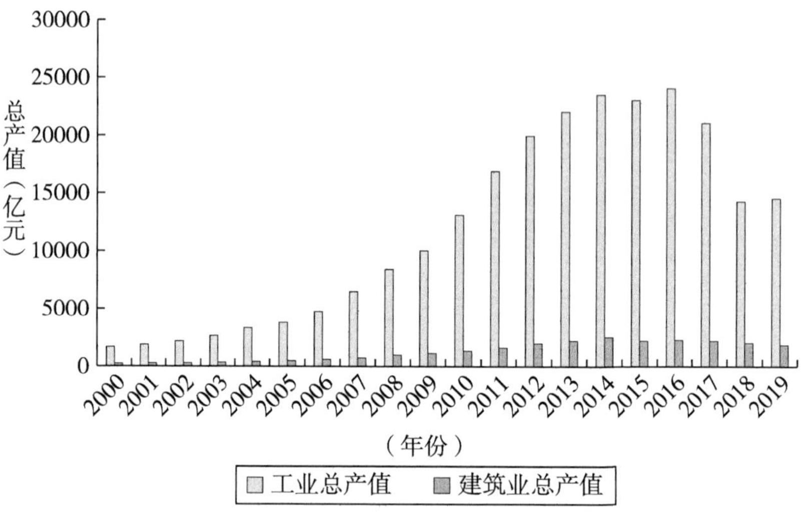

图5-2 吉林省规模以上工业及建筑业总产值变化趋势

数据来源：《吉林统计年鉴》。

从图5-3中的相关数据来看，黑龙江省第二产业的总体规模远低于辽宁省，其总产值的波动趋势与辽宁省的发展趋势相类似，都是在2013年达到峰值，并自2014年逐渐下降，从2018年开始回升。总体来看，黑龙江省第二产业总产值的下降趋势较为平缓，下降的幅度较小，说明第二产业总体处于平稳发展阶段。结合上一节中黑龙江省第二产业增加值贡献率情况来看，黑龙江省第二产业总产值虽平稳下跌，但对于GDP的贡献率却大幅下滑。这反映出黑龙江省第二产业的发展效率有待提升，整体经济发展结构仍旧处于重要的转型期。

（2）规模以上工业企业单位数。目前，东北三省拉动产业发展的支撑产业主要来自工业产业。根据中国产业分类法，工业产业可以分为采矿业，制造业，燃气生产和供应业，电力、热力生产和供应业以及水生产和供应业。通过对各个产业内部规模以上工业企业单位数的分析，我们可以从微观角度更加清晰地了解东北地区各个产业的发展规模和现状，并剖析出东北地区第二产业内部发展中存在的问题。

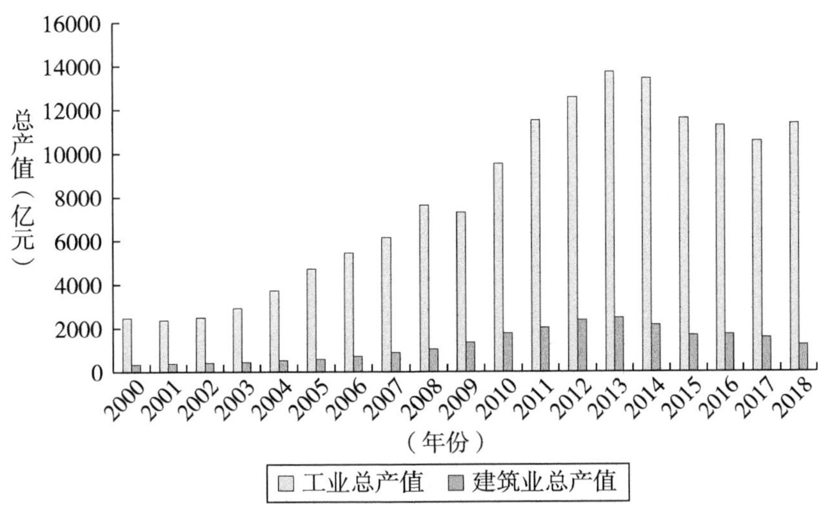

图 5－3　黑龙江省工业及建筑业总产值变化趋势

数据来源：《黑龙江统计年鉴》。

辽宁省规模以上工业企业单位数变化趋势如图 5－4、图 5－5 所示。从图 5－4 可以看出，辽宁省规模以上采矿业企业单位数自 2000 年以来在经历了较大幅度的上升之后，在 2010 年以后开始逐渐回跌。其发展趋势表明，采矿业在辽宁省的市场逐渐饱和。辽宁省应当将产业发展方向由资源依赖型和能源依赖型产业转向技术创新型产业，实现辽宁省经济的再次发展。从辽宁省制造业发展趋势来看，制造业总体发展趋势波动较大，在 2010 年达到峰值后，一直呈现大幅下跌的趋势。但从图 5－5 可以看出，2000 年到 2019 年，辽宁省规模以上燃气及水生产和供应业企业单位数没有大幅变化。这表明在高效率增加燃气、水生产的情况下，无须增加企业单位数就可以实现生产增长。而图 5－5 中电力、热力生产和供应业企业单位数，则说明辽宁省的电力及热力需求处于上升趋势。

吉林省规模以上工业企业单位数变化趋势如图 5－6、图 5－7 所示。从图 5－6 中可以看出，2000 年至 2018 年，吉林省规模以上制造业企业单位数呈现总体上升趋势，其中在 2010 年至 2011 年回落后又上升，但是在 2019 年数量出现明显下降。其发展趋势表明，2018 年至 2019 年吉林省制造业发展遇到瓶颈，要想打破瓶颈，则需要进一步激发制造业生产活力，扩大市场空间。吉林省规模以上采矿业企业单位数，从 2000 年到 2010 年处于上升趋势；从

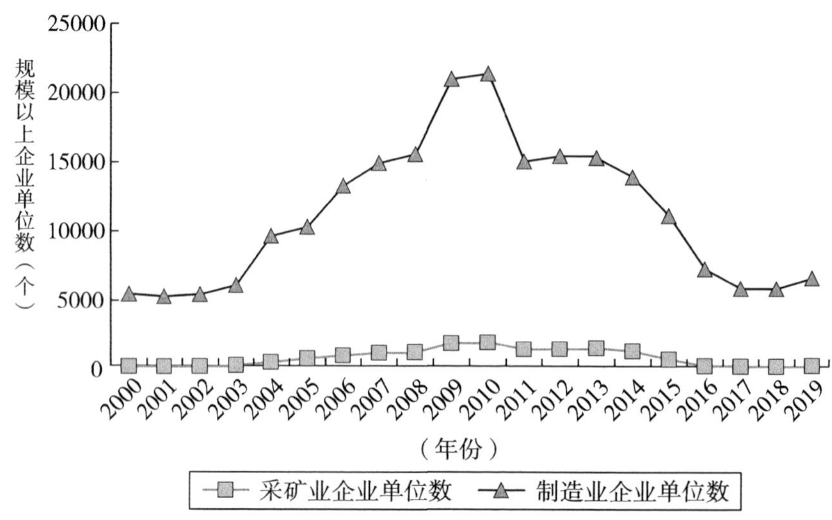

图 5-4　辽宁省规模以上采矿业与制造业企业单位数变化趋势

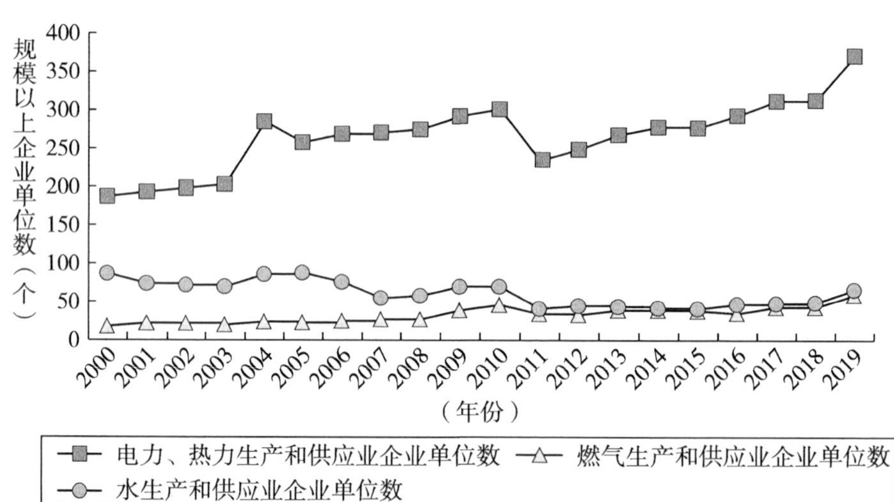

图 5-5　辽宁省规模以上其他工业产业企业单位数变化趋势

2011 年到 2019 年一直处于下跌趋势，传统采矿业市场逐渐缩小，市场趋于饱和。这说明吉林省处于产业结构转型的关键时期，低附加值与低技术型的采矿业企业数量正在逐渐减少。从图 5-7 可以看出，吉林省规模以上电力、热力生产和供应业企业单位数总体呈现逐年上升趋势，这与吉林省规模以上工业及建筑业的产值发展趋势相一致。其燃气生产和供应业企业单位数也呈现逐年上升趋势，而水生产和供应业企业单位数呈现波动下降趋势。这表明吉林省水生产和供应业企业的生产效率在不断提升，并能够在一定的企业数量规模下保证全省水的供应。

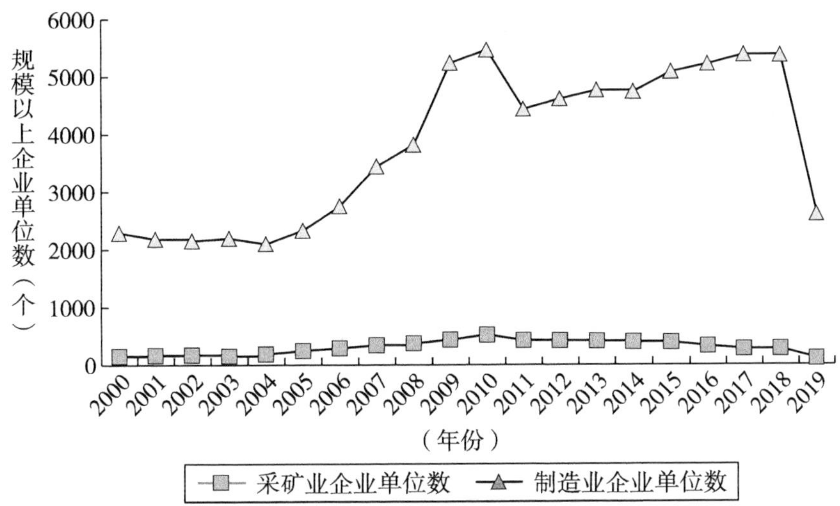

图 5-6　吉林省规模以上采矿业及制造业企业单位数变化趋势

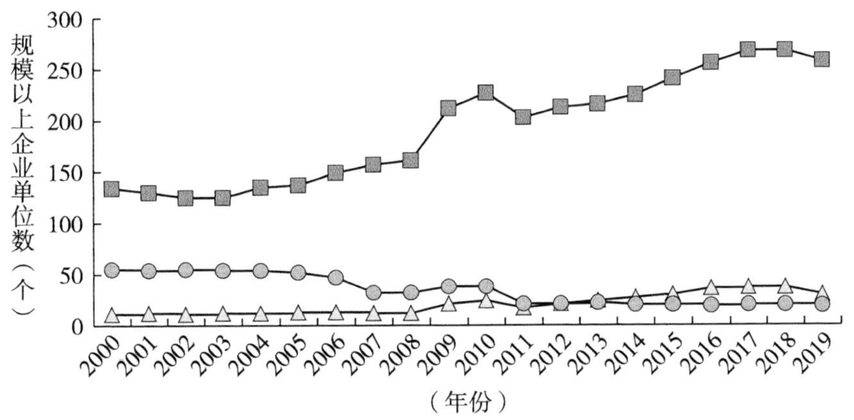

图 5-7　吉林省规模以上其他工业产业企业单位数变化趋势

黑龙江省规模以上工业企业单位数变化趋势如图 5-8、图 5-9 所示。从图 5-8 可以看出，黑龙江省规模以上采矿业及制造业企业单位数总体呈波动下降趋势，其中制造业在2010年至2013年波动较大，近年来呈现缓慢下降趋势。其发展趋势表明，黑龙江省采矿业和制造业正处于平稳发展阶段，总体发展趋势稳中有降。从图5－9可以看出，黑龙江省电力、热力生产和供应业企业单位数处于极速发展阶段，近年来涨幅较大。而燃气及水生产和供应业企业单位数的发展较为平稳，且发展趋势较为一致，基本满足社会及经济发展需求。

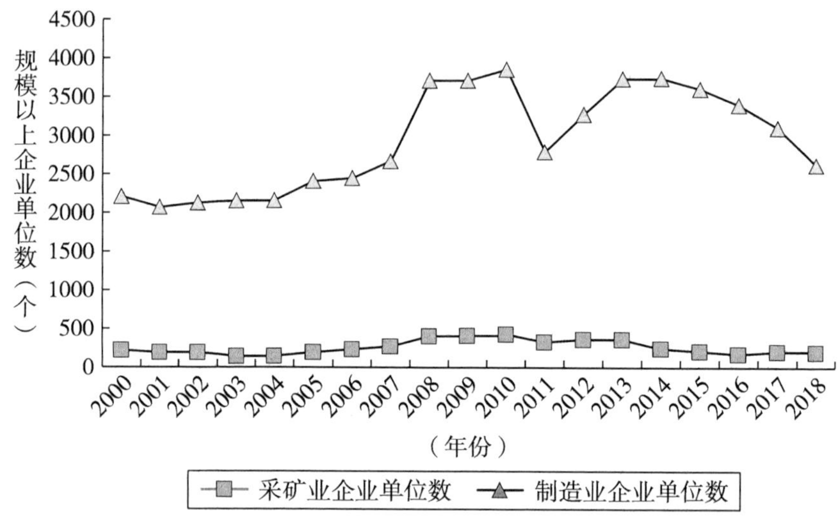

图5－8　黑龙江省规模以上采矿业及制造业企业单位数变化趋势

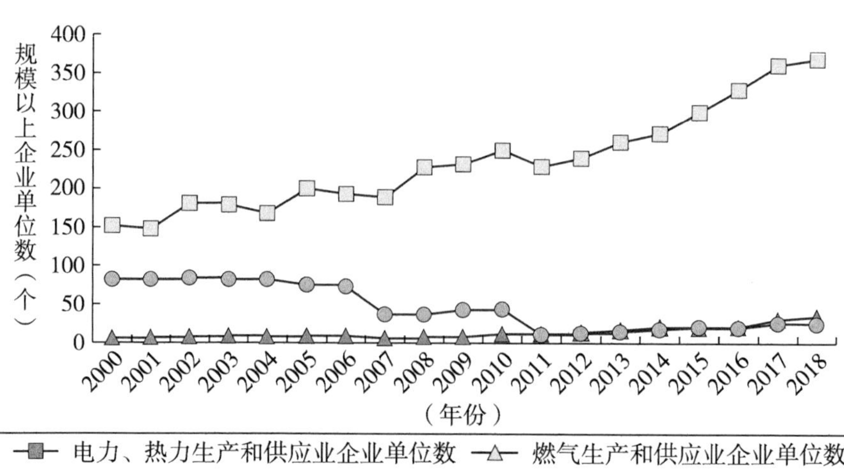

图5－9　黑龙江省规模以上其他工业产业企业单位数变化趋势

（3）工业所有制结构指标。为分析东北三省的工业所有制结构，下面对2000年和2019年东北三省各所有制工业企业的个数以及工业增加值进行对比测度和统计，从数量和体量两个方面，对东北三省工业所有制结构进行分析。

从表5-7可知，辽宁省所有制工业企业占比变化情况：2000年，辽宁省工业生产以国有企业和集体企业为主，国有成分占比达到34%，私营企业的占比仅为13%；2019年，私营企业占52%，国有和集体企业占2%。数据结果表明，辽宁省工业市场的活力不断提升，其中私营企业占比不断提升，并占据市场的主导地位。但同时，我们应当看到，股份制企业及外资企业的占比仍较低，说明市场的对外开放程度较低。

表5-7　2000年和2019年辽宁省所有制工业企业占比变化　（单位：%）

年份 工业企业分类	2000	2019
国有企业	34	1
集体企业	21	1
股份合作企业	4	0
联营经济	1	0
有限责任公司	6	27
股份有限公司	3	4
私营企业	13	52
外资企业	18	15
其他	0	0

从表5-8可以看出，辽宁省所有制企业工业产值占比发生了很大的变化。2000年，股份有限公司工业产值占比为2%，国有企业工业产值占比为42%。2019年，有限责任公司的工业产值占比超过国有企业，成为占比最大的企业所有制类型，而国有企业的工业产值占比急剧减少到3%。两个指标的测算结果表明，辽宁省工业生产的所有制结构已经从以国有经济为主导转变为以市场经济为主导，总体上所有制结构转变较为合理。

表 5-8　2000 年和 2019 年辽宁省所有制企业工业产值占比变化　（单位：%）

工业企业分类＼年份	2000	2019
国有企业	42	3
集体企业	18	0
股份合作企业	2	0
联营经济	1	0
有限责任公司	5	31
股份有限公司	2	18
私营企业	10	25
外资企业	19	23
其他	1	0

从表 5-9 和表 5-10 可以看出，吉林省 2000 年国有企业和股份制企业在数量和工业产值方面占比都较大，其中股份制企业占比排名第一，但在工业产值占比方面排名第二。从吉林省 2019 年所有制工业企业的发展情况可以看出，外资企业和股份制企业成为工业企业的主流，国有企业数量占比减少至 1%；从工业产值占比上看，股份制企业和外资企业工业产值占比居前两位。总体来看，2000 年吉林省外资企业、股份制企业的工业产值占比虽有下降，但相比之下仍占有较高比例。

表 5-9　2000 年和 2019 年吉林省所有制工业企业占比变化　（单位：%）

工业企业分类＼年份	2000	2019
国有企业	26	1
集体企业	9	0
联营经济	0	0
股份合作企业	2	0
股份制企业	41	90
外资企业	9	8
其他	13	1

表 5－10　2000 年和 2019 年吉林省所有制企业工业产值占比变化　（单位：%）

年份 工业企业分类	2000	2019
国有企业	41	2
集体企业	8	0
联营经济	0	0
股份合作企业	1	0
股份制企业	32	90
外资企业	8	8
其他	10	0

通过表 5－11 可以发现，黑龙江省所有制工业企业占比发生了很大的变化。具体表现：工业企业类型由原来的以公有制成分为主体转变为以私营企业为主体；公有制成分占比由 2000 年的 63% 下降至 2018 年的 4%，私营企业占比由 2000 年的 8% 上升至 2018 年的 46%。数据结果表明，黑龙江省整体工业所有制结构趋向合理。

表 5－11　2000 年和 2018 年黑龙江省所有制工业企业占比变化　（单位：%）

年份 工业企业分类	2000	2018
国有企业	48	3
集体企业	15	1
股份合作企业	3	0
联营经济	0	0
有限责任公司	16	39
股份有限公司	4	5
私营企业	8	46
外资企业	5	5
其他	1	1

从表5－12可以看出，黑龙江省所有制企业工业产值占比发生了较大的变化：股份有限公司工业产值占比由2000年的72%上升至2018年的81%；私营企业的工业产值占比由2000年的1%上升至2018年的6%；有限责任公司工业产值的占比也有所上升；国有企业的工业产值占比由2000年的13%下降至2018年的2%。数据结果表明，黑龙江省工业国有制企业占比不断下降，工业产业市场总体活力不断提升，各种所有制企业都占有一定的比重，市场总体发展较为均衡。

表5－12　2000年和2018年黑龙江省所有制企业工业产值占比变化　（单位：%）

年份 工业企业分类	2000	2018
国有企业	13	2
集体企业	3	0
股份合作企业	0	0
联营经济	0	0
有限责任公司	7	8
股份有限公司	72	81
私营企业	1	6
外资企业	3	3
其他	1	0

从东北地区第二产业的总体发展情况来看，虽然东北地区工业企业内部结构逐渐趋近合理，工业企业数量趋近平稳，但是东北地区的工业总体发展规模稳中有降，工业发展速度不断下降。此外，东北地区各种工业所有制企业稳定发展，私营企业和股份制企业发展较为迅速，工业市场发展活力稳步提升。

5.2.4　东北地区第三产业内部结构现状

本节从劳动力、投资两个角度出发，对第三产业内部各产业的发展状态进行分析，以发现东北地区第三产业发展中存在的问题，从而采取一定措施推动东北地区第三产业的发展。

（1）劳动力结构。从图5－10可以看出，近年来辽宁省第三产业内部部分行业就业人数有小幅度的下滑。其中，批发和零售业，科学研究、技术服务业，水利、环境和公共设施管理业，教育业就业人数下滑较为明显。从就业规模来看，辽宁省第三产业的总体规模变化幅度较小，第三产业吸纳就业能力较弱。

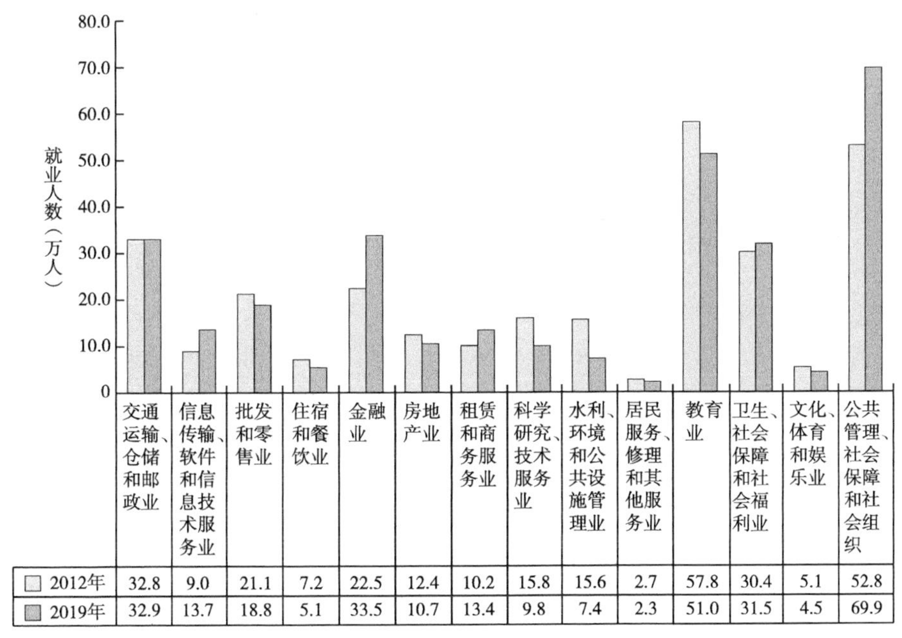

	交通运输、仓储和邮政业	信息传输、软件和信息技术服务业	批发和零售业	住宿和餐饮业	金融业	房地产业	租赁和商务服务业	科学研究、技术服务业	水利、环境和公共设施管理业	居民服务、修理和其他服务业	教育业	卫生、社会保障和社会福利业	文化、体育和娱乐业	公共管理、社会保障和社会组织
2012年	32.8	9.0	21.1	7.2	22.5	12.4	10.2	15.8	15.6	2.7	57.8	30.4	5.1	52.8
2019年	32.9	13.7	18.8	5.1	33.5	10.7	13.4	9.8	7.4	2.3	51.0	31.5	4.5	69.9

图5－10　辽宁省第三产业内部各行业就业人数变化

由图5－11可知，吉林省除住宿和餐饮业，水利、环境和公共设施管理业以及文化、体育和娱乐业就业人数下降外，其他行业就业人数都呈现上升趋势或平稳发展趋势。其中，金融业，公共管理、社会保障和社会组织就业人数增长较多。从横向比较来看，吉林省第三产业的就业吸纳能力与辽宁省基本持平，有一定程度的提升，第三产业的整体发展潜力较好。

由图5－12可知，黑龙江省第三产业的就业吸纳能力低于辽宁省高于吉林省。同时，黑龙江省第三产业内部各行业就业变化趋势与辽宁省类似，其中，批发和零售业，住宿和餐饮业，科学研究、技术服务业，水利、环境和公共设施管理业，居民服务、修理和其他服务业，教育业以及文化、体育和娱乐业就业人数出现明显下滑，房地产业就业人数出现小幅下滑，其余各行

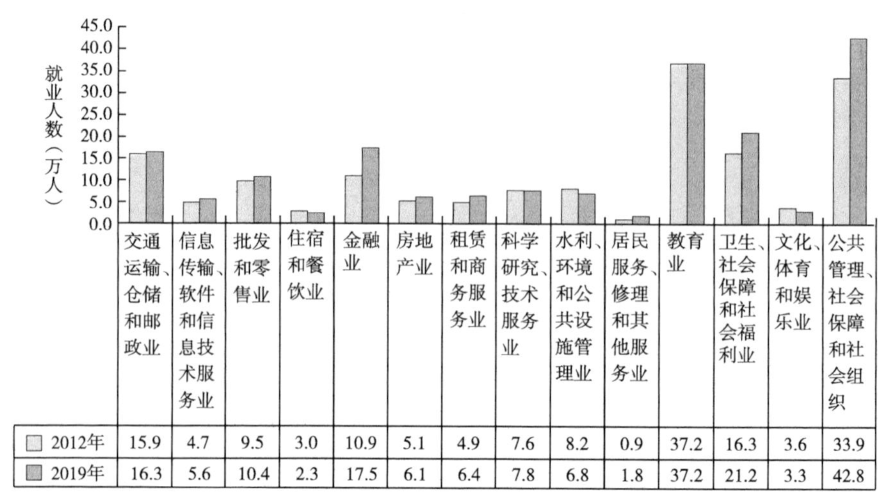

图5－11　吉林省第三产业内部各行业就业人数变化

业就业人数均有不同程度上升。从整体上看，黑龙江省第三产业内部各行业发展规模较小，对于经济的拉动能力较弱。因此，第三产业内部结构调整是黑龙江省产业结构调整的重点。

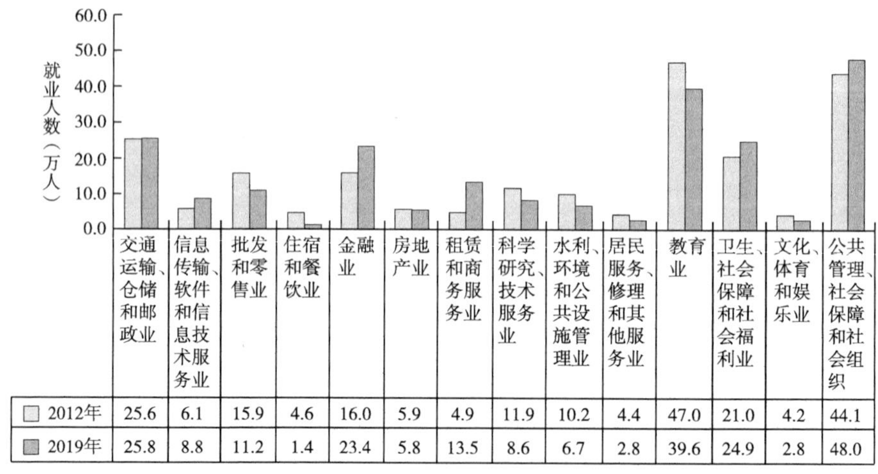

图5－12　黑龙江省第三产业内部各行业就业人数变化

（2）投资结构。调整投资结构是调整产业内部结构的重要途径。因此，对第三产业内部投资结构变化进行分析有助于了解第三产业发展趋势。表5－13、表5－14、表5－15分别表示2012年至2019年东北地区三个省份第三产业固定资产投资额及增长率的变化情况。

表 5－13　　辽宁省第三产业固定资产投资额及增长率　　（单位：亿元）

产业＼年份	2012	2013	2014	2015	2016	2017	2018	2019	年均增长率（%）
第三产业	11812.6	14173.2	13661.2	9913.1	4245.8	4201.0	4169.7	4291.2	－13.5
交通运输、仓储和邮政业	1070.1	1582.4	1808.5	1263.6	661.2	602.0	490.0	384.7	－13.6
信息传输、软件和信息技术服务业	133.1	122.5	213.1	202.6	63.1	56.0	42.5	74.9	－7.9
批发和零售业	763.1	1040.5	1060.0	848.7	217.1	113.4	66.0	65.1	－29.6
住宿和餐饮业	428.5	498.3	406.8	296.4	74.2	72.9	40.7	30.4	－31.5
金融业	63.9	159.5	106.0	71.7	13.0	12.9	7.0	9.3	－24.1
房地产业	6006.7	6910.4	5789.7	3797.3	2255.7	2421.8	2736.6	2988.3	－9.5
租赁和商务服务业	369.8	400.5	557.7	343.5	93.1	95.1	63.6	92.4	－18.0
科学研究、技术服务业	161.2	194.9	261.0	246.7	44.0	30.2	24.4	35.3	－19.5
水利、环境和公共设施管理业	1677.4	2233.4	2459.3	2081.9	505.2	449.5	414.9	368.4	－19.5
居民服务、修理和其他服务业	210.1	208.1	211.9	138.9	49.0	29.8	21.3	19.3	－28.9
教育业	196.2	236.2	254.4	178.4	57.9	79.9	75.1	68.3	－14.0

续 表

产业＼年份	2012	2013	2014	2015	2016	2017	2018	2019	年均增长率（%）
卫生、社会保障和社会福利业	161.9	144.8	127.4	125.5	66.0	91.7	78.3	71.3	-11.1
文化、体育和娱乐业	282.6	280.7	254.0	181.7	83.6	96.0	62.7	47.6	-22.5
公共管理、社会保障和社会组织	287.9	161.2	151.4	136.4	62.8	50.0	46.6	36.0	-25.7

数据来源：《辽宁统计年鉴》。

由表5-13可以看出，辽宁省第三产业固定资产投资额在2013年有小幅提升，但从2014年开始呈现下跌趋势，2016年第三产业固定资产投资额下降率达到57.2%。截至2019年，辽宁省第三产业固定资产投资额年均下跌幅度为13.5%。总的来看，第三产业各行业固定资产投资额也都出现不同程度的下跌。其中，批发和零售业，住宿和餐饮业，金融业，居民服务、修理和其他服务业，文化、体育和娱乐业，公共管理、社会保障和社会组织下跌最为明显，年均下跌幅度超过20%。这表明辽宁省第三产业固定资产投资额总体呈下跌趋势，第三产业整体发展态势较差。

表5-14　吉林省第三产业固定资产投资额及增长率　（单位：亿元）

产业＼年份	2012	2013	2014	2015	2016	2017	2018	2019	年均增长率（%）
第三产业	3970.6	4116.8	4423.6	5053.3	5928.5	5977.2	5771.7	5047.1	3.5
交通运输、仓储和邮政业	547.3	586.7	779.0	961.3	1170.0	1211.7	1076.0	1057.7	9.9

续　表

产业＼年份	2012	2013	2014	2015	2016	2017	2018	2019	年均增长率（%）
信息传输、软件和信息技术服务业	69.7	60.2	112.7	191.2	226.2	396.0	265.3	176.4	14.2
批发和零售业	410.9	424.1	501.9	594.4	748.1	554.7	334.5	174.6	-11.5
住宿和餐饮业	104.7	82.6	101.1	104.3	154.3	183.6	123.7	100.0	-0.7
金融业	14.5	20.9	56.7	36.7	68.5	70.1	7.1	1.5	-27.8
房地产业	1545.3	1507.2	1297.3	1196.0	1251.2	1184.7	1484.4	1661.1	1.0
租赁和商务服务业	48.1	69.8	116.4	196.9	266.9	293.4	295.5	171.1	19.9
科学研究、技术服务业	59.7	80.4	123.8	119.0	150.8	138.3	229.3	186.4	17.7
水利、环境和公共设施管理业	760.5	826.0	819.8	938.8	1161.3	1268.6	1135.4	1055.9	4.8
居民服务、修理和其他服务业	59.6	55.5	76.9	86.5	106.0	108.9	91.5	51.2	-2.1
教育业	66.1	76.0	116.0	111.5	123.9	168.1	188.8	147.8	12.2
卫生、社会保障和社会福利业	69.6	71.7	84.4	112.8	145.4	144.3	222.7	112.7	7.1
文化、体育和娱乐业	83.4	92.8	80.7	112.5	107.8	156.1	156.7	115.8	4.8
公共管理、社会保障和社会组织	131.2	162.9	156.9	291.4	248.1	98.7	160.9	34.9	-17.2

数据来源：《吉林统计年鉴》。

表 5－15　黑龙江省第三产业固定资产投资额及增长率　（单位：亿元）

产业＼年份	2012	2013	2014	2015	2016	2017	2018	2019	年均增长率（%）
第三产业	4619.2	5543.3	5157.5	5226.0	5500.1	5743.1	4955.9	5121.5	1.5
交通运输、仓储和邮政业	519.3	544.8	733.0	995.0	1134.7	1200.5	912.4	1031.9	10.3
信息传输、软件和信息技术服务业	124.6	136.0	169.4	164.7	229.2	252.6	249.6	212.6	7.9
批发和零售业	329.6	620.1	501.7	596.1	638.1	838.2	684.0	474.7	5.3
住宿和餐饮业	91.5	138.1	201.9	179.7	232.5	248.4	147.1	125.9	4.7
金融业	31.6	26.2	29.0	32.0	64.8	40.3	33.4	26.4	－2.6
房地产业	2004.9	2136.6	1687.4	1345.4	1190.1	1061.0	1152.2	1159.2	－7.5
租赁和商务服务业	84.2	165.6	153.3	180.1	258.7	290.3	165.5	133.7	6.8
科学研究、技术服务业	83.5	122.6	92.3	125.3	194.3	241.7	367.1	507.4	29.4
水利、环境和公共设施管理业	787.8	949.9	926.1	922.5	864.5	845.4	680.5	986.1	3.3
居民服务、修理和其他服务业	54.8	76.6	60.0	89.1	102.4	134.2	120.5	60.6	1.5
教育业	103.4	186.0	135.8	161.9	164.2	159.5	121.4	145.3	5.0
卫生、社会保障和社会福利业	78.6	130.9	141.8	130.3	156.9	175.6	201.6	139.3	8.5
文化、体育和娱乐业	135.7	114.6	107.8	155.1	146.7	142.0	67.6	68.2	－9.4
公共管理、社会保障和社会组织	189.7	195.3	218.0	148.8	123.0	113.4	53.0	50.3	－17.3

数据来源：《黑龙江统计年鉴》。

从表5－14可以看出，吉林省第三产业固定资产投资额总体情况较好，2012年至2019年总体表现为上升趋势。从具体行业上看，租赁和商务服务业固定资产投资额年均增长率最高，增幅为19.9%，这表明吉林省租赁和商务服务业发展前景较好，有大量的资金投入；科学研究、技术服务业固定资产投资额年均增长率排名第二；信息传输、软件和信息技术服务业固定资产投资额年均增长率排名第三。这表明吉林省科学研究、技术服务和计算机软件相关企业正处于快速发展阶段，年均投资增长较快，产业规模正在逐步扩大。整体上看，吉林省第三产业发展速度高于辽宁省，固定资产投资额增长幅度较大。

从表5－15可以看出，2012年至2019年黑龙江省第三产业固定资产投资额总体呈现上涨趋势。从单个行业的固定资产投资额来看，科学研究、技术服务业的固定资产投资额年均上涨幅度最大，增幅为29.4%。在第三产业内部的14个行业中，有4个行业固定资产投资额呈现下降趋势，其余各行业的固定资产投资额均呈现上涨趋势。从固定资产投资的状况来看，黑龙江省第三产业整体发展前景较好，产业发展具有较强的后劲和活力。

5.3　东北地区产业发展存在的问题

本节基于东北地区产业发展规模、产业结构以及第二、第三产业内部各行业发展情况进行分析，从而总结出东北地区现阶段产业发展中存在的问题，为后续推动东北地区与“一带一路”沿线国家跨空间产业联动发展奠定坚实的实践分析基础。

5.3.1　产业结构布局不合理

产业结构布局不合理的主要原因是，东北老工业基地三次产业结构严重失衡。新中国成立后，东北地区根据自身优势，将自身定位为工业导向型的产业发展结构。因此，无论是在政策导向还是资源的调配上，东北地区都倾向于工业产业发展，这也就导致了东北地区产业结构失衡。目前，东北地区重工业化发展的主要问题在于工业整体实力较为落后。

首先，虽然近年来在东北老工业基地振兴政策的指引下，东北产业链有了一定程度的完善和延长，但受重工业化发展的传统观念制约，东北地区对于第三产业的发展关注度仍然较低，并没有认识到服务业对于地区经济发展的重要作用。从表 5－1、5－2 的数据分析结果可以看出，虽然东北地区服务业占比达到 50%，但是其服务业发展的总体规模和水平仍然滞后于我国沿海发达省份。2019 年，辽宁省产业结构中，第一产业、第二产业、第三产业增加值占 GDP 的比重比值为 8.7∶38.3∶53.0；2019 年吉林省三次产业增加值的占比分别为 11.0%、35.3%、53.8%；而 2019 年黑龙江省三次产业增加值的占比分别为 23.4%、26.6%、50.1%。所以，通过东北三省三次产业增加值占比的横向比较可以看出，2019 年东北三省的服务业占比低于全国平均水平（53.9%）。

其次，从第二产业内部结构看，东北地区重化工业发展比重较大，轻工业的发展较为滞后。例如，辽宁省 2019 年装备制造业以及石化工业产值总量约为全省工业产值总量的 60%；吉林省汽车制造业以及相关装备制造业的产值占吉林省第二产业总产值的 50% 以上；黑龙江省石化工业以及相关能源产业的产值占比达到 70%。由此可见，东北地区第二产业的发展主要依靠传统优势产业来拉动。然而近年来，随着沿海地区发展水平的不断提升，东北地区重化工业的优势地位逐渐丧失，因为其技术研发水平以及产品质量缺乏比较优势。

最后，东北地区的高新技术产业发展也较为滞后。2013 年，东北地区高新技术产业的增长速度均值为 27%，而这一速度在 2019 年下降至 5%，已经远远落后于全国平均水平。事实上，高新技术产业是传统制造业升级的重要支撑，因此东北地区工业和制造业发展方式的转变和升级，仍然缺乏内生动力。

5.3.2 产业内部发展失衡

根据上文的数据分析，尽管东北三省在历史上被称为“东北老工业基地”，但其自身产业结构也呈现出不同的特征：辽宁省主要表现在服务业发展较快，但第三产业的发展并没有对全省经济起到拉动作用；吉林省工业结构过于单一，农业和服务业缺少发展活力；黑龙江省在农业发展方面投入了较多的精力，其工业产业的产品生产同质化问题较为严重。通过对比研究，三个省份的产业发展失衡情况具体表现如下：

首先，辽宁省服务业增长速度过于迅猛，对实体工业的出口和消费造成挤压。2019 年，辽宁省第一产业、第二产业、第三产业的占比分别为 8. 7%、38. 3%、53. 0%，其中第三产业相较于 2015 年第三产业平均占比（46. 2%），提高了 6. 8%；第二产业占比由 2015 年的 45. 5% 下降到 2019 年的 38. 3%。由此可见，辽宁省第三产业增速较快，在全省 GDP 中的比重在逐年增加。但从另一个角度来看，辽宁省第三产业的快速增长带来了产业结构的快速调整，消费者和相关实体企业短时期内并没有适应这种剧烈变化，从而不利于辽宁省产业结构平稳、健康的发展。此外，辽宁省服务业的过快增长也遮掩了农业和工业发展中所产生的问题，从而不利于辽宁省对其产业发展问题做出快速、及时的反应。我们可以从产业内部相关数据来论证此现象。如从辽宁省第二产业内部的相关数据来看，第二产业内部仍旧存在发展不均衡现象。从辽宁省第二产业内部各行业的产值来看，装备制造业在工业总产值中的比重超过 50%，其中通用设备制造业在全国领先，金属切削机床的产值占全国总产值的 20%，然而其他工业产业却发展滞后。从地区发展情况来看，辽宁省工业内部发展不均衡的现象在沈阳和大连表现得尤其明显。其中，沈阳市的机床制造以及电子装备制造产业是该城市的支柱性产业，其中金属切削机床的产值占全省总产值的 60%；而大连市的经济发展主要依靠船舶制造业、制冷装备制造业。

其次，吉林省汽车相关产业“一家独大”，严重制约产业结构的均衡发展。吉林省的产业发展特点在于其重工业的发展基础较为雄厚。从 2010 年至 2019 年的数据资料来看，吉林省自 2010 年起，第二产业在全省 GDP 的比重均高于 50%；2018 年吉林省经济下滑，但第二产业占比仍然高达 42. 5%，当年全国第二产业平均水平为 39. 7%。由此可见，吉林省工业在全省经济中的占比过高，在一定程度上显示出其产业结构存在问题。第一，由于特定的历史因素，吉林省工业化发展迅速，再加上国有企业的生产规模较大，因此目前吉林省经济发展较为依赖传统产业发展模式。究其原因，政府在当地的产业选择和发展中仍旧起着主导作用，但对于企业的监管手段陈旧落后，很大程度上制约了产业的发展。第二，在吉林省第二产业发展中，交通运输设备制造业占比较大。吉林省已经形成了以长春市为中心的汽车产业制造体系，其汽车制造、铁路客车制造的技术水平和规模均处于全国前列。但由于2015年以来，国内汽车市场发展疲软，相关制造企业的技术水平也没有得到实质性的提升，国际市场的需求也逐渐减少，因此吉林省的汽车制造业受到了一定的打击，其增长速度年均下降约10%。当前，吉林省汽车产业供需矛盾进一步加深，市场竞争程度日益提升，这些都给吉林省汽车产业的转型发展带来了更大的压力。

最后，在黑龙江省经济总量中，农业占比较大，工业所占比重较小，产业结构存在一定程度的不平衡。黑龙江省是我国重要的粮食主产区之一，农业在黑龙江省产业中具有极为重要的地位。新中国成立以来，黑龙江省产业结构调整滞后现象一直存在。如2019年，黑龙江省三次产业的占比分别为23.4%、26.6%、50.1%。近年来，黑龙江省第一产业所占比重持续上升，这也进一步表明黑龙江省工业发展的速度较慢，工业高级化进程受阻。这是因为黑龙江省地广人稀，土地资源较为丰富，以及地方政府对农业发展较为重视并给予了农业较多的优惠政策，因此黑龙江省农业得到了迅速发展。

5.3.3 民营经济力量薄弱，国有企业积弊严重

由于历史原因，目前东北地区国企数量巨大，国有经济比重较高。2019年，黑龙江省、吉林省和辽宁省的国有经济占比大幅高于全国平均水平。以黑龙江省为例，2019年黑龙江省企业法人单位数为193326家，其中2506家为国有企业法人单位，占全省企业法人单位总数的1.3%；规模以上国有企业单位数占比超过70%，远高于全国平均水平。尤其是黑龙江省主要支柱性产业是石油化工产业，而大庆市作为黑龙江省原油的主要生产基地，对于全省的工业有着重要的支撑作用。这在很大程度上可以反映出黑龙江省经济结构单一，资源型经济、国有经济比重过高的现实。

长期以来，东北三省的经济失衡已经成为常态，国有经济占比一直高于民营经济。一方面，国有经济在一定程度上挤压了民营经济发展的空间，而国有经济由于缺少民营经济的辅助与支撑，负担过重，难以“减负”前行；另一方面，国有经济占比过高，也难以激发民间资本的活力和创造力，这也成为东北地区经济难以转型发展的重要原因之一。根据相关数据，东北地区各省工业经济的产出中，国有经济占比较低，这反映出国有经济的体量虽大，

但国有经济的产出效率极低，使得东北地区背上了沉重的包袱。

总体来看，东北地区国有资产的规模较大、占比较高，并且规模在进一步扩大，而黑龙江省是表现最为典型的省份。数据显示，“十三五”期间，黑龙江省国有资产总量相较于“十一五”期间连翻两番，而东南沿海其他省份的国有资产份额几乎稳定在原有水平。然而，从营业利润与收入层面来看，虽然东北地区的营业收入呈现上涨趋势，但低于资产总额的增长速度。这就导致东北地区国有企业的营业利润率较低，多数国有企业还呈现出连年下滑的态势。仍以黑龙江省为例，全省所有国有企业的利润总额从2009年的41亿元下降到2019年的11.5亿元，反映出黑龙江省大多数国有企业盈利能力较低的现实。

在没有强大民营经济作为基础支撑的条件下，东北地区过度单调的经济所有制结构直接导致国有经济缺乏灵活性的劣势更加凸显。在东北三省的工业城市中存在很多这样的典型案例。例如辽宁省的鞍山市、吉林省的长春市以及黑龙江省的大庆市，这些城市都具有一个共同特点，就是一到两个国有重工业企业掌握了整个城市的经济命脉，并决定了城市的经济发展走向。这些国有重工业企业往往具有较强的垄断性，不仅作为当地的主要经济主体，还承担了劳动力就业等重要社会职能。同时，地方政府为了完成地方生产总值的经济目标，经常会对这些具有高度垄断性的企业持续提供巨额投资。这样的投资强度虽然在一定程度上确实会起到拉动经济增长的作用，但是也会进一步加剧国有重工业企业的垄断性。因此，单一和集中的投资往往会带来更大的风险，一旦这些垄断企业经营发展处于困境，就会给当地经济带来致命性的打击，甚至会导致该城市的经济发展从此一蹶不振，丧失经济活力。

第六章 “一带一路”背景下东北地区产业发展面临的机遇与挑战

“一带一路”建设使得我国各区域的发展条件都发生了巨大变化，各区域传统的比较优势会因更大的国际视角而发生变化。因此，如何准确厘清我国各经济区域在“一带一路”建设格局中所形成的新环境、新定位，是本书研究的重要逻辑前提和基础。所以本章将系统分析“一带一路”建设对我国东北地区发展环境的重要影响，主要包括“一带一路”背景下东北地区产业发展的战略意义及板块定位、东北地区产业发展面临的机遇和挑战。

6.1 我国与“一带一路”沿线国家经济合作现状

“一带一路”倡议连接亚洲、欧洲和非洲，涉及 140 多个国家和 30 多个国际组织。自“一带一路”倡议实施以来，我国与沿线国家展开了全方位的经济合作，取得了显著的成绩。为更好地阐释我国与沿线国家的国际经济合作，同时体现国际经济合作的区域特征，本节根据“一带一路”沿线国家的政治、经济和文化差异，将“一带一路”沿线具有代表性的国家分为东亚板块、南亚板块、中东板块以及东欧板块，并在此基础上，介绍“一带一路”倡议实施以来我国与沿线国家的国际经济合作趋势。

6.1.1 我国与“一带一路”东亚板块沿线国家的贸易情况

近年来，“一带一路”东亚板块沿线国家与我国在双边贸易合作领域一直保持着良性互动。从图 6－1 中可以看出，在进口方面，2013 年中国从东亚板块沿线国家的进口贸易额为 686.48 亿美元；2019 年，累计为 1259.13 亿美元，相比 2013 年增长了 83.42%。从图中增速曲线来看，我国与东亚板块沿

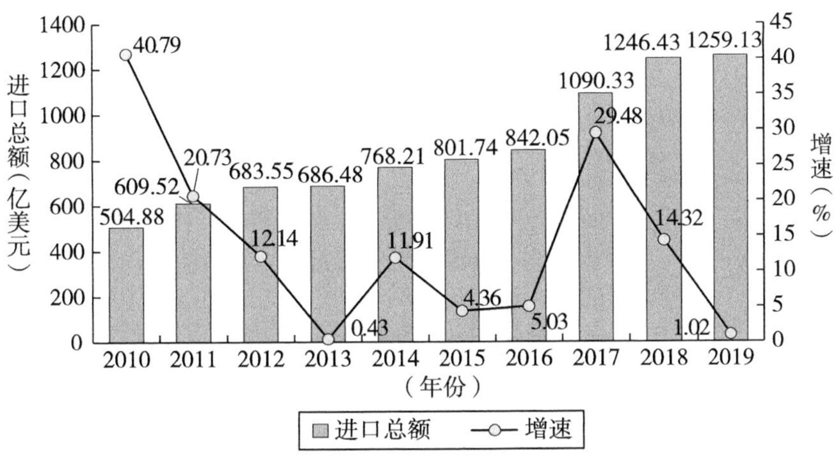

图6-1 我国与东亚板块沿线国家进口贸易额变动趋势

数据说明：作者根据《中国统计年鉴（2011—2020）》整理所得。

线国家进口贸易额虽然增速有所波动，但是整体呈较快上升趋势。这充分反映出，我国作为超大规模消费市场对东亚板块国家的经济增长实现了带动作用。

从图6-2中可以看出，在出口方面，2013年我国向东亚板块沿线国家的出口贸易额累计为1167.83亿美元；2019年出口贸易额累计为1954.01亿美元，相比2013年增长了67.32%。从各年份贸易数据上看，除2016年我国向东

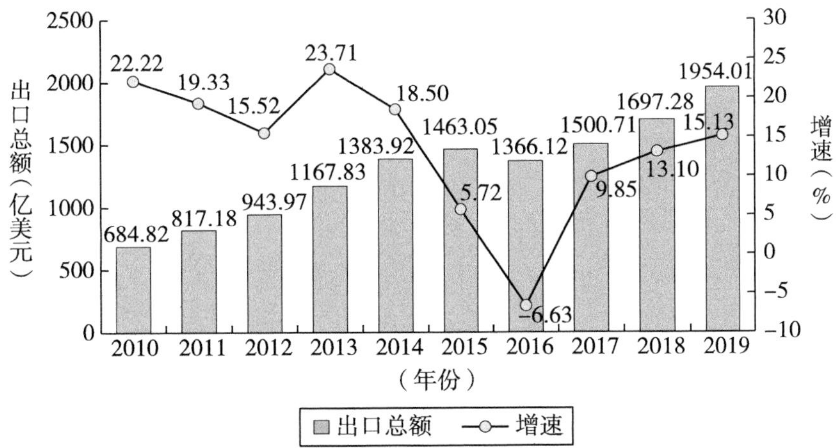

图6-2 我国与东亚板块沿线国家出口贸易额变动趋势

数据说明：作者根据《中国统计年鉴（2011—2020）》整理所得。

亚板块沿线国家贸易出口总额有所微降外，其他年份均呈现上升趋势，尤其是在“一带一路”倡议提出之后，增速明显提高。这也进一步说明“一带一路”倡议促进了我国与东亚板块沿线国家的贸易联系。

从我国与东亚板块沿线国家的贸易进出口额上看，我国与东亚板块沿线国家在2013年至2015年的进口贸易总额整体呈上升趋势；2016年我国贸易总额出现小幅下降；而2017年至2019年又呈现上升趋势。

6.1.2 我国与“一带一路”南亚板块沿线国家的贸易情况

近年来，我国与“一带一路”南亚板块沿线国家的贸易合作整体虽然有所浮动，但趋势良好。从图6-3中可以看出，在进口贸易方面，我国对南亚板块沿线国家的贸易进口额在2013年累计为599.49亿美元，2019年累计为745.68亿美元，相对于2013年的贸易进口额，增长幅度达到24.39%。从图中增速曲线可以看出，我国与南亚板块沿线国家的进口贸易虽有所浮动，且部分年份出现负增长，但整体趋势向好。尤其是在“一带一路”倡议实施之后，2015年我国与南亚板块沿线国家的进口贸易增速较快。

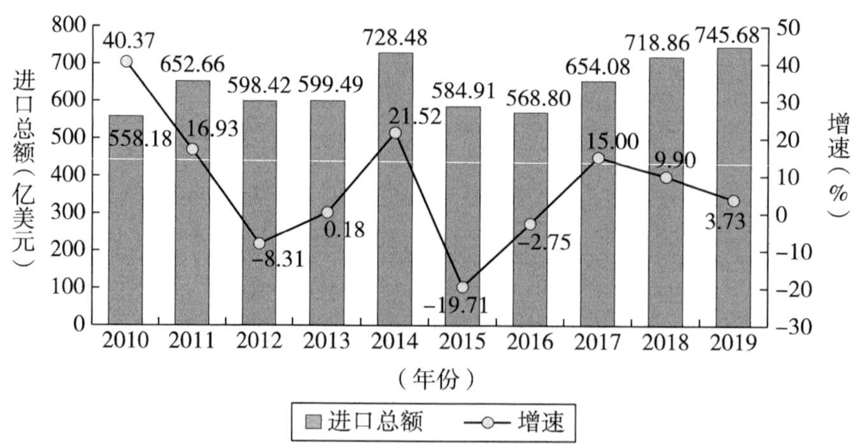

图6-3　我国与南亚板块沿线国家进口贸易额变动趋势

数据说明：作者根据《中国统计年鉴（2011—2020）》整理所得。

在出口方面，我国对南亚板块沿线国家的贸易出口趋势一直保持着良好态势。从图6-4中可以看出，2013年累计出口总额为992.86亿美元，2019

年累计为 1480.49 亿美元，与 2013 年相比增长幅度为 49.11%。2013 年至 2015 年，我国对南亚板块沿线国家的贸易出口总额不断增加，但增速较低；2016 年出现小幅下降；2017 年至 2019 年呈现上升趋势。

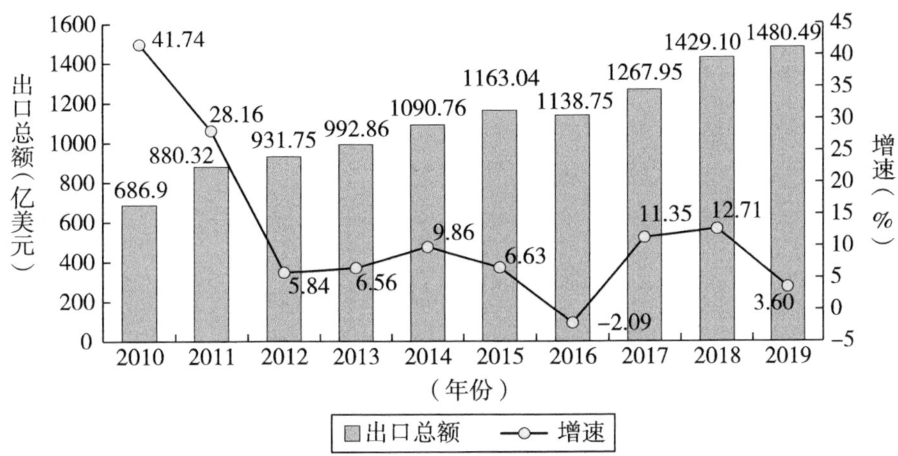

图 6-4 我国与南亚板块沿线国家出口贸易额变动趋势

数据说明：作者根据《中国统计年鉴（2011—2020）》整理所得。

在进出口贸易总额方面，我国与南亚板块沿线国家进出口贸易总额存在小幅波动，但整体呈上升趋势。具体来看，2016 年进出口贸易额出现小幅下降，2017 年至 2019 年进出口贸易额呈现上升趋势。从具体国别上看，不同南亚板块沿线国家与我国贸易进出口总额也有所不同。其中，印度在我国与南亚板块沿线国家的进出口总额中占绝对比重，而其他南亚板块沿线国家因经济体量较小，因而与我国贸易总量也相对较小。从这个角度来看，我国与南亚板块沿线国家的整体进出口贸易情况主要取决于印度。

6.1.3 我国与“一带一路”中东板块沿线国家的贸易情况

近年来，“一带一路”中东板块沿线国家与我国贸易额呈现出先增后减的趋势。由于国际大宗商品价格低迷，中东地区安全风险扩散，给我国与中东国家的贸易带来了巨大挑战。我国对中东板块沿线国家贸易进口、出口以及进出口总额在 2015 年均出现负增长。

从图 6-5 中可以看出，在进口方面，我国与中东板块沿线国家贸易进口额在 2013 年为 2566.68 亿美元，2019 年进口贸易额为 2904.35 亿美元，相对于2013年增幅达到13.16%。我国与中东板块沿线国家进口贸易额总体上呈现先下降后上升的趋势。

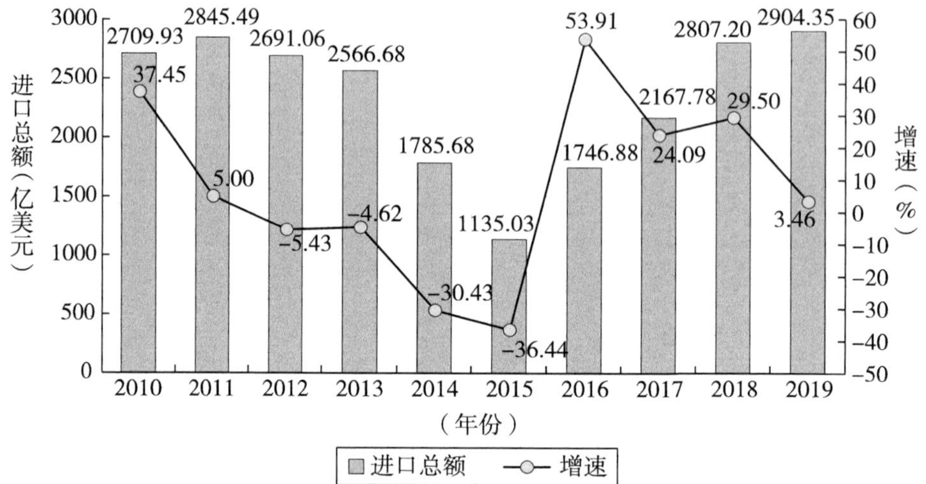

图6－5　我国与中东板块沿线国家进口贸易额变动趋势

数据说明：作者根据《中国统计年鉴（2011—2020）》整理所得。

在出口方面，我国与中东板块沿线国家出口贸易额虽然整体呈上升趋势，但波动较大。从图6－6中可以看出，我国对中东板块沿线国家2013年出口贸易额为2532.20亿美元，2019年出口贸易额为2953.63亿美元，相比2013年增幅为16.64%。

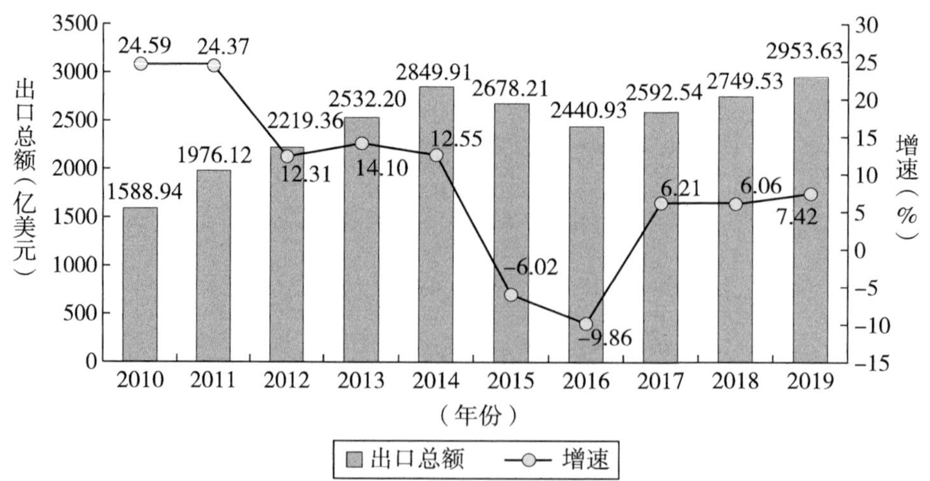

图6－6　我国与中东板块沿线国家出口贸易额变动趋势

数据说明：作者根据《中国统计年鉴（2011—2020）》整理所得。

在进出口贸易总额方面，我国与中东板块沿线国家进出口贸易总额整体呈上升趋势，但2015年进出口贸易额有所下降，呈现负增长。需要指出的是，尽管2016年我国对中东板块沿线国家出口总额呈现负增长，但是由于同年度进口总额增加幅度较大，因此2016年进出口贸易额呈现上涨趋势。从具体国别上看，沙特阿拉伯和伊朗等国家是我国与中东板块沿线国家进出口贸易的主要国家，这些国家与我国进出口贸易量相对较大；而伊朗与我国进出口贸易受国际政治形势影响最为严重。

6.1.4 我国与“一带一路”东欧板块沿线国家的贸易情况

从图6－7可知，近年来，我国与“一带一路”东欧板块沿线国家的进出口贸易额总体呈上升趋势。在进口方面，我国与东欧板块沿线国家2013年进口贸易额为582.42亿美元，2019年进口贸易额为913.72亿美元，增长幅度为56.88%。“一带一路”建设以来，仅在2013年、2015年和2016年我国对东欧板块沿线国家进口贸易为负增长，其他年份都出现了较快增长。在“一带一路”倡议提出之后，2014年我国与东欧板块沿线国家的进口贸易得到了较快增长。

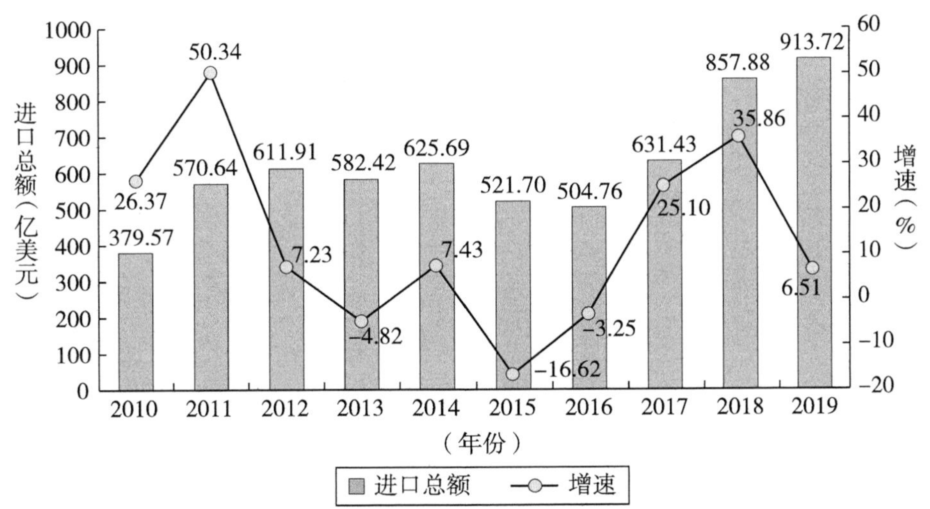

图6－7 我国与东欧板块沿线国家进口贸易额变动趋势

数据说明：作者根据《中国统计年鉴（2011—2020）》整理所得。

从图6-8可知，在出口方面，我国与东欧板块沿线国家2013年出口贸易额为999.27亿美元，2014年突破千亿美元大关，累计达到1047.45亿美元，2019年出口贸易额为1236.00亿美元，相对于2013年增长幅度为23.69%。“一带一路”建设以来，我国与东欧板块沿线国家出口贸易额仅在2015年出现下降，整体呈上升趋势，增长幅度也大于“一带一路”倡议提出之前。

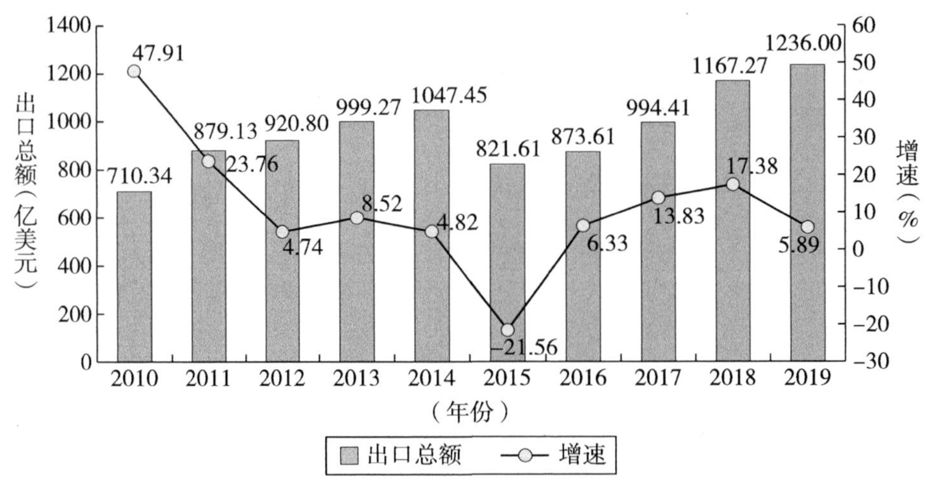

图6-8　我国与东欧板块沿线国家出口贸易额变动趋势

数据说明：作者根据《中国统计年鉴（2011—2020）》整理所得。

在进出口贸易总额方面，我国与东欧板块沿线国家贸易总额略有波动，总体上较为稳定，并呈上升趋势。但2015年我国对东欧板块沿线国家，无论是在出口贸易总额还是在进口贸易总额上均出现下降，进出口贸易总额整体下降了19.71%，是2010年以来唯一的一次下降，且降幅较大。从具体国别上看，2013年至2019年不同东欧板块沿线国家与我国的贸易额变动趋势仍有不同。其中，波兰、罗马尼亚、乌克兰是我国在东欧板块沿线国家中的主要贸易伙伴，而俄罗斯是我国最大的贸易伙伴。

6.2 “一带一路”背景下东北地区产业发展的战略意义及定位

“一带一路”倡议为东北地区发展带来了切实的好处，可以说东北地区迎来了再次振兴的重大战略机遇。在传统的国内产业布局视角下，东北地区的产业发展定位于基础能源产业方面，主要为全国的产业及经济发展提供能源和原材料等基础物资。但随着“一带一路”建设的推进，东北地区的产业发展必然会在更开放的国际视角下，在全球化的大背景下进行重新定位。

6.2.1 “一带一路”背景下东北地区产业发展的战略意义

“一带一路”可以促进东北地区生产要素流动，增加企业与政府的活力。“一带一路”所带来的国际贸易机遇，很大程度上也会加速东北地区的开放进程。这对东北地区战略性新兴产业发展以及传统产业结构转型升级都具有明显的促进作用。可以说，积极与“一带一路”建设对接，是东北地区发展的内在要求。

首先，“一带一路”建设有利于东北地区提高对外开放水平，进一步深化国际经济合作。东北地区位于东北亚核心，连接朝鲜、日本、韩国、俄罗斯等国家，具有极好的区位优势。然而近年来，东北地区对外贸易却未能显著提高。2003 年至 2019 年，东北地区的国际贸易水平由 24.7% 下降到 14.6%，远低于国家总体对外贸易水平。与此同时，受全球经济增长放缓影响，东北地区的出口贸易也遭受了一定程度的冲击。而“一带一路”倡议的提出为东北地区走出对外贸易低谷提供了良机。因此“一带一路”倡议有利于充分发挥东北地区沿边优势，也有利于东北地区进一步开拓东北亚国际市场。

其次，“一带一路”沿线国家的市场需求也将促进东北地区供给市场的进一步调整，从而加快东北地区供给侧结构性改革进程。供给侧结构性改革的主要目标是通过对过于庞大的落后产能进行逐步淘汰，并通过有序引入和发展战略性新兴产业来实现产业能级的提升和转型升级。“一带一路”建设可以在沿线国家间重新进行资源配置，最大限度上利用经济发展的互补性。随着“一带一路”建设进程的不断推进，我国与“一带一路”沿线国家的相关合作也会进一步深入，有利于东北老工业基地相关产业的过剩产能向沿线发展中国家转移。与此同时，“一带一路”沿线的发达国家市场需求也为东北经济结构调整带来了难得的契机。因此，如何在“一带一路”建设背景下进行国际产能合作并实现产业转型升级，是东北地区对接“一带一路”建设的重要内容。

最后，“一带一路”建设有利于加速东北地区的改革进程。作为我国早期的重工业基地，东北地区在改革开放之后的改革压力和意愿相对较低。一是由于东北地区依靠其新中国成立初期的重工业发展基础以及丰富的矿藏资源维持了较长时期的经济增长，因此，东北地区改革的压力相对不足。二是随着我国对外开放水平的不断提高以及全球产业链和供应链的形成，缺乏竞争意识的东北地区的发展水平逐渐落后于全国发展水平。对粗放型传统重工业的过度依赖导致东北地区发展路径异常窄小，错过了20世纪90年代的黄金发展时期。而由此带来的产业结构层次低、企业运营僵化等问题又制约了东北地区产业转型和升级的能力，进一步恶化了东北地区的经济环境。伴随着“一带一路”建设的深入，东北地区位于东北亚核心区位的优势，使得东北具有全新的国际经济合作空间。这将有力地加速东北地区改革的进程，从而推动东北地区产业结构的优化升级。

6.2.2 “一带一路”背景下东北地区产业发展的新定位

为积极对接“一带一路”建设，2016年中共中央、国务院出台了《中共中央国务院关于全面振兴东北地区等老工业基地的若干意见》，明确指出到2030年前后，东北地区将成为全国重要的经济支撑带，具有国际竞争力的先进装备制造业基地和重大技术装备战略基地，国家新型原材料基地，现代农业生产基地和重要技术创新与研发基地。“一带一路”为东北地区产业发展提供了更广阔的国际合作空间。东北地区地处东北亚的核心地带，是中国面向东北亚和东南亚的开放窗口，应不断加强与东北亚国家在先进装备制造业、新型原材料产业等领域合作。事实上，东北亚国家一直是我国的重要国际经济合作伙伴。俄罗斯远东地区毗邻我国东北地区，与东北地区一直有着密切的产能合作，对我国东北地区轻工业产能有着极大的市场需求；而东北地区毗邻的韩国和日本则是我国国际贸易的重要合作伙伴。因此，我国东北地区不仅是全国重要的经济支撑带，也是东北亚国家的重要经济支撑带。

6.3 “一带一路”背景下东北地区产业发展面临的机遇

“一带一路”建设为沿线国家提供了超大规模市场。“一带一路”沿线国家总人口占世界总人口40%以上，人口规模形成了巨大的消费潜力。

6.3.1 扩大产品市场的机遇

据有关部门统计，绝大多数“一带一路”沿线国家无论是经济增长率还是国际贸易规模都高于世界平均水平。

从表6－1中可以看出，“一带一路”部分沿线国家的经济发展正处于上升阶段，部分沿线国家的GDP增长率明显高于世界平均经济增长水平。这从一定程度上说明沿线国家的市场规模正在逐步扩大，居民购买力水平不断提高。因此，东北地区可以对接“一带一路”建设，通过与沿线国家开展积极的国际经济合作，以外部需求来引导自身的产业转型和升级。从政策环境来看，随着“一带一路”建设的不断深化发展，我国与沿线国家的政策环境也在不断改善。截至2020年9月，中国已与138个国家和31个国际组织签署了“一带一路”建设谅解备忘录，相关制度日益完善。同时，沿线国家媒体对于“一带一路”的宣传活动也为“一带一路”建设提供了良好的社会环境，这也为东北地区拓展市场提供了良好的条件。

表6－1 “一带一路”部分沿线国家2018年至2019年GDP及增长率

（单位：亿美元）

地区 \ 年份		2018	2019	增长率（%）
东亚	蒙古国	131	139	6.11
东南亚	新加坡	3732	3721	－0.29
	马来西亚	3586	3647	1.70
西亚	伊朗	4453	4540	1.95
	土耳其	7714	7544	－2.20
	以色列	3706	3947	6.50
南亚	印度	27132	28689	5.74
	巴基斯坦	3146	2782	－11.57
中亚	哈萨克斯坦	1793	1802	0.50
北亚	俄罗斯	16696	16999	1.81

续 表

地区 \ 年份		2018	2019	增长率(%)
中东欧	波兰	5871	5959	1. 50
	捷克	2450	2465	0. 61
世界经济总量		864090	877985	1. 61

数据来源：世界银行 WDI 数据库。

6. 3. 2 优化产业布局的机遇

从区位因素来看，我国沿海地区在经济发展过程中具有得天独厚的优势。目前我国东部省份 GDP 在全国 GDP 中占比高达 60%，主要 GDP 贡献城市均在沿海地区。然而，随着科技水平的提高和人工成本的增加，这些地区已经开始进行产业转型升级，新兴资本密集型和技术密集型产业正在逐渐成为东部沿海地区的支柱产业。东部地区自身的产业转型升级必然带来产业的转移和其他地区的产业承接。应该说，东北地区凭借深厚的产业基础，在此次产业转移中具有较好的产业承接优势。尤其是在部分转移产业中拥有一定的资源禀赋优势，因此在中国产业布局“北向转移”的过程中，东北地区能够进一步优化自身的产业结构。

此外，随着数字信息技术的进步和我国物流网络的发展，产品运输成本不断下降，我国运输效率明显提升。这也为我国各地区产业联动发展提供了极大的便利条件，使国内各地区经济发展能够更加紧密地联系在一起。东北地区应在“一带一路”建设的契机下，在全国产业布局优化的大背景下，进一步优化自身产业布局。一方面，东北地区可以借助自身优势，承接东部沿海地区转移的相关产业，进而优化自身产业结构，提升东北地区的整体经济实力；另一方面，东北地区可以借助“一带一路”的建设契机将原有的资源禀赋优势转变为生产优势，通过产业价值链高端攀升来实现东北经济的整体转型。

6. 3. 3 统筹内外资源的机遇

“一带一路”所提出的区域合作，是经济共赢共享的深层次合作，是有利于双方人民和国家的互惠合作。相对于发达国家来说，中国是发展中国家，具有后发优势，我国完全可以借鉴发达国家的发展经验，避免进入发达国家曾经走过的发展误区。相较于发展中国家来讲，中国又具有先发优势，我国发展阶段处于发展中国家前列，可以对其他发展中国家起到引领作用。在此背景下，东北地区可以利用上下游的多重优势以及内外多种资源来重新塑造国际竞争合作新平台。

（1）从宏观层面来看，统筹内外资源对于东北地区制造业转型升级具有重要意义。首先，在全球化发展的背景下生产要素流动阻碍越来越小，各个国家和地区都在踊跃加入全球价值链，希冀可以成为其中一环，并获得全球化生产所带来的好处。东北地区在加入全球价值链的过程中，一方面可以加深与国际市场的融合，向外输出优秀的制造业产能，扩大产业规模；另一方面可以从发达国家汲取经验，实现自身产业的升级。统筹内外资源一则可以为地区内部优势产业集中资源，形成规模效应，构建相应的生产体系，实现新兴产业的赶超；二则能够形成有序的对外贸易和产品输出，在国际分工中获得优势地位。其次，“一带一路”建设有利于实现国内外市场的深度融合对接。我国国土辽阔、人口众多，决定了我国具有庞大的国内市场需求，是国内企业生产的独有优势。因此，东北地区制造业在发展之初也应当更多地考虑国内市场。与此同时，国际市场对于调节生产失衡和缓解生产压力具有重要作用。优势产能的输出可以进一步减轻东北地区制造业的转型负担，同时也能刺激国内市场消费力的提升。

（2）从微观层面来看，“一带一路”建设能够有效促进东北地区制造业进一步对接国际市场。首先，东北地区制造业与国际发展水平具有梯度差异。这一差异的主要原因不仅在于东北地区的经济不够发达，更深层次的原因在于东北地区缺少创新思想和创新能力。在今后的发展过程中，“一带一路”建设有利于东北地区致力于技术创新建设。其次，“一带一路”建设能够使东北地区制造业在产能、市场和技术三个层面全面实现国际对接。近代全球产业的发展经验表明，只有积极、主动地参与到经济全球化中，才能够实现自身产业的升级。“一带一路”建设为东北地区更快、更好地融入全球价值链提供了重要机遇。

6.4 “一带一路”背景下东北地区产业发展面临的挑战

“一带一路”连接亚、欧、非大陆，旨在实现沿线国家多元、自主、平衡、可持续的发展。由于“一带一路”跨越140多个国家和30多个国际组织，那么如何超越文明隔阂、超越文明冲突，进而更加准确地理解“一带一路”倡议的本质，无疑是深入推进“一带一路”建设所面临的重要挑战。

在全球化进程中，世界各国之间的交流日益频繁。在过往的经济活动中，人们会首先考虑物质以及技术层面的交流，却忽视了对文化和精神层面的交流。然而，文化层次的交流对“一带一路”建设具有至关重要的作用。因此，“一带一路”倡议不仅是货物与商务层面的合作，也是与世界各国之间精神、文化层面的重要合作。

文化“刻板效应”对“一带一路”建设带来了巨大挑战。多数人对于一个地方的认知在自己直观的感受和体验之前，主要来源于他人间接性的描述和媒体的相关言论，由此也就容易产生对一个地区的偏见或“先入为主”的认知偏差，这一效应被称为文化“刻板效应”。“一带一路”沿线国家中有较多的发展中国家和欠发达地区，人们对于这些国家和地区的基本情况知之甚少。同时，由于这些国家和地区的发展历史较为复杂，往往给人们留下的是贫穷和混乱的印象，因此也就进一步影响了人们对这些国家和地区的深入认知，造成项目和投资的障碍。因此，克服文化“刻板效应”是“一带一路”建设不可规避的重要挑战。

语言文化差异的挑战。“一带一路”途经国家较多，文化构成复杂，这必然成为“一带一路”建设的一个重要阻碍。由于我国对于“一带一路”沿线国家的区域性语言的人才培养和关注度不足，在一定程度上导致了国际经济合作中产生语言障碍。例如，中国某公司在波兰投标高速公路建设，由于语言障碍，双方的合同需要转译成英文，再将英文合同翻译成各自国家的语言，这就使得转译过程中出现很多歧义，导致双方合作进展十分缓慢。如果将语言视为文化的一部分，那么语言习惯与文化层面的认同将息息相关。许多人通过学习其他国家的语言，就会对对方国家的文化更加了解，这将有利于在文化层面形成共鸣和认同。总体来看，语言互通应当成为中国与“一带一路”沿线国家经贸合作与文化认同的先行者。

第七章 “一带一路”背景下东北地区产业升级的内在机理

“一带一路”建设下，我国各区域的发展条件都发生了巨大变化，必将导致我国产业空间分布出现新格局。首先，本章对产业联动的内涵与理论基础进行了系统的阐述，为后续开展“一带一路”沿线国家与东北地区产业联动发展问题研究奠定了坚实的理论基础；其次，将“一带一路”背景下东北地区产业升级的内涵与传统产业升级的内涵进行了对比研究，提出了“一带一路”建设中东北地区产业转型升级的新要求、新标准；最后，结合东北地区产业竞争力现状分析，揭示出“一带一路”沿线国家产业联动所带来的竞争效应和技术溢出效应会有效促进东北地区实现产业转型升级。

7.1 产业联动的内涵与理论基础

“一带一路”建设下我国各区域产业发展条件都发生了巨大变化，各区域在“一带一路”建设中必然会形成产业联动发展的新格局。因此，准确把握产业联动的内涵和系统梳理产业联动的理论基础，是深刻揭示“一带一路”背景下东北地区产业升级内在机理的重要前提和基础。

7.1.1 产业联动的内涵

关于产业联动的内涵，国内外学者有不同的理解。杰罗菲（Gereffi，1996）研究认为，经济组织发生于同一价值链的不同环节或者不同价值链中的互动行为，或者嵌入全球价值链的某几个位置进行互动联系，以期能够发现、获得、创造更多的价值增值，这种经济关系就是产业联动的主要内容。吕涛、聂锐（2007）对产业联动内涵界定得最为详尽。他们经研究提出，产业联动是以产业关联为基础，在产业链中同一个或者不同环节所进行的产业协作活动。产业联动从联动方向、组织形式、投资形式等方面可以进行不同类型的划分。刘钊、马军海（2008）等学者经研究认为，产业联动是以产业联系为基础所形成的中间网络组织。高伟（2012）则认为产业链条上的空间布局源于经济组织在空间过程中的规模化扩张和完善，并由此形成了区际产业联动。从现有研究结果可以看出，有关产业联动的内涵，相关学者尚未达成一致的意见。总体来看，虽然学者们从不同角度对产业联动给出了相关定义，但是其所表述的产业联动的本质是一致的。即产业联动的核心本质是提高产业核心竞争力，提高产品质量及增加价值链附加值。综合以上观点，本书并不试图对产业联动进行严格的定义，而是基于产业联动的现实经济影响，将产业联动界定为东北地区产业升级和转型的一种方式。同时以产业国际合作为目标，以产业关联为标准遴选出联动产业，以期实现东北地区产业转型升级。

7.1.2 产业联动的理论基础

本节具体阐述产业联动的三个理论基础。

（1）分工理论。经济学家亚当·斯密在《国富论》中提出分工理论，根据生产环节划分劳动行为，并由此特别关注劳动生产率的提升，以及国民经济水平的整体提高。斯密经研究认为，分工产生的原因主要有三点：第一，同一个员工完成一个完整的生产环节时，需要在不同环节之间转换，这种环节间的转换会极大地降低生产效率；第二，劳动分工能够提高处于不同生产环节的工人技能熟练度，这种熟练程度的提升可以大幅提高劳动的生产效率；第三，在生产效率与生产熟练度同时提升的基础上，有利于激发劳动者的创新性，同时扩大机械化生产。基于上述思想，斯密将分工理论运用于国家间的经济行为，因此产生了国际分工理论。斯密认为，资源禀赋和有利的生产条件是国际分工理论的基础，并在很大程度上决定了一国在国际贸易中的竞争地位和竞争优势。分工理论在产业方面的应用主要是发展和完善了产业分工的相关理论。目前，随着经济分工的不断深入和细化，产业链分工成为产业分工的主要形式。由于产业链不同环节对生产条件的要求不同，各环节的生产经营活动在空间上发生分离，而不同区域根据自身的优势条件，承接着产业链不同环节的生产经营活动，最终形成跨区域完整的产业分工链条。可以说，新型产业链分工的出现是产业分工演进过程中的一次变革，也是生产分工程度不断加深的结果。

（2）价值链理论。价值链理论是哈佛大学商学院教授迈克尔·波特于1985年提出的。波特认为，每一个企业都是在设计、生产、销售、发送其产品过程中进行种种活动的特殊集合体，因此所有这些活动可以用一个价值链来体现。企业价值创造的活动构成了企业的价值链，这些活动根据其功能和地位的不同分为基本活动和辅助活动。其中，基本活动包括内部后勤、生产作业、外部后勤、市场和销售、服务等，而辅助活动则包括采购、技术开发、人力资源管理和企业基础设施等。一般而言，价值链可以分为企业价值链、竞争对手价值链、行业价值链，而本书则主要采用的是行业价值链理论。行业价值链相对于企业价值链与竞争对手价值链而言，适合用更加宏观的视角，研究与目标企业具有不同行业关系的组织间的内在联系，以此寻求降低目标企业成本更加合理的途径。行业价值链一方面可以明确目标企业与供应商和采购商之间的关系，通过建立联盟组织等形式，最终降低生产成本；另一方面，可以明确市场内消费者的需求，针对竞争对手的竞争模式，在有效避免行业威胁的同时有效细分市场，获得市场份额，最终提高营业收入。波特所说的行业价值链即是产业价值链。可以说，通过产业链分析，能够有效帮助经济组织获得更多的价值增值。需要指出的是，在对东北地区联动产业的遴选过程中，本书主要考虑各产业的前向与后向关联效应，从而明确产业本身在全球产业链中的地位，以利于东北地区各产业利用行业价值链的调整来实现其在全球价值链中的攀升目标，最终在“一带一路”建设中运用产业联动的调整模式，实现产业结构的转型和升级。

（3）交易成本理论。科斯（Coase）提出的交易成本理论，其本质是解释企业如何有效降低成本。企业的诞生是为了避免产生相对偏高的市场交易成本，它是人类追求经济效率所形成的组织体。1975年，美国经济学家奥利弗·伊顿·威廉姆森（Oliver Eaton Williamson）总结并发展了科斯的交易成本理论。科斯认为交易环境下所产生的市场失灵现象是交易成本发生的根本原因，而威廉姆森通过对交易费用的系统分析，进一步指出了交易成本的来源。他认为交易费用主要来源于以下六个方面：有限理性、投机主义、不确定性与复杂性、专用性投资、信息不对称以及气氛。而上述交易成本发生的原因，归根结底源自交易本身的三个特征：一是交易商品或资产的专属性（asset specificity）。交易商品或资产的专属性是指交易所投资的资产本身不具有市场流通性，或者契约一旦终止，投资于资产上的成本难以回收或转换使用用途。二是交易不确定性（uncertainty）。交易不确定性是指交易过程中各种风险的发生概率。由于人类有限理性的限制使得其面对未来的情况时，无法完全事先预测，加上交易过程买卖双方常发生交易信息不对称的情形，交易双方继而通过契约来保障自身的利益。因此，交易不确定性会伴随着监督成本、议价成本的增加而增加，从而使交易成本增加。三是交易的频率（frequency of transaction）。交易的频率越高，则相对的管理成本与议价成本也会随之增加。交易频率的升高使得企业将该交易的经济活动逐渐内部化，以便节省企业的交易成本。

随着技术进步以及交易流程的完善，产业内产品的差异性越来越小，市场上出现了更多相同质量与服务的产品。因此，仅仅通过降低产品价格，企业将无法获得市场优势，这就需要中间部门来降低企业交易成本。简言之，为降低不同产业和市场上产品交易之间的交易费用，产业联动发展就十分必要了。也正是基于这个角度，随着东北地区产业发展水平的不断提高，东北地区必然要与不同地区的不同产业之间进行联动发展，才能找到适应“一带一路”背景下的发展模式与发展道路。

7.2 “一带一路”背景下东北地区产业升级的内涵、原则及特征

“一带一路”建设为我国东北地区产业升级带来了重要发展机遇。与过往的产业升级不同，“一带一路”建设背景下我国东北地区的此轮产业升级，无论是在内涵、原则还是特征上，都具有显著差异和内在要求。

7.2.1 传统产业升级的内涵

虽然国内外学者对产业问题进行了丰富研究，但是产业的定义仍然是不断发展和完善的。多数国内学者研究认为，产业是一种“集合概念”，并从两

个层次解读产业的种类：一是根据生产要素的特征将产业划分为劳动密集型产业、资本密集型产业和技术密集型产业；二是根据不同的经济活动阶段将产业划分为若干个部门。产业理论的发展源于新产业替代传统产业的不断升级和淘汰过程，相关理论即是对新兴产业的出现、成长、成熟和淘汰过程的经验规律的总结。因此，产业的升级必然伴随着技术进步和社会化生产的提高，这就需要加强传统产业的技术创新，引导新兴产业和支柱性产业的成长，最终实现产业从合理化向高级化的转化。目前专家从经济学角度研究产业升级有两个研究方向：一个研究方向是从产业结构切入，将产业结构从合理化向高级化迈进的过程视为产业升级；另一个研究方向是将价值链升级促使产品升级、价值升级的过程视为产业升级。这两个研究视角具体概括为以下两点：

（1）产业结构的调整促使产业升级。古典政治经济学奠基人之一弗朗斯瓦·魁奈（Francois Quesnay）首次从结构角度研究经济活动。魁奈采用不同阶级的收入来源、资本和收入的交换、生产消费和个人消费等五大要素进行分析，并将农业和工业两大生产部门之间的流通看作社会再生产过程的基础。这为后来经济学者分析产业结构奠定了重要的理论基础。瓦尔拉斯（Walras）创立的一般均衡理论也是研究经济结构的重要方法。该理论侧重于从一个国民经济中各个生产部门之间的关系，以及每个部门对于生产性要素的竞争性需求来考察全社会对商品和要素的总供给和总需求的关系。这对后来学者深入研究产业结构和产业升级奠定了重要基础。此前，马克思在《资本论》中也提出了两大部类理论。这两大部类分别是制造生产资料的部类和制造消费资料的部类，前者解释了资本主义生产的矛盾，后者则为社会主义国家产业结构发展比例给予了重大的启示。由此可以看出，经济学家研究产业升级首先是从产业结构的角度切入，研究如何通过产业升级实现国民经济总量增长。此后，英国经济学家科林·克拉克和德国经济学家霍夫曼更加深入地研究了如何通过产业结构的调整来实现产业升级，并为后来的学者提供了开创性的经济思想，也由此成为产业结构理论的先驱。科林·克拉克提出了“克拉克大分类法”，其通过经济统计分析的方法得出：宏观产业变动的基本趋势是劳动力逐渐从第一产业流向第二产业或第三产业。而霍夫曼则认为，产业结构的变动不仅包含产业之间的结构变动，还包括产业内部的结构变动。霍夫曼基于 18 世纪 20 个国家的工业化历史和统计资料，着重分析了制造业中消费资料工业和生产资料工业的比例，得出了“霍夫曼定理”。霍夫曼定理揭示出消费资料工业净产值与生产资料工业净产值之比在工业发展过程中是持续下降的，此定理对后来的工业化发展产生了广泛的影响。库兹涅茨在克拉克和霍夫曼研究的基础上，更加系统、全面地对各个国家的历史资料进行了统计和检验，随后从劳动力结构和部门产值结构两个角度，更加深入地研究了人均产值与产业结构变动关系。库兹涅茨总结出三个结论：第一，农业部门在 GDP 中所占的份额以及农业劳动力在总劳动力中所占的份额都会逐渐下降；第二，在工业部门和服务部门中，农业技术相对停滞以及人口的增长造成土地压力的增加，导致农业部门的人均产值下降，以及在工业和服务业中现代成分的增长，而导致工业部门和服务部门人均产值不断提升；第三，任何国家的经济结构都在变化。总之，需求结构的快速变化、贸易与技术革新的速度都是促使产业高转换率的主要因素。由此可见，库兹涅茨已经更加完整地论证和描述了三次产业结构演变的规律、特征和性质。随后，爱德华·富尔顿·丹尼森（Edward Fulton Denison）通过经济统计分析方法更加具体地丰富了库兹涅茨的理论观点。爱德华用经济统计分析的方法测算了知识进步、规模经济、资源配置对生产效率的作用，并得出产业结构的变动能够促进资源配置的优化。钱纳里和赛尔昆在《发展的型式（1950—1970）》中通过分析 101 个国家 20 年的统计资料，运用 30 个变量及 2 万多个统计数据进行测算，对产业结构的变化规律进行了更加精确和系统的定量分析。其研究结论显示：第一，国民经济中，产业重心逐渐从第一产业转向第二产业和第三产业；第二，产业结构升级逐渐从劳动密集型产业转向资本密集型产业和技术密集型产业；第三，低附加值、低技术含量的产业不断被高附加值、高技术产业替代。

上述经济理论都是西方经济学家运用经济统计分析方法得出的产业结构变化的一般规律及其与国民经济增长之间的关系。而威廉·阿瑟·刘易斯（William Arthur Lewis）、费景汉（John C. H. Fei）和古斯塔夫·拉尼斯（Gustav Ranis）等发展经济学家，从经济发展的初始条件以及经济制度视角，对产业结构的变化与经济发展之间的规律进行了分析。其中，刘易斯在分析发展中国家产业结构变动中认为，发展中国家存在二元经济结构，即传统部门与现代部门。如果发展中国家要想实现产业结构的升级，则必须将传统部门向现代部门转化。这一过程的实现主要依靠现代部门资本积累的增加，而实现现代部门资本积累的途径主要有两种：一是保证利润的再投资；二是增加货币供应量。这样可以保证传统部门持续的经济增长以及传统部门剩余劳动力就业机会的增加。费景汉和古斯塔夫·拉尼斯则对刘易斯的分析结论进行了更深一步的丰富和拓展。他们将发展中国家的工业化方式分为两种：一种是资本深化的工业化方式；另一种是资本广化的工业化方式。资本深化是资本与劳动的比例不断提高，劳动使资本数量大幅提升，从而使工业经济增长率和劳动收入不断提高。资本广化是指在工业经济增长率足够高的前提下，技术创新的劳动力使用偏向较强，从而使资本与劳动的比例较低。所以现代工业部门从资本广化到资本深化的过程将促使二元经济结构逐渐消失，出现新的产业结构特征，最终实现产业升级。

（2）价值链高端攀升促使产业升级。价值链升级则是从更微观的角度实现产业升级的过程。价值链角度下实现产业升级实质上就是将产业升级与价值链攀升相互结合，同时实现价值链与产业升级的转换。这种转换是指当产业升级沿着“微笑曲线”不断向两端扩展延伸时，处在价值链不同环节的价值增加的过程。卡普林斯基和莫里斯（Kaplinsky 和 Morris，2002）从价值链的角度，通过四个方面分析了产业升级。第一，产品生产过程的升级有助于提高产业内部的生产效率。产品生产过程升级是指通过使用先进的生产设备和生产技术来改进生产流程和生产工艺。其作用主要表现在两个方面：一方面是加强对生产流程和工艺的控制，增加规模经济效应；另一方面是加强对供应链的管理，降低生产成本。第二，通过创新型技术实现产业升级。即通过生产出新的产品或者对旧产品的再加工和完善，提高企业的核心竞争力。第三，功能升级有助于改善企业内部的生产方式。功能升级是指在产品升级和生产过程升级之后，产业所累积的核心技术和开发新产品的能力。功能升级能够促使产业内部资源的再整合，使得产业逐步放弃低附加值环节，从价值链低端向“微笑曲线”两端发展。在功能升级过程中，产业会选择将资源集中配置在高附加值环节，将低附加值环节转给分销商。应该说，功能升级是产业从低附加值环节跃升至高附加值环节的根本途径。第四，价值链的升级，即传统的产业链条攀升至具有高价值的产业链条。应该说，产品升级、产品生产过程升级、功能升级和价值链升级都为产业链条的升级奠定了基础，并成为现代产业升级问题研究的重要内容。

7.2.2 产业升级的原则及特征

我国传统产业升级是以丰富的资源禀赋、人口红利和完整的工业化体系为基础的。近年来，我国劳动力成本不断增加，资源的大量消耗虽然带来GDP的显著增长，但是也造成了环境污染。综合以上因素，中国产业转型升级迫在眉睫。在"一带一路"背景下，结合我国实际状况，本章将进一步总结我国产业升级的原则和特征。

7.2.2.1 产业升级的原则

（1）以市场需求为导向。在市场经济中，产业生产的目的是消费。因此，生产者要根据市场需求的动态变化，不断调整生产方案，向消费者提供其真正需求的商品，并最终实现需求市场和供给市场的动态均衡。传统产业升级的原则就是逐渐淘汰生产力落后、市场需求弱的产品，进而挖掘市场潜力较大的新产品和新市场。随着"一带一路"建设的开展，东北地区在"一带一路"中可以扩大消费市场，大幅提高供给弹性。同时，国外更具有竞争力的产品进入东北地区市场后，也会通过竞争机制淘汰东北地区落后产品和过剩产能，从而在一定程度上刺激产品升级。可以说，更新生产技术，适应动态变化的多样化市场需求，是东北地区以市场需求为导向进行产业升级的首要原则。

（2）重视技术创新。在经济全球化时代，决定一个地区经济发展的关键性因素就是创新型技术的提升。从企业角度来看，企业发展的核心动力是技术创新。谁拥有先进的创新型技术就等于谁在市场中拥有核心竞争力，并在同类竞争企业之间树立起了壁垒。从产业角度来看，当企业开始不断革新其生产技术时，产业升级也就开始了。创新型技术促使市场自发寻找边际成本容易降低的产业，并使得产业从劳动密集型转向资本密集型和技术密集型，因此"一带一路"能够有效解决东北地区长期面临的技术落后问题，同时通过与"一带一路"沿线国家开展技术合作项目，从而促进新技术的引进和吸收。这种创新技术的积累将会有效降低东北地区企业的生产成本，同时提高劳动生产率。

（3）提升产业关联度和附加值。产业关联度是指在生产环节中，不同产业之间的相互关系。然而要想促进产业升级，就必须找出那些在社会再生产中关联度较高，并且处于关键性地位的产业，或是处于国民经济支柱地位的产业，或是能够推动或者拉动其他产业发展的重要产业。在这些产业的发展过程中，政府可以通过采取资源倾斜配置策略，促使其与处于价值链上游的产业进行联动发展，从而实现产业结构的优化升级。具体做法是：第一，将产业发展重心逐渐从生产环节向研发环节和销售环节转移，进而提高产品附加值；第二，利用不同产业间的技术融合，促使上下游产业和有关联的产业价值链不断延伸，进而创造更多的价值。应该说，“一带一路”倡议为我国东北地区进一步与沿线国家进行产业联动发展提供了广阔的空间，同时在资源、技术方面提供了充分的市场保障。

7.2.2.2 产业升级的特征

（1）高技术创新性。产业的高技术创新性不仅要求单个产业具有较高的技术创新性，更要求整个产业体系具有较高技术创新性。因为产业体系从功能角度上看是资源转换器。拥有高技术创新的产业体系直接决定了该区域拥有较高的需求收入弹性、产业附加值、资源流动速度、产业技术更新速度。随着技术创新水平的提高，产业结构合理化向高级化迈进的现象会逐渐出现。同时生产要素之间的替代性越来越小，高附加值产业比重越来越大，从而使得新兴产业逐渐在市场中占据主导地位，其市场规模也会进一步扩大。

（2）高市场竞争度。高市场竞争度是产业升级的另一个重要途径。高市场竞争度主要表现在两个方面：第一，市场中各个产业技术水平的提升，促使规模经济不断扩大，进而使经济效益也不断增加。在此过程中，竞争模式也会逐渐从“小而分散化”的模式逐渐转化为“大而集中化”的模式。第二，产业间竞争关系日趋复杂化。由于技术进步的加快，市场中信息不对称所形成的壁垒逐渐弱化。企业面对市场多元化的需求，其经营模式也逐渐多元化，在产业链中形成纵横交错的竞争格局。需要注意的是，在高度竞争的格局中，第三产业产值会逐渐增加，即服务性产业竞争的地位逐渐攀升，并成为核心竞争力的关键。

（3）高结构开放度。随着产业结构开放程度的不断提高，市场分工会进一步深化，市场规模也会进一步扩大。高结构开放度表现在两个方面：第一，需求的开放性。“一带一路”对于任何一个沿线国家来说，都会扩大其国内市场规模，也能进一步提高国内市场质量。第二，技术进步的加快。技术进步已经成为产业升级的重要动力。尤其是通过国际技术合作学习新技术，提高本国技术创新的能力，已经是发展中国家实现产业升级的必要途径之一。

7.2.3 “一带一路”背景下东北地区产业升级的内涵

当前，东北地区产业发展正面临着深层次的战略调整。东北地区传统产业升级的方式是从“国内视角”，在东部地区、中部地区、西部地区和东北地区的区域产业分工中确定其产业发展功能性定位。这就导致东北地区长期在国内经济相对封闭的状态中实现产业升级。然而随着“一带一路”的深入发展，继续按照“国内视角”下的传统产业升级的模式已经不能有效满足东北地区的产业发展，东北地区经济的可持续发展也很难得到保障。当然，实现东北地区产业升级并不能完全脱离传统产业升级的路径与原则，而应在现代经济发展中寻找能够获得东北地区产业升级所需动力来源的新突破口。事实上，“一带一路”建设使得东北地区产业升级的视域已从中国的“四大板块”，扩大至“一带一路”沿线所有国家，这是本书尝试研究和探索东北地区产业升级的新路径。

在“一带一路”建设过程中，实现东北地区产业升级的目标是扩大东北地区产业在资源、技术、市场、需求等方面的合作，突破东北地区在传统产业升级中的“国内封闭性”。目前，我国将东北地区产业转型升级放置于“一带一路”建设中，不仅可以促使东北地区加快技术创新，同时也使得东北地区经济发展嵌入竞争更加激烈的国际环境。这种激烈竞争的环境能够加快资源在各个国家之间的流动，从而可以使东北地区产业在“一带一路”合作中持续获得资源供给。同时，借助“一带一路”所带来的机遇，扩大东北地区开放合作，促进开放型经济发展，加强企业创新能力，完善产业创新体系，可以有效提升东北地区在产业链中获取附加值的能力。

7.3 “一带一路”背景下东北地区产业竞争力现状分析

东北地区是我国老工业基地，有较好的产业发展基础，也形成了一定的产业竞争力。然而近年来，东北地区产业发展面临着较大的发展瓶颈，尤其是在“一带一路”建设中，东北地区产业要在积极对接沿线国家产业的基础上实现转型升级，这就使得东北地区产业竞争力面临着较为严重的问题与不足。

7.3.1 产业创新动力缺失

根据中国经济网报道的《中国区域创新能力评价报告2017》，其中，江苏创新能力提升是由于企业创新能力突出；广东创新能力强源于企业精神强劲；北京创新能力强，源于高校资源丰富，知识创造能力强；上海创新能力强主要是依靠与周边企业的互补，实现开放创新；东北三省创新能力持续下降。目前，我国区域创新能力格局分布基本形成：东部地区创新能力稳定并且领先全国；中西部地区创新能力呈现周期性波动，相对偏弱；东北地区创新能力则亟待提升，并需尽快激发创新活力。2018年9月25日至28日，习近平总书记在东北三省考察，主持召开深入推进东北振兴座谈会。会中重点强调：东北地区是我国重要的工业基地，要坚定改革信心，在谋划地区改革发展思路上下功夫，尤其是要在激发基层改革创新活力上下功夫。

（1）东北地区研究与试验发展（R&D）经费投入现状。在信息科技时代，提升技术的创新能力与增加R&D经费两者关系极为紧密。通过研究与试验发展（R&D）经费这个指标，我们可以观察一个地区、一个城市当下的创新能力及未来发展潜力。根据国家统计局、科技部、财政部联合发布的《2019年全国科技经费投入统计公报》，2019年全国共投入研究与试验发展（R&D）经费22143.6亿元，比2018年增加了2465.7亿元，增幅为12.5%，增速较2018年提高0.7个百分点。研究与试验发展（R&D）经费投入强度（与国内生产总值之比）为2.23%，比2018年提高0.09个百分点。按研究与试验发展（R&D）人员全时工作量计算的人均经费为46.1万元，比2018年增加了1.2万元。从分地区统计情况看（见表7-1），2019年研究与试验发展（R&D）经费投入超过千亿元的省（区、市）有6个，分别是广东、江苏、北京、浙江、上海和山东；研究与试验发展（R&D）经费投入强度（与地区生产总值之比）超过全国平均水平的省（区、市）有7个，分别是北京、上海、天津、广东、江苏、浙江和陕西。而辽宁省、吉林省和黑龙江省研究与试验发展（R&D）经费投入强度在全国的排名分别是第10、第20和第23，投入强度分别是2.04%、1.27%和1.08%，落后于全国平均水平。所以从研究与试验发展（R&D）经费投入强度看，东北地区产业创新能力低下，不足以支撑其未来产业发展的需要。

表7-1　2019年各地区研究与试验发展（R&D）经费投入情况

序号	地区	R&D经费（亿元）	R&D经费投入强度（%）
1	北京	2233.6	6.31
2	上海	1524.6	4.00
3	天津	463.0	3.28
4	广东	3098.5	2.88
5	江苏	2779.5	2.79
6	浙江	1669.8	2.68
7	陕西	584.6	2.27
8	山东	1494.7	2.10
9	湖北	957.9	2.09
10	辽宁	508.5	2.04
11	安徽	754.0	2.03
12	重庆	469.6	1.99
13	湖南	787.2	1.98
14	四川	871.0	1.87
15	福建	753.7	1.78
16	河北	566.7	1.61
17	江西	384.3	1.55
18	河南	793.0	1.46
19	宁夏	54.5	1.45
20	吉林	148.4	1.27
21	甘肃	110.2	1.26
22	山西	191.2	1.12
23	黑龙江	146.6	1.08
24	云南	220.0	0.95

续 表

序号	地区	R&D 经费（亿元）	R&D 经费投入强度（%）
25	内蒙古	147.8	0.86
26	贵州	144.7	0.86
27	广西	167.1	0.79
28	青海	20.6	0.69
29	海南	29.9	0.56
30	新疆	64.1	0.47
31	西藏	4.3	0.26

数据来源：《2019 年全国科技经费投入统计公报》。

（2）东北地区授权专利数统计分析。近几年，全国各地区非常重视创新能力的提升。事实上，各地区获得的专利数量也能从另一个方面体现该地区产业的创新能力。根据《中国统计年鉴》，本次统计分析将全国范围内最具创新能力的四个地区（北京、上海、江苏、广东）的授权专利数量与东北三省的进行比较（见表 7－2）。通过对比分析，可以看出获得专利授权数量最多的是江苏和广东，其次是北京和上海，而东北地区三个省份所获得的专利授权数量与上述四个地区相比具有明显的差距。其中，吉林省年均获得的专利授权数量还不及广东省年均授权数量的 1/30。其间，虽然东北地区专利授权数量有所增加，但是增加的数量和速度与这四个高度发达地区相比，还是很低。专利技术及产品数目差距之大，从微观角度看，会直接导致东北地区企业缺乏核心竞争力，增加企业持续发展的难度；从宏观角度看，在很大程度上制约着东北地区的经济发展，难以使东北地区经济得到振兴。

表 7－2　2013 年至 2019 年部分地区授权专利数　（单位：个）

年份 地区	2013	2014	2015	2016	2017	2018	2019
北京	62671	74661	94031	100578	106948	123496	131716
上海	48680	50488	60623	64230	72806	92460	100587
江苏	239645	200032	250290	231033	227187	306996	314395
广东	170430	179953	241176	259032	332652	478082	527390

续 表

年份 地区	2013	2014	2015	2016	2017	2018	2019
辽宁	21656	19525	25182	25104	26495	35149	40037
吉林	6219	6696	8878	9995	11090	13885	15579
黑龙江	19819	15412	18943	18046	18221	19435	19989

数据来源：《中国统计年鉴》。

7.3.2 人力资本投资不足

20 世纪 60 年代，美国经济学家西奥多·舒尔茨（Theodore W. Schultz）创立了现代人力资源通论，充分证明了人力资本对经济增长的作用明显大于物质资本的投入，进而舒尔茨提出人力资本是经济发展的决定性因素之一。目前，中国已成为世界第二大经济体，无论是产业链延伸的需求，还是技术提升的需求，这些都在迫使中国进行产业升级。可以说，提高劳动生产率是产业升级的重要指标，而人力资本投入则会有效提升劳动生产率。因而，无论是从短期视角还是从长期视角，提高从业人员的质量都将是东北地区产业转型期尤为关键的要素之一。

中国庞大的劳动力数量曾经在我国工业化建设初期阶段发挥了巨大作用。很长一段时间以来，我国产业发展主要依靠农村转移到城市中的大量劳动力，低廉的劳动力使得中国成为制造业大国，也迅速完成了工业体系建设。在此过程中，东北地区也成为中国重要的工业基地之一。然而，随着我国劳动力成本越来越高，廉价的劳动力已经不能支撑产业发展需要。尤其是现代化产业的发展，更需要创新型技术和人才。但是，从近年来东北地区教育经费的支出以及就业人员平均工资即可发现，东北地区教育经费投资远远低于全国平均水平，现有的高层次人才难以满足产业转型发展需求；另外，随着东部地区经济发展水平的不断提高，东部地区的高收入、高福利正在对东北地区人才产生虹吸效应，使得大量的东北地区高层次人才外流。下面以北京为例，对比分析东北三省与北京在普通高等院校教育经费支出上的差距。

（1）东北三省教育经费支出不足。从图 7－1 和图 7－2 中可以看出，2009 年至 2015 年黑龙江省、吉林省、辽宁省和北京市生产总值都处于上升状态，说明经济发展态势呈现上升趋势。因此，2009年至2013年东北三省有充足的资金，支持普通高等院校教育的发展。2009年至2013年，黑龙江省普通高等院校教育经费从15219百万元增加至21386百万元，吉林省普通高等院校教育经费从10896百万元增加至16635百万元，辽宁省普通高等院校教育经费从19281百万元增加至29982百万元。2013年至2015年，随着生产总值的增加，东北三省教育经费的支出额回落后有上升趋势；同期北京在生产总值增加的基础上，继续增加对普通高等院校教育经费的投入。2015年至2017年辽宁省生产总值出现大幅下跌后有上升趋势，黑龙江省和吉林省生产总值呈现缓慢增长的趋势，而北京生产总值呈现快速增长的趋势。从总体来看，东北三省与北京市对普通高等院校教育经费的支出是随着生产总值的增加而增加的。2017年至2019年，黑龙江省、吉林省经济出现下跌，其普通高等院校教育经费支出基本维持在原有水平，北京市普通高等院校教育经费支出在2018年出现小幅下滑，在2019年又出现大幅增长。从图7-3中可以看到，2009年至2019年黑龙江省、吉林省和辽宁省对普通高等院校教育经费的支出占国内生产总值的1%左右，而同期北京每年对普通高等院校教育经费支出占国内生产总值的3%左右，是东北三省每个省份对普通高等院校教育经费支出占国内生产总值比重的3倍左右。由此可见，东北三省对普通高等院校教育经费的支出远低于经济发展较快的城市。

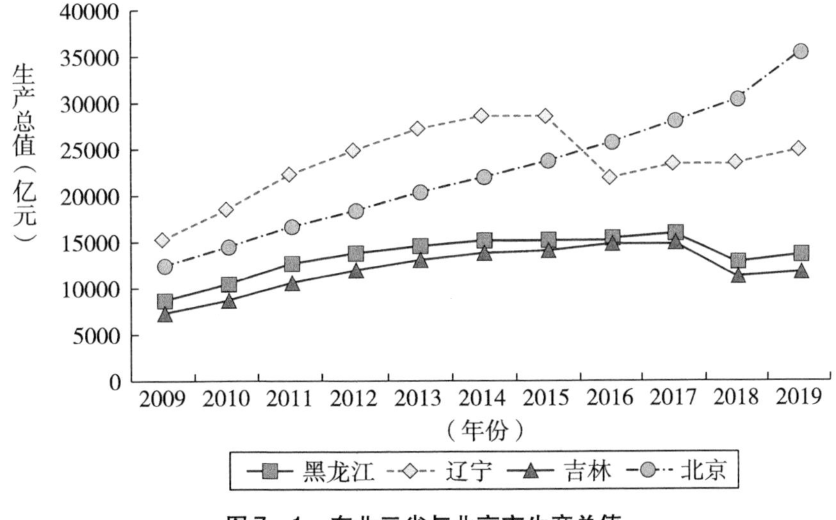

图7-1 东北三省与北京市生产总值

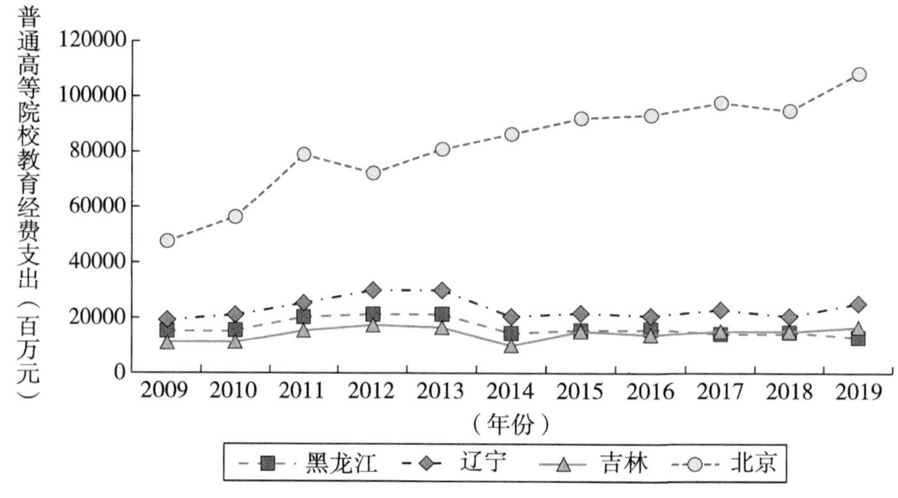

图7－2　普通高等院校教育经费支出

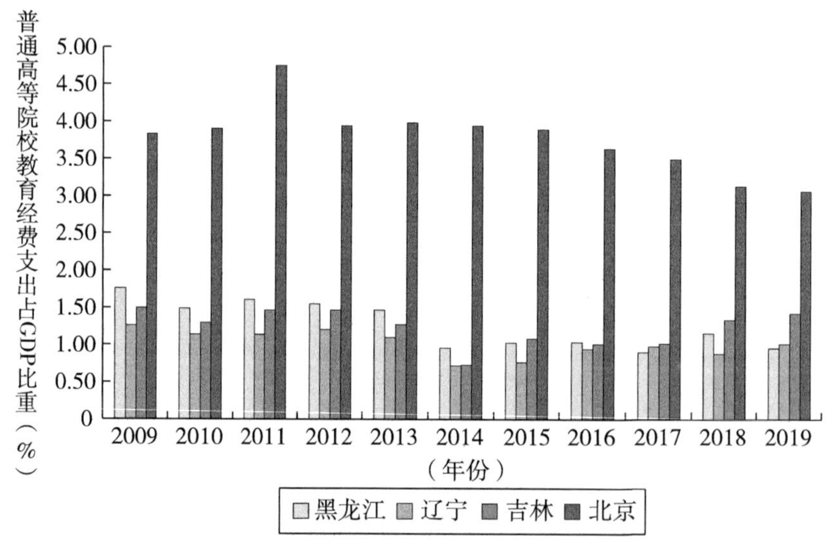

图7－3　普通高等院校教育经费支出占GDP比重

（2）就业人员平均工资水平差异较大。通过图7－4和图7－5可以对比分析2010年至2019年东北三省与北京、上海、广东三个中国经济发展最具有领先地位的地区就业人员平均工资水平。在此期间，上海从66115元增加至149377元，广东从40432元增加至98889元，黑龙江从27735元增加至68416元，吉林从29003元增加至73813元，辽宁从34437元增加至72891元。十年期间，虽然这六个地区就业人员平均工资翻了一番多，但是2019年黑龙

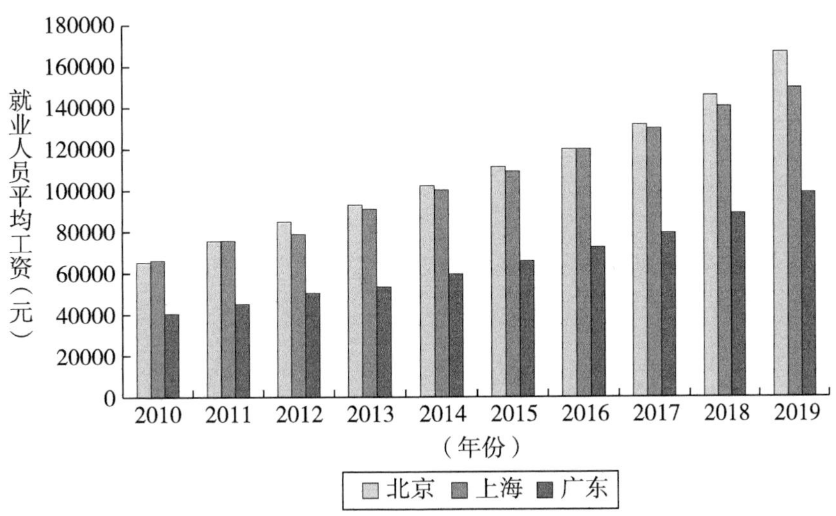

图 7－4 北京、上海、广东就业人员平均工资

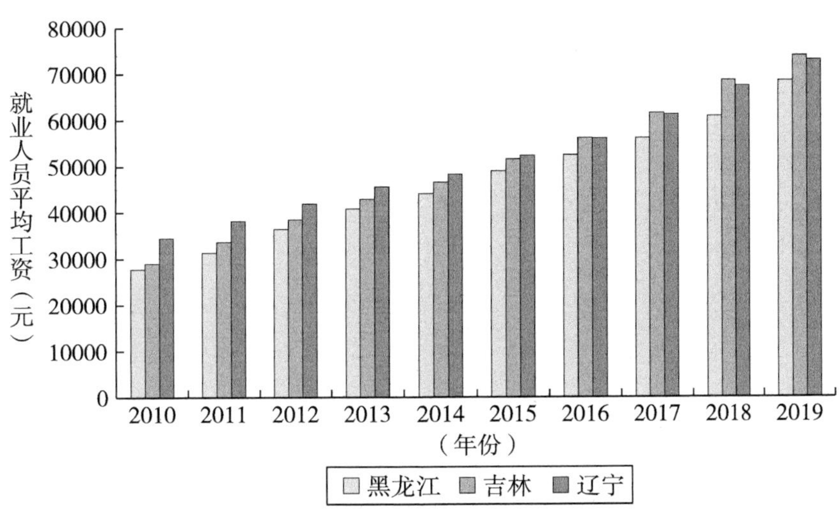

图 7－5 东北三省就业人员平均工资

江、吉林和辽宁就业人员平均工资的水平也仅刚达到 2010 年北京和上海就业人员平均工资的水平。在这十年中，北京、上海和广东经济发展速度远远高于东北三省，东北地区就业人员平均工资与北京、上海、广东相比差距越来越大。根据资源向更高收益进行配置的规律，东北三省连续出现了大量人员外流现象。尤其是东北地区经济长时期处于低迷状态，使得其难以引进具有创新力的企业和高技能的人才，同时也难以保留自主培养的高精尖人才。因此，增加人力资本投入，增加企业用人福利，保留和吸引具有产业升级所需的人才，是破解东北地区经济低迷的必要途径之一。

7.3.3 产业集群效应不显著

美国波特教授研究指出，产业集群存在于某一个特定的区域，并在此区域中形成一系列具有关联性的企业和机构，包括产业上下游相关组织和企业。以制造业为例，能源供应商、生产加工企业、技术研发团队、产品供应商形成了制造业的上下游企业关系，这些相关企业组织构成了产业集群。这种由产业链节点组成的产业集群，可以进一步促使产业形成有效竞争，从而降低企业的交易成本，促使产业集群企业形成可持续的发展态势。下面，具体分析东北地区产业集群效应不显著的原因。

（1）东北地区工业产业链尚不合理。通过表7-3和表7-4以及图7-6的对比分析可知，全国原煤、原油、天然气、原盐、成品糖、啤酒和卷烟产品生产产量比较稳定，而东北三省这些产品的产成品总量也比较稳定。其中，东北三省的原油产品占全国工业产品生产总量的30%左右。然而近年来，东北三省的工业发展处于低迷状态，工业经济效益较低，其国内生产总值也处于全国靠后的位置。较高的工业产品占比，却伴随着低迷的经济发展水平，这表明东北三省虽然为国家发展提供了大量的原材料产成品，但是其产品附加值低，工艺技术落后。这就意味着东北地区未能形成有效的产业链，其生产加工企业、技术研发团队、产品供应商之间不能形成有效的市场竞争。从某种程度上来说，这也解释了东北地区经济发展滞后的原因。

表7-3　全国主要工业产品总量

年份 产品	2012	2013	2014	2015	2016	2017	2018	2019
原煤（亿吨）	36.5	39.7	38.7	37.5	34.1	35.2	37.0	38.5
原油（万吨）	20571.1	20991.9	21142.9	21455.6	19968.5	19150.6	18932.4	19101.4
天然气（亿立方米）	1070.5	1208.6	1301.6	1346.1	1368.7	1480.4	1601.6	1761.7

续 表

年份 产品	2012	2013	2014	2015	2016	2017	2018	2019
原盐（万吨）	6911.8	7367.6	7049.7	6665.5	6620.1	6654.2	6363.6	6701.4
成品糖（万吨）	1409.5	1592.8	1642.7	1474.1	1443.3	1472.0	1198.8	1389.4
啤酒（万千升）	4778.6	4982.8	4936.3	4715.6	4506.4	4401.5	3800.8	3765.3
卷烟（亿支）	25160.9	25603.9	26098.5	25890.7	23825.8	23448.3	23375.6	23642.5

数据来源：《中国统计年鉴》。

表 7－4 东北三省主要工业产品总量

年份 产品	2012	2013	2014	2015	2016	2017	2018	2019
原煤（亿吨）	—	—	1.52	1.4	1.2	1.1	1.1	1.0
原油（万吨）	5811.9	5622.3	5685.9	5541.2	5284.0	—	—	—
天然气（亿立方米）	63.1	66.3	65.8	62.7	63.3	64.2	67.8	62.2
原盐（万吨）	142.0	125.0	165.2	178.7	146.1	152.5	75.5	95.8
成品糖（万吨）	33.8	21.2	10.3	5.0	1.4	67.3	8.0	13.2
啤酒（万千升）	610.3	639.5	621.25	588.9	570.42	514.3	490.5	499.2
卷烟（亿支）	1178.4	1203.4	1325.4	1300.7	1229.1	1163.4	1164.5	1182.3

数据来源：《中国统计年鉴》。

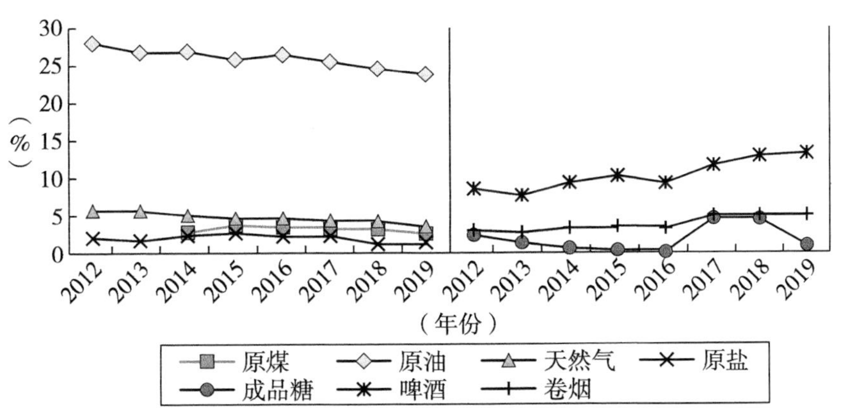

图 7－6 东北三省主要工业产品总量占全国工业产品总量比重

（2）东北地区工业产业集群效应较弱。通过表7－5全国以及东北三省规模以上工业企业单位数对比可以看出：辽宁省规模以上工业企业单位数从2011年的16914个减少至2019年的7610个，有明显下降趋势；吉林省规模以上工业企业单位数从2011年的5158个减少至2019年的3042个，有一定幅度的下降；黑龙江省规模以上工业企业单位数从2011年的3377个增加至2019年的3531个，出现小幅度增长；全国规模以上工业企业单位数从2011年的325609个增加至2019年的377815个，这说明全国规模以上工业企业单位数总体水平处于上升趋势。

表7－5　　全国以及东北三省规模以上工业企业单位数对比　　（单位：个）

年份＼地区	全国	辽宁	吉林	黑龙江
2019	377815	7610	3042	3531
2018	378440	6621	5963	3740
2017	372729	6626	5971	3731
2016	378599	8025	6003	3946
2015	383148	12304	5682	4162
2014	377888	15707	5311	4305
2013	352546	17561	5353	4098
2012	343769	17347	5286	3911
2011	325609	16914	5158	3377

数据来源：《中国工业统计年鉴》。

从图7－7可以清晰地看到，2011年至2019年辽宁省规模以上工业企业单位数占全国规模以上工业企业单位数比重出现大幅降低。这说明辽宁省工业规模急剧缩减，工业规模效应明显弱化。而2011年至2019年黑龙江省和吉林省规模以上工业企业单位数占全国规模以上工业企业单位数比重总体呈现平稳发展趋势，但是占比仅有1%～2%。这说明黑龙江省和吉林省的工业没有形成明显的规模效应。

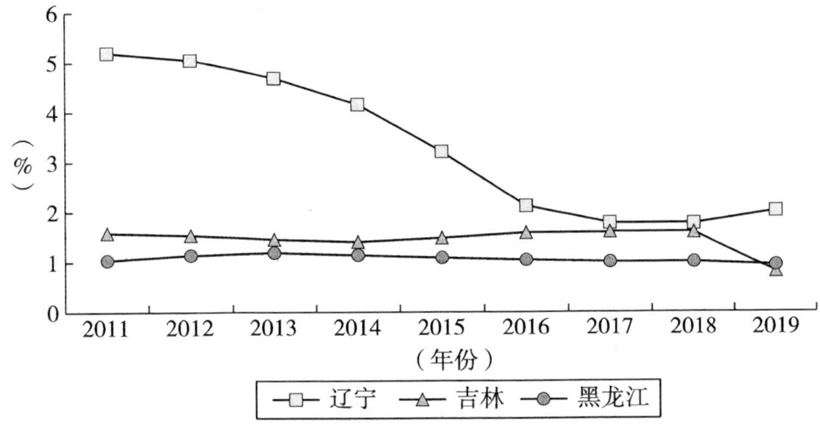

图7－7　东北三省规模以上工业企业单位数占全国规模以上工业企业单位数比重

7.4　产业联动的竞争效应与东北地区产业升级

长期以来，东北地区以其丰富的资源禀赋，被定位为向国内发展速度较快地区提供自然资源和初级生产要素的供应者，这就导致东北地区长期以来一直处于产业价值链低端环节。随着我国工业化进程的不断推进，东北地区出现了能源深加工技术落后、企业缺乏竞争意识、国有企业占比过大、民营企业逐渐退出东北市场等现象。这种现象的产生，在很大程度上导致了东北地区经济形成了一种特殊的国有企业垄断现象。东北地区国有企业垄断市场的直接结果就是市场的低效率、企业缺乏创新动力和竞争意识。因此，将东北地区的经济发展嵌入“一带一路”建设当中，将有助于提高东北地区的市场化水平。更大的国际市场和国际竞争力，将更加有利于东北打破国有企业长期垄断局面，有利于东北地区民营企业的发展，有利于东北市场树立竞争意识，提高创新能力，进而实现经济增长。具体而言，产业联动的竞争效应可以从两个方面推进东北地区的产业升级。

一方面，竞争效应有助于增强东北地区的创新能力。国际市场的激烈竞争会促使处于国际市场中的企业不断地进行技术创新。这对长期处于封闭状态的东北地区企业来说，会产生新的威胁和压力，从而促使东北地区企业面临两个选择：要么在竞争中通过不断创新形成新的竞争优势，要么在竞争中被淘汰。“一带一路”建设过程中，东北地区企业将不可避免地参与到激烈的国际竞争环境中。那么，在国际贸易往来中，率先参与到国际竞争环境中的企业将受到“一带一路”沿线各国技术溢出效应的影响，获得新知识、新技术，从而在东北地区内部竞争环境中拥有竞争优势。这种竞争效应将有助于东北地区企业适应激烈的国际竞争环境，并实现可持续发展。

另一方面，竞争效应有助于降低东北地区产业升级的成本。客观地讲，东北地区资源禀赋日趋减少，粗放式的资源型发展模式难以满足东北地区产业升级的需要，路径依赖与“资源诅咒”使得东北地区为实现产业升级要付出更大的成本。东北地区通过与“一带一路”沿线国家建立贸易往来可以有效解决这一问题。其一，激烈的国际竞争使得东北地区企业面对更加严峻的成本压力，从而形成内在的产业升级压力；其二，东北地区企业也会在激烈的国际竞争环境中吸收和消化新知识和新技术，从而将产业升级的内在压力转变为现实中产业升级的动力。可以说，积极嵌入“一带一路”建设是东北地区实现产业转型升级的重要战略机遇。

7.5 产业联动的技术溢出效应与东北地区产业升级

技术溢出效应源于贸易的产生，是产业升级不可缺少的重要因素之一。世界主要发达国家的产业升级演进经验进一步证实，实现产业升级必须依靠技术溢出效应。其中，外商直接投资（FDI）是开放型经济发展环境中实现技术溢出效应的关键环节。图7－8反映的是外商直接投资（FDI）与产业升级之间的相互关系，较为清晰地描述了外商直接投资（FDI）促进特定国家（尤其是发展中国家）实现产业升级的内在机理。一方面，国外先进技术会随着外商直接投资（FDI）进入发展中国家，然后发展中国家企业会根据本国市场需求特征进行消化吸收，从而促使国内企业获得竞争优势。另一方面，随着外商直接投资（FDI）数量的不断增加，发展中国家受技术溢出效应影响的企业不断增多，进而形成整体生产技术进步的趋势，最终实现发展中国家产业结构的优化和升级。事实上，这种判断也得到了很多学者的研究和检验，如卡普林斯基（2001）通过对发展中国家汽车产业进行实证分析，得出技术溢出效应对发展中国家汽车产业升级具有积极的正向影响作用。阿米吉尼

（Amighini，2005）对中国电子信息产业进行实证研究，得出的结论同样显示中国从技术溢出效应中所获得的效益，极大地推动了本国的产业升级。下面，对比分析东北三省与全国外资注册企业、全国外资额的相关数据。

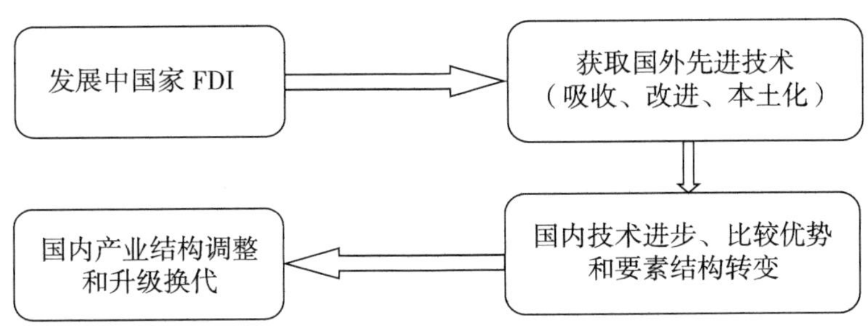

图 7－8 FDI 促进产业升级的原理

（1）东北三省与全国外资注册企业对比分析。从图 7－9 中可以看出，2010 年至 2019 年辽宁省、吉林省、黑龙江省外商投资的企业注册数量出现了下降。辽宁省 2010 年外商投资企业年底注册数为 18377 家，到 2019 年降至 15996 家；吉林省外商投资企业年底注册数从 2010 年的 4309 家降至 2019 年的 4118 家；黑龙江省外商投资企业年底注册数从 2010 年的 5814 家降至 2019 年的 5296 家。从整体上看，东北三省外商投资企业注册数呈现递减趋势。但是根据《中国统计年鉴》数据，全国每年外商投资企业注册数从 2010 年的

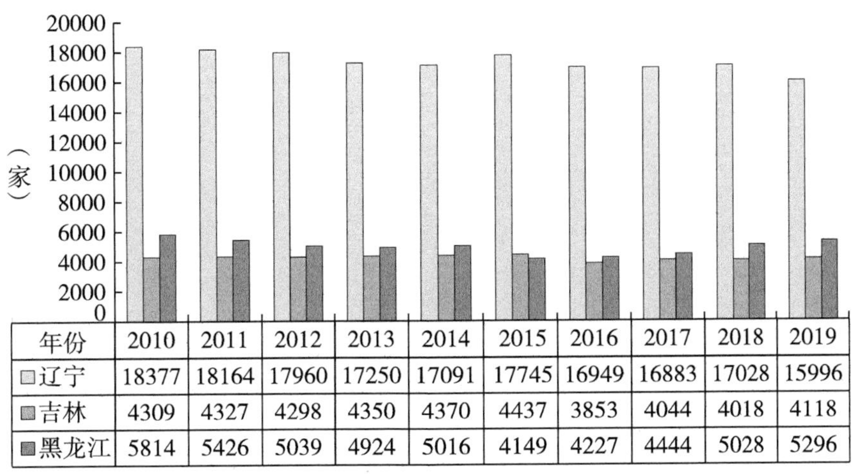

年份	2010	2011	2012	2013	2014	2015	2016	2017	2018	2019
□辽宁	18377	18164	17960	17250	17091	17745	16949	16883	17028	15996
■吉林	4309	4327	4298	4350	4370	4437	3853	4044	4018	4118
■黑龙江	5814	5426	5039	4924	5016	4149	4227	4444	5028	5296

图 7－9 东北三省外商投资企业年底注册数

数据来源：《中国统计年鉴》。

445244 家增加至 2019 年的 627223 家。这意味着在全国吸引外资呈现不断上升趋势时，东北对外资的吸引力不断减弱，外资注册企业数呈下降趋势，东北地区企业也很难获取 FDI 所带来的技术溢出效应。

同样，表 7－6 也反映出东北三省对外非金融类直接投资流量呈现下降趋势。数据显示，2019 年地方企业对外非金融类直接投资为 897.4 亿美元，同比下降 8.7%。其中，东部地区对外非金融类直接投资为 715.6 亿美元，同比下降 5.6%；西部地区对外非金融类直接投资为 78.1 亿美元，同比下降 22.4%；中部地区对外非金融类直接投资为 91.1 亿美元，同比下降 10.2%；东北三省对外非金融类直接投资共计 12.6 亿美元，同比下降 43.8%。从《2019 年度中国对外直接投资统计公报》可知，广东、上海、山东、浙江、北京、江苏、天津、福建、河南、海南位列对外非金融类直接投资流量的前 10 名，占全国总额的 80.7%。这说明东北三省内部经济发展动力不足，也没有足够的资金和先进技术促使其进行直接对外投资而产生效益。

表 7－6　2019 年地方企业对外非金融类直接投资流量按区域分布情况

地区	流量（亿美元）	比重（%）	同比（%）
东部地区	715.6	79.7	－5.6
中部地区	91.1	10.2	－10.2
西部地区	78.1	8.7	－22.4
东北三省	12.6	1.4	－43.8
合计	897.4	100.0	－8.7

数据来源：《2019 年度中国对外直接投资统计公报》。

（2）东北三省与全国外商投资总额对比分析。本节选取了四个具有代表性的地区（北京、上海、江苏、广东）与东北地区对外商投资总额进行对比分析，如表 7－7 所示。从 2010 年至 2019 年，北京外商投资总额从 1192 亿美元增加至 5996 亿美元，增加了 4 倍多；上海外商投资总额从 3394 亿美元增加至 9552 亿美元，增加不到 2 倍；江苏省外商投资总额从 5081 亿美元增加至 11735 亿美元，增加不到 1.5 倍；广东省外商投资总额从 4213 亿美元增加至 19533 亿美元，增加不到 4 倍；辽宁省外商投资总额从 1476 亿美元增加至 4028 亿美元；吉林省外商投资总额从 223 亿美元增加至 643 亿美元；黑龙江省外商投资总额从196亿美元增加至460亿美元。

表7-7　2010年至2019年部分地区外商投资总额　(单位：亿美元)

年份 地区	2010	2011	2012	2013	2014	2015	2016	2017	2018	2019
北京	1192	1344	1494	1771	2010	3810	4274	4864	5477	5996
上海	3394	3774	4138	4579	5305	6613	7342	7982	8849	9552
江苏	5081	5729	6250	6664	7181	7822	8799	9658	10560	11735
广东	4213	4525	4786	5126	5621	6443	7816	17622	19235	19533
辽宁	1476	1660	1856	1832	1986	2066	2133	3159	3775	4028
吉林	223	233	239	318	333	352	356	389	490	643
黑龙江	196	209	222	228	240	223	283	337	427	460

数据来源：《中国统计年鉴》。

总体来看，辽宁省、吉林省与黑龙江省十年间外商投资总额的增加值还不到2倍。其中，2019年东北地区三个省份外商投资总额远不及江苏、广东等发达省份。这个结果表明越发达的地区，外商投资总额越大，受外商直接投资（FDI）技术溢出效应的影响越大，最终导致地区产业技术更新速度越快。而东北地区企业经济发展低迷的重要原因之一就是没有形成吸引外商投资的环境。这直接导致了东北地区产业发展技术更新速度慢，技术溢出效应小，也就成为制约东北地区经济发展的主要因素之一。从这个角度上说，推进东北地区积极与“一带一路”沿线国家建立产业合作，将东北地区嵌入“一带一路”建设，是促进东北地区技术更新、产业升级的有效途径。

第八章　我国与“一带一路”沿线支点国家产业分工结构分析

明确我国东部地区、西部地区、中部地区以及东北地区与“一带一路”沿线支点国家的产业分工结构，是本书深入研究东北地区因地制宜地与“一带一路”沿线国家进行科学合理、差异有序的产业联动发展的重要基础。因此，本章通过对比分析中国与“一带一路”沿线国家经贸合作关系，为本书产业联动发展和分工研究奠定坚实的基础。同时，本章将标准 DEA 和超效率 DEA 模型相结合，对“一带一路”沿线国家产业合作效率的动态变化趋势进行分析，测算了 2010 年至 2019 年沿线支点国家产业合作的综合效率（TE）、纯技术效率（PTE）、规模效率（SE）以及规模收益（RTS），并通过引入显性比较优势（RCA）模型，分别测算了“一带一路”沿线支点国家与我国的显性比较优势产业，从而为本书研究东北地区在“一带一路”倡议背景下产业合作内容提供了翔实的数据支撑。

8.1　“一带一路”沿线支点国家经济发展概况

“一带一路”建设涉及中亚、东亚、东南亚、南亚、欧洲、西亚和非洲多个地区。本书选取了俄罗斯、蒙古国、韩国、印度、东盟十国等国家作为“一带一路”沿线主要支点国家，分析不同地区支点国家经济发展状况，为我国与“一带一路”沿线国家产业联动发展和分工研究奠定坚实的基础。

8.1.1　俄罗斯经济发展概况

俄罗斯横跨亚欧大陆，东西长 9000 千米，南北宽 4000 千米，幅员辽阔，地理环境复杂多变，是我国与东北亚地区开展“一带一路”合作的重要支点国家之一。就交通而言，俄罗斯公路、航空、铁路、水路虽有一定基础，但多为苏联时期建造，设备陈旧。目前，俄罗斯正大力投资改善基础设施建设，宣布将于2025年前全面提升基础设施水平。在产业发展方面，2019年俄罗斯第一产业GDP占比为3.45%，第二产业占比为42.52%，第三产业占比为54.03%。其中，具有明显比较优势的产业是煤炭产业、石油产业、无机化学以及钢铁产业。在与我国开展的双边贸易中，其出口产品集中在能源、金属及金属制品、化工产品、机械设备以及运输设备方面；进口产品主要是机电产品、木浆及纸浆等。在金融领域，俄罗斯实施两级银行体系，截至2019年年底共有商业银行923个，注册资本在3亿卢布以上的大中型银行有418个，注册资本在1.5亿卢布以下的小银行有254个，金融环境较先前的转轨期有了较大改善。

8.1.2　蒙古国经济发展概况

蒙古国地处亚洲中部地区，是世界上第二大内陆国家，国土总面积为156.65万平方千米，是我国与东亚地区开展“一带一路”合作的重要支点国家之一。矿产业是蒙古国经济发展的支柱产业之一，目前已经探明的矿产有80多种，可供开采的矿点有6000余个。依托丰富的矿产资源，蒙古国提出了“矿业兴国”战略。2018年，蒙古国的采矿及矿产加工产业占工业总产值的69.33%，矿产品出口占全国产品总出口的78.50%。但是，蒙古国作为一个草原内陆国家，工业化进程缓慢，工业基础相对薄弱。蒙古国农牧业在三大产业中占比有所下降，近几年基本维持在10%左右，而工业增加值占比始终徘徊在30%～40%。在基础设施方面，蒙古国的基础设施建设比较落后，铁路和公路网密度低。但是近几年，其通信网络基础设施发展较快，每100人中互联网用户数由2014年的27人提高至2019年的70人。

8.1.3　韩国经济发展概况

韩国是我国与东亚地区开展合作的另一个“一带一路”支点国家。2008年国际金融危机以后，韩国政府一方面及时实施扩张性宏观调控政策，加大出口对经济的拉动作用；另一方面进行金融重组、调整产业结构、促进就业，使得韩国经济发展总体上保持稳定态势。2019 年，韩国国内生产总值为 1.64 万亿美元，人均 GDP 为 3.175 万美元，世界排名第 38 位。韩国产业结构早在 1990 年就呈现出第三产业居于首位、第二产业居中、第一产业占比最低的特征。制造业和生产性服务业是韩国主导产业，2019 年韩国制造业占 GDP 总量的 25.32%，主要集中在高端的装备制造业，例如汽车、造船、钢铁、电子电器等。2019 年韩国汽车生产总产量达到 395 万台，占全球汽车总产量的 4.2%。造船业也是韩国重要的支柱产业。1999 年，韩国成为世界第一造船强国；2001 年，韩国成为世界上第一船舶出口大国。2012 年，中国取代了韩国的地位，成为世界上最大的船舶出口国。由此可见，中韩两国的造船产业具有开展深度分工合作的可能。中国与韩国企业有望在造船技术和生产工艺方面共同努力，提高造船产业的核心竞争力和出口价值增值能力。韩国的经济发展离不开国内基础设施的支撑，尤其是通信基础设施。据统计，韩国目前已经全部实现网络覆盖。同时，韩国已经成为世界上信息技术强国之一，其电子通信产品的先进性和创新性取得了举世瞩目的成绩。

8.1.4 东盟经济发展概况

东盟位于亚洲东南部地区，其成员国均为国土面积小且人口数量少的国家。2019 年，东盟 GDP 为 3.14 万亿美元，占全球 GDP 总量的 3.6%；人口数量为 6.55 亿，占世界人口总数的 8.5%。除印度尼西亚、菲律宾、越南和柬埔寨以外，其他成员国经济增长速度均在 5% 以下。这表明东南亚地区大多数国家经济增速开始放缓，需要寻找新的经济增长空间。如图 8-1 所示，基于人均 GDP 划分，东盟十国分别处于不同阶段：新加坡、文莱以及马来西亚处于第一阶段，这些国家的人均 GDP 高于 10000 美元，其生产的工业产品集中在电子产品和有机化学制品方面，居于全球价值链中的高端位置；泰国、印度尼西亚和菲律宾处于第二阶段，人均 GDP 在 3000 美元至 10000 美元，其工业产品生产以服装加工和农产品加工等低端制造业为主，具有显著的劳动力优势，处于全球价值链分工低端环节；越南等其余国家是第三梯队，其主导产业生产的是以农产品为主的初级产品。

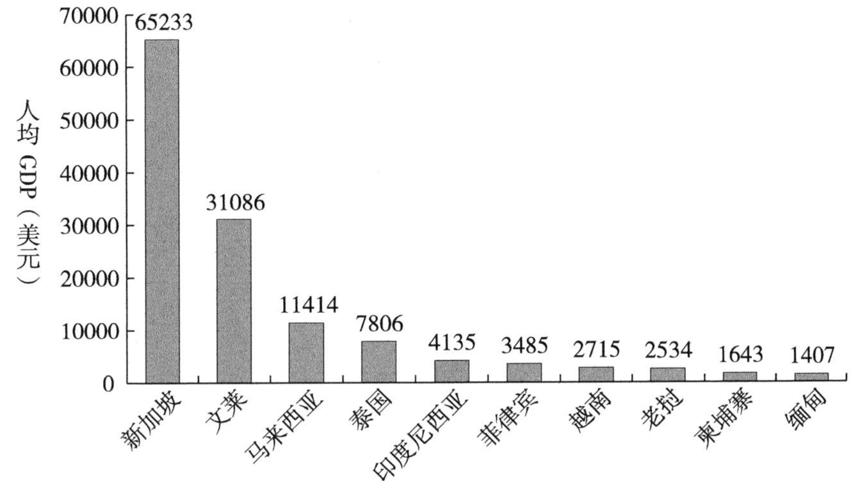

图 8－1　2019 年东盟各国人均 GDP

数据来源：世界银行。

8.1.5　印度经济发展概况

印度作为世界新兴经济体，是我国与南亚地区合作中的一个重要的“一带一路”支点国家。2019 年，印度 GDP 为 2.87 亿美元，人口数量为 13.66 亿，是中国在南亚最大的贸易伙伴国家。在两国双边投资上，中国实际利用印度外资为 0.26 亿美元，占中国利用南亚地区外资的 97%；中国对印度的投资存量为 46.63 亿美元，占中国在整个南亚地区投资的 44%。随着两国经贸关系的逐步深入，未来中印之间的贸易和投资将日益扩大。如图 8－2 所示，从 2001 年到 2019 年，印度对中国的贸易逆差从 1.96 亿美元增加至 568.39 亿美元，增加了近 290 倍。中国向印度出口的产品集中在劳动密集型的家具、纺织品等工业制成品。中国从印度进口的产品主要集中在矿产品、化工产品以及纺织品和原料方面，三类产品进口额分别占中国对印度进口额的 30.5%、22.0% 和 11.1%。基于双边商品贸易结构差异，两国的贸易逆差将会持续加大。随着我国东部沿海地区产业升级的逐步推进，加之土地、劳动力、产能过剩等因素的约束，东部沿海地区劳动密集型制造业正在向印度等周边国家转移。这样一方面能够有效地缓解印度对华贸易逆差的现状，另一方面能够促进我国东部沿海地区制造业的产业转移和升级。

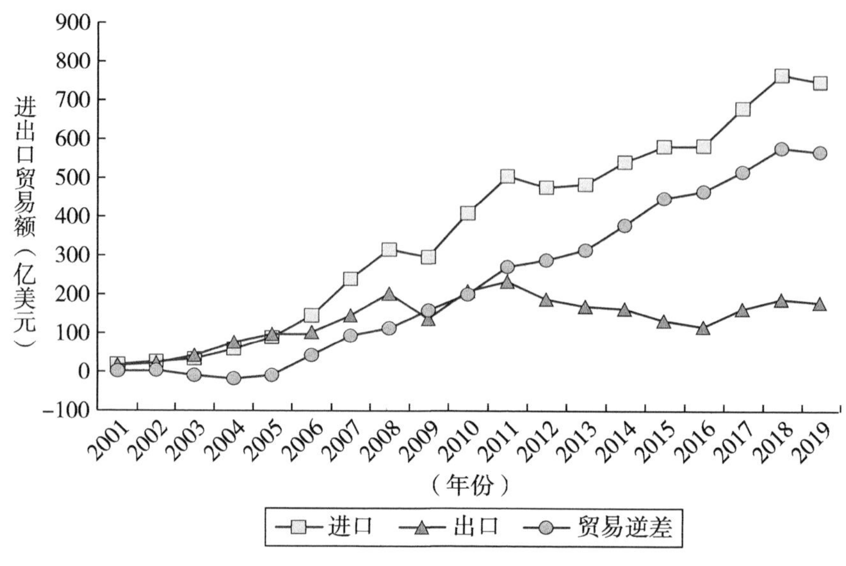

图8-2 印度对中国进出口贸易额

8.2 “一带一路”沿线支点国家产业联动合作的效率实证分析

目前，用于实证分析产业合作效率的主流方法有数据包络分析法（Data Envelopment Analysis，DEA）、随机前沿分析法、赋予权重法等。相对而言，DEA模型无须任何假设和权重就可以对多个输入和输出单元进行有效性评价，因而大多数文献运用DEA模型进行产业效率的评价。首先，数据包络分析法是经济学和计量经济学中通过构建有效生产前沿面进而测度相对效率的一种评价方法。过往的生产前沿面估计中，经济学者通常使用统计回归法来测度生产函数，但是这种生产函数事实上很难真正代表现实经济中的有效生产前沿面。这其中很大的一个制约因素是，传统的统计回归法不能完全区分有效目标单元与非有效目标单元，从而通过统计回归法得出的前沿面生产函数也存在非有效问题。其次，数据包络分析法则在有效处理多输入变量和多输出变量问题方面具有独到优势。数据包络分析法是一种非参数评价方法，在其统计过程中不需要明确区分有效目标单元和非有效目标单元，而是将所有投入变量和输出变量代入统计模型当中，最终对决策目标进行评价分析。这种统计评价的依据是，测量特定决策目标在多个输入与输出的决策目标所构成的生产前沿面中存在的相对有效性。一般而言，决策目标离生产前沿面的距离越大，意味着决策目标的生产有效性越弱，处于生产前沿面的决策目标则生产相对有效。需要特别指出的是，相对于其他统计方法所必需的明确区分有效目标单元和非有效目标单元的前提，数据包络分析法并不需要明确目标单元区分。这就使得数据包络分析法得到了广泛的应用。

数据包络分析法特别适用于复杂经济问题的分析。在投入变量较多，产出变量也较多的复杂生产活动中，数据包络分析法具有较高的适用性，自20世纪70年代发表以来，便得到了经济学者的广泛使用，并成为复杂经济系统效率问题研究的重要方法。一般而言，构建经济模型需要内在的变量关联设计，并且需要明确的参数估计，这是真实、有效反映经济系统内在机制判断的重要前提，然而现实经济的运行环境是极其复杂的。如果仅仅凭借经济机理来构建相应的模型，并对各项参数进行准确估计，事实上这是不可能的，其统计分析效果也不会令人太满意。尤其是传统的统计回归法是以总体残差平方和最小为准则来确定生产函数的。这种依据“平均”概念所得到的生产函数必然无法包括那些“脱离”生产函数，却可能更具有现实意义的生产关系。可以说，在特定条件下，通过统计回归法来确定的生产函数，其本身已经脱离了现实的生产关系。而如果运用数据包络分析法进行效率评价，则有效规避了无法有效设定生产函数所带来的不确定性。数据包络分析法并不依据生产函数来进行统计分析，而是基于多个投入与输出的决策目标所构成的生产前沿面来进行相对有效性分析。可以说，数据包络分析法所构建的生产前沿面是反映经济内在运行规律的“生产函数”，这显然比传统的统计回归法所得出的生产函数更具有现实意义。因此，数据包络分析法被广泛地应用在宏观经济运行效率等评估领域。

本节将标准DEA和超效率DEA模型相结合，对“一带一路”沿线国家产业合作效率的动态变化趋势进行分析，旨在通过对“一带一路”沿线国家产业合作效率的综合评价，为我国各地区与“一带一路”沿线国家进行产业合作提供对策和依据。

8.2.1 DEA 模型及评价指标

数据包络分析法（DEA）是使用数学规划建立评价模型，对同类型决策单元（Decision Making Unit，DMU）间的相对有效性问题进行评价的分析方法。一般而言，DEA 模型的构建应该具备三个变量：第一个变量是决策变量。决策变量是特定问题的某种可行方案，并用固定参数表示。它既是经济模型构建的重要前提，也是模型构建的基本要素。需要指出的是，在经济学研究领域中，决策变量往往是非负的。这是因为在经济问题研究中，负变量没有实际意义。第二个变量是约束条件。约束条件是模型构建时对目标方程的限制性条件。这些约束条件反映了现实经济活动中对目标函数的各种要求，往往限制了目标函数可行解的值域范围。第三个变量是目标函数。目标函数就是满足特定问题分析的特定经济关系。一般而言，符合目标函数的最优解即经济模型所求目的，往往是在约束条件下的某种极值，既可以是最大值，也可以是最小值。

本节选取了可变规模报酬的标准 DEA－BCC 模型，表达式如下：

$$
\begin{aligned}
&\min[\theta-\varepsilon(e^{T}s^{-}+e^{T}s^{+})]\\
&\text{s. t.}\quad \sum_{j=1}^{n}x_j\lambda_j+s^{-}=\theta x_i\\
&\sum_{j=1}^{n}y_j\lambda_j-s^{+}=y_i\\
&\lambda_j\geqslant 0,j=1,2,\cdots,n\\
&s^{-}\geqslant 0,s^{+}\geqslant 0,\sum_{j=1}^{n}\lambda_j=1
\end{aligned}
\tag{8-1}
$$

公式（8－1）中，λ_j 是规划决策变量，s^{-}、s^{+}是松弛变量，θ 是规划目标值（在本节中表示 j 国的产业合作效率值）。当 $\theta=1$ 时，说明该国产业合作效率达到相对有效。

1993 年，Andersen 和 Peterson 提出的超效率模型弥补了无法对多个 DMU 同时处于生产前沿面效率值进行评价的缺陷，使 DMU 可以进行比较和排序，由此建立超效率 DEA 模型。将公式（8－1）中的被评 DMU 从参考集中剔除，可以得到公式（8－2），其中有效 DMU 的超效率值通常会大于 1，且超效率值越大，说明产业合作效率水平越高。而对于没有达到 DEA 有效的 DMU，其效率值并不会发生变化。

$$
\begin{aligned}
&\min[\theta - \varepsilon(e^T s^- + e^T s^+)] \\
&\text{s.t.} \quad \sum_{j=1, j\neq i}^{n} x_j \lambda_j + s^- = \theta x_i \\
&\sum_{j=1, j\neq i}^{n} y_j \lambda_j - s^+ = y_i \\
&\lambda_j \geqslant 0, j = 1, 2, \cdots, n \\
&s^- \geqslant 0, s^+ \geqslant 0, \sum_{j=1}^{n} \lambda_j = 1
\end{aligned} \tag{8-2}
$$

需要说明的是，在超效率 DEA 模型中，随着评价指标体系的不断扩大，特定目标区域的超效率评价有效性系数也会增加。这意味着，测度指标体系必然是以选择那些起绝对性作用且简练的指标为主。因此，本文选取固定资本形成总额、进口占商品进口比重、出口占商品出口比重、创新制度四个指标作为投入指标，同时选取产业增加值、商业成熟度指数作为产出指标，如表 8 - 1 所示。

表 8 - 1　　产业合作效率评价指标

指标类型	指标名称	数据来源
投入指标	固定资本形成总额（亿美元）	世界银行数据库
	进口占商品进口比重（%）	世界银行数据库
	出口占商品出口比重（%）	世界银行数据库
	创新指数	全球竞争力报告
产出指标	产业增加值（亿美元）	世界银行数据库
	商业成熟度指数	全球竞争力报告

8.2.2 “一带一路”沿线支点国家产业合作效率的综合评价

将“一带一路”沿线支点国家各指标数据导入 DEAP2.1 软件，计算 2010 年至 2019 年“一带一路”沿线支点国家产业合作的综合效率（TE）、纯技术效率（PTE）、规模效率（SE）以及规模收益（RTS）（见表 8 - 2）。从总体的综合效率（TE）来看，“一带一路”沿线支点国家产业合作效率处于较高水平。2019 年中国与韩国、泰国产业合作达到 DEA 有效值，并与大多数支点国家产业合作效率处于较高水平。从纯技术效率（PTE）来看，中国与韩国、菲律宾、新加坡、俄罗斯的产业合作纯技术效率有所提升；与蒙古国的产业合作纯技术效率有所下降。而在规模效率（SE）和规模收益（RTS）上，中国与韩国的产业合作规模效率保持为有效状态（SE＝1），与蒙古国、印度尼西亚、马来西亚、菲律宾和印度的产业合作规模效率有小幅度下降，与新加坡的产业合作规模效率的下降幅度较大。

表8－2　基于标准效率DEA模型的产业合作效率评价

沿线国家	2010年				2019年			
	TE	PTE	SE	RTS	TE	PTE	SE	RTS
中国	1.000	1.000	1.000	→	1.000	1.000	1.000	→
韩国	0.892	0.918	0.972	↑	1.000	1.000	1.000	→
蒙古国	1.000	1.000	1.000	→	0.896	0.917	0.977	↑
印度尼西亚	1.000	1.000	1.000	→	0.881	0.946	0.932	↑
马来西亚	1.000	1.000	1.000	→	0.833	1.000	0.833	↑
菲律宾	0.881	0.884	0.997	↑	0.945	0.970	0.974	↑
新加坡	0.766	0.768	0.998	↓	0.749	0.971	0.771	↑
泰国	1.000	1.000	1.000	→	1.000	1.000	1.000	→
越南	0.845	0.865	0.978	↑	0.850	0.850	1.000	→
印度	0.931	0.931	1.000	→	0.846	0.903	0.937	↑
俄罗斯	0.728	0.739	0.968	↓	0.873	0.895	0.975	↑

说明：→表示RTS不变；↑表示RTS增加；↓表示RTS下降。

基于超效率DEA模型，本书继续对2019年具有代表性的"一带一路"沿线国家产业合作效率进行分析，进而揭示产业合作效率的区域性差异，见表8－3。从总体上看，2019年"一带一路"沿线部分国家产业合作的超效率有所提升，特别是超效率值低的国家从2个降至1个。但值得注意的是，绝大多数国家的超效率值集中在0.85～1.50，说明在产业合作效率方面还有很大的提升空间。2019年，东亚地区的产业合作效率处于较高水平，其中中国和韩国超效率值大于1，而蒙古国的超效率值为0.92，说明区域之间产业合作效率国别差异较大。东南亚地区的产业合作效率整体处于良好水平，除了

表 8-3　2010 年与 2019 年“一带一路”沿线部分国家产业合作效率分析

年份	地区	超效率≥1.50	1.00≤超效率<1.50	0.85≤超效率<1.00	超效率<0.85
2010	东亚	中国、蒙古国	韩国	俄罗斯	
	东南亚	泰国、马来西亚		菲律宾、印度尼西亚、新加坡、越南	
	南亚			印度	
	西亚	沙特		阿联酋	土耳其
	中东欧	白俄罗斯	塞尔维亚、斯洛伐克	波兰	乌克兰
	北非			埃及	
2019	东亚	中国	韩国	俄罗斯、蒙古国	
	东南亚	泰国	菲律宾、越南	印度尼西亚、马来西亚、新加坡	
	南亚			印度	
	西亚		土耳其、沙特	以色列	
	中东欧	白俄罗斯、塞尔维亚、爱沙尼亚	捷克、克罗地亚、立陶宛、拉脱维亚、斯洛伐克、斯洛文尼亚	亚美尼亚、保加利亚、匈牙利、波兰、罗马尼亚	乌克兰
	北非	埃及			

泰国、菲律宾、越南达到有效值，其余国家的超效率值均处于 0.85~1.00，地区之间的差异不大。南亚地区的产业合作效率远低于超效率平均水平，而且没有一个国家达到有效值，该地区仅有印度的超效率值在 0.85~1.00。这说明南亚地区的超效率值远远低于整体平均水平，该区域的产业合作效率与其他区域相比还有很大的距离，有待提升。西亚地区的产业合作效率处于中

等水平，其中以色列的超效率值在0.90左右，土耳其和沙特的超效率值大于1。这说明该地区的产业合作效率持续提升。中东欧地区是所有区域之中超效率值最高的地区，白俄罗斯、塞尔维亚、爱沙尼亚、克罗地亚等9个国家的超效率值均大于或等于1，与2010年相比，其产业合作效率有了大幅提高。另外，北非的埃及产业合作效率得到较大程度提升，超效率值由不到1提高到1.5以上。

8.2.3 显性比较优势模型构建

为了更好地确定我国与“一带一路”沿线支点国家产业合作内容，在实证分析产业合作效率基础上，现引入显性比较优势（Revealed Comparative Advantage，RCA）模型。显性比较优势反映了特定国家在全球经济中的贸易地位，即该国出口某种产品在世界该产品出口中所占的份额与该国产品的出口在世界所有产品出口中所占份额的比例。公式为：

$$RCA_{ij} = \frac{\frac{x_{ij}}{x_{tj}}}{\frac{x_{iw}}{x_{tw}}} \tag{8-3}$$

其中，x_{ij}表示j国出口i产品的出口额，x_{tj}表示j国的总出口额，x_{iw}表示世界i产品的出口额，x_{tw}表示世界的总出口额。根据钱书法、邰俊杰、周绍东等学者的研究，$RCA_{ij} \geqslant 3$表示j国该产品具有很强的显性比较优势；$1.5 \leqslant RCA_{ij} < 3$表示$j$国具有较强的显性比较优势；$0.75 \leqslant RCA_{ij} < 1.5$表示$j$国具有中等的显性比较优势；$RCA_{ij} < 0.75$表示$j$国的显性比较优势较弱。通过计算两国的$RCA_{ij}$差值的绝对值可以对两国的贸易进行比较。绝对值越大，则表示两国在该种商品上的比较差异越大，其可以通过国际合作实现互补。本书在研究我国与“一带一路”沿线国家进行产业分工与合作模式选择时，首先，在各个沿线国家中根据RCA指数选择具有比较优势的细分产业并进行排序；其次，将我国与沿线国家具有比较优势细分产业组合的RCA值进行排序；最后，选择可进行合作的产业组合。

8.2.4 “一带一路”沿线支点国家显性比较优势产业

通过计算，2019年“一带一路”沿线支点国家产业显性比较优势指标如

表 8－4 所示。从表中可以看出，东南亚地区在初级产品出口上具有较强的显性比较优势。其中，新加坡是东南亚经济发达地区，其工业发展也领先于其他东南亚国家，在电气机械、科学仪器等技术类制造品上具有明显优势。南亚地区在“一带一路”沿线国家中产业发展相对落后。其中，印度是南亚地区制造业最为发达、制造品类较为齐全的国家，在多个制造业细分产业中具有比较优势，比如纺织纱及其制品、服饰及其用品等。

表 8－4　2019 年“一带一路”沿线支点国家产业显性比较优势指标

区域	国家	产业					
东南亚地区	马来西亚	C23 天然橡胶（3.79）	C34 天然气（3.74）	C42 固定油脂及原油（11.05）	C43 动物或植物油脂（19.29）	C63 软木及木制品（1.82）	C77 电气机械（2.91）
	新加坡	C9 杂料食品（3.28）	C55 精油及香水（2.44）	C57 初级形状塑料（2.02）	C71 发电机械设备（2.07）	C77 电气机械（2.64）	C87 科学仪器（1.62）
东亚地区	韩国	C23 天然橡胶（2.53）	C51 有机化学品（1.82）	C57 初级形状塑料（2.48）	C67 钢铁（2.20）	C71 发电机械设备（2.22）	C79 其他运输装备（2.07）
	俄罗斯	C4 谷物及谷物制品（2.62）	C23 天然橡胶（2.19）	C24 软木及木材（4.83）	C32 煤、焦炭及煤砖（6.87）	C33 石油及其产品（6.64）	C67 钢铁（2.41）
	蒙古国	C26 纺织纤维（2.51）	C27 矿产及原油（1.63）	C28 金属矿砂及肥料（2.31）	C32 煤、焦炭及煤砖（6.64）		
南亚地区	印度	C4 谷物及谷物制品（2.62）	C6 糖、糖制品等（2.81）	C26 纺织纤维（3.03）	C27 矿产及原油（3.34）	C65 纺织纱及其制品（3.14）	C84 服饰及其用品（2.10）
西亚和北非地区	埃及	C5 蔬菜和水果（6.61）	C6 糖、糖制品等（3.75）	C26 纺织纤维（4.12）	C27 矿产及原油（6.05）	C34 天然气（3.72）	C56 肥料（14.93）
中东欧地区	捷克	C35 电力（3.79）	C62 橡胶制品（2.33）	C69 金属制品（2.02）	C75 办公机器（2.48）	C78 道路车辆（2.49）	C82 家具及床上用品（2.08）

为了更加准确地探究中国与“一带一路”沿线国家的产业合作内容，本节进一步测算了我国与沿线支点国家的产业显性比较优势，并整理出我国与“一带一路”沿线支点国家显性比较优势关系，如表 8－5 所示。需要指出的是，考虑到文章篇幅限制以及我国产业门类庞杂，本书在分析我国产业比较优势过程中，采用了联合国 UN－Comtrade 数据库，将细分产业进行归类：SITC0—4 为初级产品，SITC6、SITC8 为劳动密集型的制成品，SITC5、SITC7 为技术密集型和资本密集型的制成品，将其作为研究对象。随后，本书将我国产业的显性比较优势与“一带一路”沿线支点国家产业的显性比较优势进行比较，进而确定产业合作内容和产业合作形式。在此基础上，总结出我国与沿线国家进行产业合作的主要方式有三种：①产业间互补合作。合作双方基于要素禀赋差异，通过产业互补来满足不同国家对不同产业发展的需要。这种合作方式通常适用于经济欠发达地区与经济发达地区之间的产业合作，属于低水平的合作关系。②产业内互补合作。合作双方拥有相近的要素禀赋，通过产业分工与合作来带动两国产业，实现产业升级。这种高水平合作通常在比较优势相近的两个国家间展开。③产品内分工合作。合作各国之间凭借人才、技术、管理等优势，完成同类产品不同生产环节之间的分工与合作，进而实现全球价值链产业升级。

表 8－5　2019 年我国与“一带一路”沿线支点国家显性比较优势关系

国家	SITC0	SITC1	SITC2	SITC3	SITC4	SITC5	SITC6	SITC7	SITC8
中国—俄罗斯	●	●	★	★	★	●	■	★	★
中国—韩国	●	●	●	●	●	★	■	■	★
中国—蒙古国	●	●	★	●	●	●	★	★	★
中国—新加坡	●	★	●	★	●	★	★	■	★
中国—印度	★	●	●	★	●	★	■	★	■

注：●两国间产业均为比较劣势，★两国间产业形成互补，■两国间产业存在竞争。

8.3　我国与“一带一路”沿线支点国家产业联动合作内容：产业分工视角

8.3.1　与俄罗斯产业联动合作内容

近年来，中国一直是俄罗斯最大的贸易伙伴，而俄罗斯是中国第十大贸易伙伴，为中国对外贸易发展做出了巨大的贡献。从表8－5中可以看出，俄罗斯在RCA指数中，SITC2、SITC3、SITC4初级产品具有较强优势，与中国的同类产业形成互补关系。再结合表8－4，在劳动密集型产品中，俄罗斯以钢铁等贱金属制品为主的制成品具有一定的显性比较优势，与我国同类产品形成竞争关系。俄罗斯在SITC6类产品上具有一定的显性比较优势，与我国同类产品形成竞争关系。而俄罗斯SITC8类出口产品的RCA指数较低，竞争优势较弱，与我国同类产品形成互补关系。面对SITC5类产品，中国与俄罗斯均缺少竞争优势，而俄罗斯以机械和运输设备为主的SITC7类产品比较优势相对较低，同我国形成了互补关系。

综合分析俄罗斯产业效率和显性比较优势，同时结合中俄两国产业间的互补、竞争关系，本书确定了中俄两国产业分工合作内容，具体情况（见表8－6）：短期内，我国与俄罗斯基于要素禀赋结构展开产业间分工合作，从俄罗斯进口SITC2、SITC3中的原油及成品油、铁矿砂，原木和煤等初级产品，解决我国经济发展中资源不足的问题；向俄罗斯出口SITC6中的服装、鞋类等劳动密集型产品。长期内，我国要依托“一带一路”建设，进一步推进中国与俄罗斯在更大的平台、更广阔的开放格局下展开合作。在能源开发利用方面，根据欧亚经济联盟计划，2025年前中俄要建立统一的电力、石油和天然气市场，中国与俄罗斯会在SITC2、SITC3中的油气勘查、开采以及新能源产品开发方面展开积极的分工合作。因此，在未来很长一段时间内，能源合作将是中俄两国双边展开产业合作的重要领域之一。除了能源合作，中俄两国应在SITC7技术密集型产品上寻求更多的合作机会。中国依托在该产业中的显性比较优势，可以同俄罗斯展开机械和运输设备产业内和产品内的分工合作，构建以中国为主导的沿线国家区域价值链。

表 8-6　　中国与俄罗斯产业合作内容以及合作方式

合作产业大类		合作细分产业	产业合作方式	进出口	国际投资
短期	SITC2、SITC3	C32 煤、焦炭及煤砖	产业间合作	进口最终产品	
	SITC6	C65 纺织纱及其制品；C84 服饰及其用品	产业间合作	出口最终产品	
长期	SITC2 SITC3	C32 煤、焦炭及煤砖；C33 石油及其产品	产业间合作 产业内合作	进口最终产品 出口最终产品	OFDI
	SITC7	C78 道路车辆；C79 其他运输装备；C74 一般工业机械	产业内合作	出口中间产品	OFDI

8.3.2 与蒙古国产业联动合作内容

中蒙两国边境线长达4710千米，有着良好的经贸合作区位优势。从历史维度来看，中国与蒙古国早在1951年就建立了贸易关系；1991年两国针对现汇贸易、相互保护投资等方面签订了合作协议。随着两国经贸合作范围、深度的不断扩大和增加，2008年6月中蒙两国签订了《中华人民共和国政府与蒙古国政府经贸合作中期发展纲要》。随后，两国双边经贸合作进入了快车道，中蒙两国进出口总额从2008年的26亿美元上涨到2019年的82亿美元。由此可见，中蒙两国有着强烈的合作意愿以及良好的合作基础。在“一带一路”建设下，两国产业合作具有深远的意义。如表8-5所示，蒙古国在RCA指数中，SITC2具有较强优势，与我国矿物燃料、非食品加工材料等产品形成了互补关系。在SITC6和SITC8劳动密集型产品中，蒙古国缺乏显性比较优势，形成了以我国为主导的产业互补关系。我国在以机械和运输设备为主的SITC7技术密集型产品中，显性比较优势较高，与蒙古国同类型产业形成了产业互补关系，具备分工合作的可能。

在综合分析蒙古国产业效率和显性比较优势，以及中蒙两国产业间的互补、竞争关系基础上，本书得出中蒙两国的产业分工内容和分工方式，见表8-7。短期内，我国同蒙古国应继续展开基于自然资源合作利用的产业间分工合作，从蒙古国进口 SITC2、SITC3 中的矿砂、矿渣以及矿灰、沥青、铜制品、钢铁、铝及铝制品、矿物燃料等初级产品；向蒙古国出口 SITC6 中的皮革制品、旅行箱包、服装等劳动密集型制成品。现阶段，中国和蒙古国在经济发展层面以及比较优势上存在较为显著的差距，这种经济发展的差异性和产业互补性使得“一带一路”建设将成为造福两国的伟大之举，也会推动两国的产业合作保持长期发展。目前，由于蒙古国产业发展水平较低，我国与蒙古国主要通过资源互补的模式进行合作。长期来看，两国应先扎实推进能源产业方面的合作，随后向制造业合作领域推进。

表 8－7　　　　中国与蒙古国产业合作内容以及合作方式

合作产业大类		合作细分产业	产业合作方式	进出口	国际投资
短期	SITC2、SITC3	C27 矿产及原油；C32 煤、焦炭及煤砖	产业间合作	进口最终产品	
	SITC6、SITC8	C65 纺织纱及其制品；C84 服饰及其用品	产业间合作	出口最终产品	
长期	SITC2、SITC3	C32 煤、焦炭及煤砖	产业内合作	进口最终产品	OFDI
	SITC7	C78 道路车辆；C79 其他运输装备；C74 一般工业机械	产业内合作 产品内合作	出口中间产品 出口最终产品	OFDI
	SITC6、SITC8	C65 纺织纱及其制品；C84 服饰及其用品	产业间合作	出口最终产品	

8.3.3　与韩国产业联动合作内容

自 1992 年中韩两国建交以来，在科技、贸易、投资、运输、核能开发等多个领域，中韩两国展开了富有成效的双边合作。两国不仅地理位置接近，在文化上更是具有很强的认同感，因此双边经贸合作有着天然的优势。所以韩国是中国的第三大出口国、第一大进口国。而中国更是韩国的第一大出口国和最大进口来源国。

韩国对中国的贸易依存度从 2000 年以后一直处于上升态势。相关数据显示，其贸易依存度从 2000 年的 6.14% 上升到 2019 年的 17.32%。如表 8－5

所示，在显性比较优势（RCA）指数中，韩国的 SITC5 技术密集型产品、SITC7 资本密集型产品比中国有优势，中韩两国在很大程度上存在产业内和产品内分工合作的可能。而以材料橡胶制品、纺织纱线制品、金属制品为代表的 SITC6 劳动密集型产品，中韩两国显性比较优势均较高。由于该产业属于中低端制造业，两国产业发展过程中目前虽然存在竞争关系，但从长期看，两国未来均会减少该产业的布局，因此中韩两国围绕 SITC6 劳动密集型产品展开分工合作的可能性很小。中国在 SITC8 劳动密集型产品上相对韩国有较强的比较竞争优势，结合韩国的显性比较优势指标，中韩两国未来在劳动密集型产业的分工合作方面，应围绕利润增加值较高的科学仪器及光学产品展开。

综合分析韩国产业效率和显性比较优势，同时结合中韩两国产业间的互补、竞争关系，本书确定了中韩两国产业分工内容，具体情况（见表 8－8）：短期内，我国可以选择以纺织业为代表的 SITC6 同韩国的 SITC8 中的服装展开一定程度的产业内与产品内分工合作；而从产业长期发展角度看，中国应尽快摆脱低端制造业的束缚，着力同韩国合作发展 SITC8 中的科学仪器和光学产品。另外，本书研究认为，韩国的铁路运输业非常发达，有着良好的发展基础，而中国则在高速铁路建设方面居于世界首位。所以在“一带一路”建设的持续推进下，中韩两国可以在运输产品（SITC7）上改变现有的竞争局面，开展产业内分工合作，共同开发新兴市场技术。最后，韩国在以化学制品为主的 SITC5 有着显著的显性比较优势，所以 SITC5 是未来我国同韩国深度合作的重点领域。

表 8－8　中国与韩国产业合作内容以及合作方式

合作产业大类		合作细分产业	产业合作方式	进出口	国际投资
短期	SITC6、SITC8	C65 纺织纱及其制品； C84 服饰及其用品	产业内合作	出口最终产品	
	SITC5、SITC7	C51 有机化学品； C57 初级形状塑料； C77 电气机械	产业内合作 产业间合作	进口最终产品 进口中间产品	FDI

续　表

合作产业大类		合作细分产业	产业合作方式	进出口	国际投资
长期	SITC8	C87 科学仪器； C88 光学产品	产业内合作	进口最终产品 出口中间产品	FDI
	SITC7	C78 道路车辆； C79 其他运输装备； C74 一般工业机械	产业内合作 产品内合作	出口中间产品 出口中间产品	FDI
	SITC5	C51 有机化学品； C57 初级形状塑料； C58 非初级形状塑料	产品内合作	进口中间产品	FDI

8.3.4　与东盟产业联动合作内容

2019 年，中国与东盟贸易总额居于我国贸易总额的第二位，仅次于欧盟，而中国自 2010 年起就一直是东盟的第一大贸易伙伴国家。从中国与东盟贸易的产品类型看，经济发展水平较高的新加坡、文莱主要从中国进口矿物燃料、机械产品等装备技术密集型制造业产品和家具、服装、皮革制品等劳动密集型产品，对中国出口以机电产品和能源为主的初级产品。经济发展水平居中的马来西亚、泰国以及印度尼西亚等国从中国进口的商品主要集中在机电设备等装备制造业产品，出口中国的产品主要围绕能源和橡胶等原材料商品展开。经济发展水平相对较低的菲律宾、越南等国从中国进口机电产品、电气设备和纺织品等工业制成品以及生活消费品，出口到中国的商品有矿产品、木制品和谷物等初级产品。从中国与东盟国家进出口的产品结构可以看出，双方正处于不同的工业化阶段，各自显性比较优势突出，具备深度合作的可能。本书以新加坡为代表，分析其与我国在显性比较优势和产业效率基础上如何展开分工合作。如表 8 -5 所示，在显性比较优势（RCA）指数中，新加坡 SITC5 技术密集型产品、SITC7 资本密集型产品相对中国而言有较强的比较优势，中国的 SITC6、SITC8 劳动密集型产品相对新加坡而言具有显性比较优势，而在 SITC0、SITC2 初级产品中，两国都处于比较劣势。这说明：一方面，我国与新加坡相比，产业发展处于不同阶段，而新加坡产业主要围绕高端制造业展开，同时在部分劳动密集型产业上也有较强的显性比较优势；另一方面，我国初级产业发展不具备显性比较优势，而新加坡在部分初级产业上具有较强的显性比较优势。

综合分析新加坡产业效率和显性比较优势，同时结合中国与新加坡两国产业间的互补，本书确定了中新两国产业分工内容，具体情况（见表 8－9）：短期内，我国可以选择在 SITC6、SITC8 类产品和 SITC5、SITC7 类产品同新加坡展开产业间低水平分工合作，主要向新加坡出口纺织纱线、家具产品等最终产品，进口机电产品、化学品以及塑料制品等最终产品。而从长期发展来看，中国要想与新加坡建立产业合作发展的长效机制，就要选择两国显性比较优势明显的 SITC5 技术密集型产品和 SITC7 资本密集型产品进行合作。因此中国可以更多地承接新加坡产业转移，以技术溢出效应为导向，拓宽两国产业合作方式，变最终产品贸易为中间产品贸易，推动中国与新加坡之间商品和要素的流动性开放；同时细化产业内分工，进而建立基于全球价值链的产品内分工合作模式，最终实现产业分工合作关系向“中高端竞合”转变。

表 8－9　　中国与新加坡产业合作内容以及合作方式

<table>
<tr><th colspan="2">合作产业大类</th><th>合作细分产业</th><th>产业合作方式</th><th>进出口</th><th>国际投资</th></tr>
<tr><td rowspan="3">短期</td><td>SITC6、SITC8</td><td>C65 纺织纱及其制品；
C82 家具及床上用品</td><td>产业间合作</td><td>出口最终产品</td><td></td></tr>
<tr><td>SITC7</td><td>C73 金属加工机械</td><td>产业间合作</td><td>出口最终产品</td><td></td></tr>
<tr><td>SITC5</td><td>C51 有机化学品；
C57 初级形状塑料</td><td>产业间合作</td><td>出口最终产品</td><td></td></tr>
<tr><td rowspan="2">长期</td><td>SITC7</td><td>C71 发电机械设备；
C79 其他运输装备（船舶）</td><td>产业内合作</td><td>进口中间产品</td><td>OFDI</td></tr>
<tr><td>SITC5</td><td>C51 有机化学品；
C57 初级形状塑料；
C58 非初级形状塑料</td><td>产品内合作</td><td>进口中间产品
出口中间产品</td><td>FDI</td></tr>
</table>

8.3.5 与印度产业联动合作内容

从2009年至2019年中国和印度之间的贸易数据来看，贸易规模较大的产品为SITC5、SITC6、SITC7、SITC8类产品。其中，我国的SITC5、SITC6、SITC7、SITC8类产品对印度均有贸易顺差。从印度FDI相关数据上看，2013年之前投资数额下降而后上升，尤其是2017年增长显著，之后又逐步下降。事实上，中国对印度直接投资主要集中在制造业和建筑业，印度对中国的直接投资主要集中在第二产业。首先，在显性比较优势（RCA）指数中，印度的SITC5技术密集型产品相对中国而言有较强的比较优势，而中国的SITC7资本密集型产品相对印度而言有较强的比较优势，存在短期产业间分工和长期产业内分工的可能。其次，在SITC1、SITC2、SITC4资源密集型产品中，中印两国都处于比较劣势，短期内很难展开产业分工合作。最后，中印两国在SITC6和SITC8两个大类的劳动密集型产品中存在竞争关系，但其中的细分产业存在一定的差异性，因此两国在短期和长期内都具备产业分工合作的可能。

综合分析印度产业效率和显性比较优势，同时结合中印两国进出口和国际投资情况，本书研究总结了中印两国产业分工内容，具体情况（见表8-10）：短期内，我国可以选择SITC6、SITC7产品同印度展开产业间低水平分工合作，主要表现为中国向印度出口家具、服装、汽车零件等产品。而从长期来看，中印两国首先要加快推进国际产能合作。因为印度在SITC3资源密集型产品中的煤炭、铁矿石、铝土等矿产资源方面储量丰富，但工业化程度相对较低，制造业水平也较落后，所以与我国在SITC5技术密集型产品中的石油化工、SITC7资本密集型产品中的机械设备制造以及航空航天等领域合作空间巨大。具体而言，中印两国产业的长期合作可分三步走：第一步，依托浦那和巴罗达产业园区，以金奈—班加罗尔—迈索尔线路提速和相关火车站改造项目为依托，我国应重点鼓励国际化程度高且经营能力强的企业赴印度开展产能合作；第二步，围绕孟中印缅经济走廊，积极推进我国与印度制造业产业对接，借助印度软件与信息服务业优势和我国机械设备与运输设备的相对优势，在两国产业间和产业内展开高水平合作；第三步，中印两国应在长期内持续推进合作型产业园区建设，支持我国企业在印度投资建设加工工厂、制造基地以及研发中心。同时也要通过税收等优惠政策吸引印度企业来我国建立产业合作园区，为我国软件和信息服务产业技术水平的提升提供外在发展动力。

表 8－10　中国与印度产业合作内容以及合作方式

合作产业大类		合作细分产业	产业合作方式	进出口	国际投资
短期	SITC6	C65 纺织纱及其制品	产业间合作	出口最终产品	
	SITC7	C78 道路车辆； C79 其他运输装备	产业间合作	出口最终产品	
长期	SITC3 SITC2	C33 石油及其产品； C26 纺织纤维； C27 矿产及原油	产业内合作 产业内合作	进口最终产品 进口最终产品	OFDI OFDI
	SITC7	C78 道路车辆； C79 其他运输装备； C73 金属加工机械	产业内合作 产品内合作	出口中间产品	OFDI
	SITC5 SITC8	C51 有机化学品； C57 初级形状塑料； C87 科学仪器	产品内合作 产业内合作 产品内合作	进口中间产品	FDI OFDI

第九章　在"一带一路"重塑世界经济地理背景下东北地区跨空间产业联动研究

"一带一路"建设为我国东北地区产业升级带来了新机遇，并提出了新要求，但我国东北地区产业升级的传统模式和路径并不适用于"一带一路"建设带来的新环境和新机遇。因此，本章首先对东北地区在"一带一路"建设背景下的产业转型升级新原则和新目标重新进行了界定，为东北地区产业升级标明了方向。同时，在前一章分析"一带一路"沿线支点国家与我国显性比较优势产业基础上，本章继而分析了"一带一路"建设对世界经济地理格局的重构影响，以及在此趋势下我国与欧盟、东北亚和东南亚地区的产业布局演进趋势。最终在此基础上，进一步厘清了我国东北地区与"一带一路"沿线国家的联动产业选择。

9.1　产业联动视角下，东北地区产业转型的原则及目标

"一带一路"背景下，基于产业联动发展视角，东北地区产业转型应当遵循什么样的原则，以及在产业转型中应当实现什么样的目标，是本节重点讨论的内容。

9.1.1　东北地区产业转型的原则

东北地区产业转型的原则有以下三点：

（1）坚持可持续发展原则。可持续发展原则一直是区域产业转型发展重要的指导性原则，尤其处于资源型产业转型升级过程中的东北地区更应该重点遵循，并应不断致力于发展资源节约型产业。尽管东北地区可持续发展战略需要克服环境规制在短期内对其转型形成的产业成本增加困难，但从长期

来看，可持续发展战略一定能够推进东北地区更好地协调产业发展与资源、环境等多因素之间的关系。

（2）统筹兼顾原则。实现东北地区产业转型需要统筹兼顾，但统筹兼顾的主要手段则是需要构建一套科学合理的评价指标体系。构建东北地区产业转型升级评价体系，不仅需要借鉴现有的研究成果，更需要统筹兼顾各项指标在经济、环境、科技、结构优化等各层面的准确度量，减少主观性指标的使用，使指标体系能够更有效地对产业发展方向及效率进行准确地反映。

（3）市场运行与宏观调控匹配原则。市场运行机制要求产业在结构调整过程中遵循市场规律，即遵循“看不见的手”的规则和要求，同时也必须符合国家或地方的宏观经济政策。东北地区产业目前已经处于产业发展周期的成熟期和衰退期，而“一带一路”建设的实施和推进也为东北地区产业发展带来了更广阔的国际市场和国际资源。事实上，在此轮产业振兴过程中，东北地区要面临的是两种资源和两个市场。然而，过往东北地区产业升级的模式和方法过度依赖国内市场和国内资源，因此，“一带一路”背景下的东北地区实现产业升级，更应该完善法治化营商环境，让市场成为资源配置的决定性手段。同时，东北地方政府也要转变观念，充分了解并运用国家政策支持，主动选择产业调整方向，利用财政政策等手段，更好地发挥政府宏观调控作用，进而有效弥补市场运行机制不足，推动东北地区产业结构调整。

9.1.2 东北地区产业转型的目标

东北地区产业转型的目标有两点：

（1）提升产业的规模效应。东北地区产业转型需要克服传统要素投入驱动阶段规模经济效益下降的缺陷，加快产业转型升级的速度，通过技术驱动、多元化发展，实现东北地区产业在产业链及价值链上的升级。规模效应的认识也不应局限在因生产数量或技术进步所形成的生产规模扩大的经济节约方面。事实上，规模效应的内涵和外延随着研究的深入和新技术的应用，得到了丰富和完善。东北地区产业升级的规模效应不仅包括由于生产投入增加所带来的生产数量的增加，更要研究由于产业转型升级所引起的产品种类的增加，从而有利于东北地区产业真正形成核心竞争力。

（2）提高产业的综合利用水平。东北地区原有产业主要以重工业为主，在产业运行中，能源要素投入过多使环境承受了过多的负担。所以噪声、污水、废气、废渣对环境的伤害，使得东北地区需要花费更多的资金及精力来进行环境的治理，高昂的治理成本难免又严重拖累了东北地区整体产业的发展。因而，东北地区产业转型发展的未来方向应该注重围绕高效、高质、综合、循环利用这些方面。除注重在产业生产源头控制外，也需要加强终端对废弃物的治理和循环使用，从而增加产业经济效益，实现产业升级。

9.2 “一带一路”建设与世界经济地理格局的重构

随着“一带一路”建设的深层次推进，“一带一路”沿线国家与中国的贸易格局发生了进一步的变化。双方贸易格局的演进趋势将成为东北地区产业结构调整的“风向标”。因此，本节将对中国与欧盟、中国与东北亚地区、中国与东南亚地区产业布局的演进趋势进行分析，为研究东北地区联动产业的选择提供现实支撑。

9.2.1 中国与欧盟产业布局的演进趋势

从图 9－1 可知，2011 年至 2019 年，中国与欧盟的贸易总额年均超过 6000 亿美元，并在 2019 年达到 8768 亿美元。其间贸易总额虽略有起伏，但中欧进出口贸易总额占中国对外贸易总额的 17% 以上。自 2011 年以来，欧洲超过北美洲及其他国家（地区），一直保持着中国最大的贸易伙伴地位。

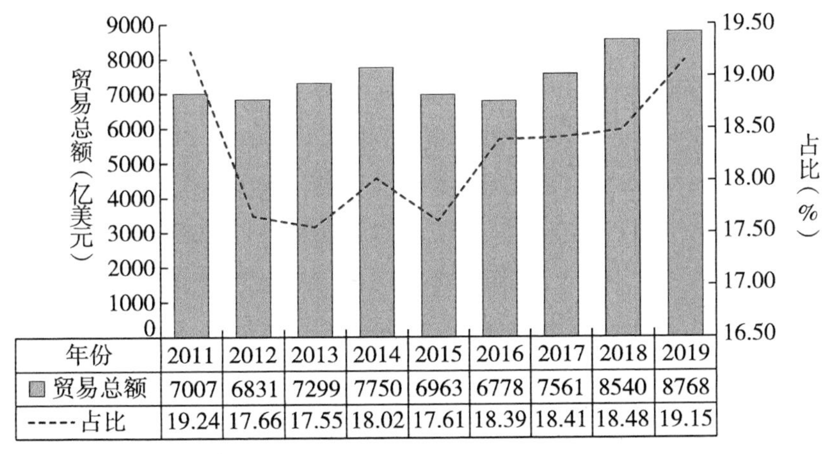

年份	2011	2012	2013	2014	2015	2016	2017	2018	2019
贸易总额	7007	6831	7299	7750	6963	6778	7561	8540	8768
占比	19.24	17.66	17.55	18.02	17.61	18.39	18.41	18.48	19.15

图 9－1　2011 年至 2019 年中欧贸易总额及占比趋势

从贸易商品种类上看，根据商品名称和编码协调制度（The Harmonized Commodity Description and Coding System，也称 H. S. 编码制度），中国与欧盟进出口贸易中，产品进出口额占比排在前五名的商品为：机械制造类、运输设备制造类、纺织品类、金属加工制品以及杂项制品类，详见表 9 - 1。

表 9 - 1　　中国与欧盟商品贸易进出口前五名商品占比　　（单位：亿美元）

年份／商品种类	2018				2019			
	出口		进口		出口		进口	
	金额	占比（%）	金额	占比（%）	金额	占比（%）	金额	占比（%）
机械制造类	1618. 2	39. 6	864. 4	31. 6	1766. 2	41. 2	832. 6	30. 1
运输设备制造类	159. 4	3. 9	530. 6	19. 4	154. 3	3. 6	544. 9	19. 7
纺织品类	486. 3	11. 9	84. 8	3. 1	518. 7	12. 1	66. 4	2. 4
金属加工制品	269. 7	6. 6	139. 5	5. 1	265. 8	6. 2	135. 5	4. 9
杂项制品类	367. 8	9. 0	32. 8	1. 2	360. 1	8. 4	33. 2	1. 2
总计	2901. 4	71. 0	1652. 1	60. 4	3065. 1	71. 5	1612. 6	58. 3

数据来源：联合国 UN - Comtrade 数据库。

其中，机械制造类商品主要包括核反应堆、机械器具及其零件以及电机、电气设备。下面具体看一下相关产品的进出口贸易额占比数据。电机和电气设备两种商品在 2019 年中欧进出口商品贸易中的占比分别为 44. 7%、48. 1%。在中欧运输设备制造类商品的进出口贸易中，车辆及其附件的占比达到 90% 以上。纺织品类商品包含 14 个小类的商品，其中针织或钩编的服装及其附件在 2019 年中欧进出口贸易中占比达到 36. 6%，非针织或钩编的服装及其附件占比达到 34. 7%。钢铁制品在金属加工制品中的占比最高，2018 年、2019 年分别为 29. 7% 和 32. 2%。在中欧杂项制品的进出口贸易中，家居用品占比达到 65. 4%。综合以上统计数据可以看出，在中欧贸易中，最具外贸发展潜力的相关产业主要包括机械制造业、新能源产业、汽车制造业、纺织业、钢铁产业、家具制造业。

9. 2. 2　中国与东北亚地区产业布局的演进趋势

东北亚是一个地理概念，广义上主要包括中国东北、韩国、朝鲜、日本以及蒙古国。本节将对韩国、朝鲜、日本、蒙古国四个国家与中国的对外贸易发展情况做出分析，以便明晰中国与东北亚"一带一路"沿线国家产业布局的演进发展趋势。从表9-2中的数据来看，中国与日本、韩国、蒙古国处于贸易逆差的状态，与朝鲜处于贸易顺差的状态。日本是中国在东北亚地区最大的贸易伙伴，也是中国第四大贸易伙伴，中日商品进出口贸易结构对于东北地区产业结构的调整具有重要的指导意义。

表9-2　　2015年至2019年中国与东北亚国家进出口贸易总额　（单位：亿美元）

年份 国家	2015		2016		2017		2018		2019	
	进口	出口	进口	出口	进口	出口	进口	出口	进口	出口
日本	1429.0	1356.2	1456.7	1294.1	1657.9	1372.6	1806.6	1470.5	1717.7	1432.4
韩国	1745.1	1012.9	1589.7	937.3	1775.5	1027.0	2046.4	1087.6	1735.6	1109.7
朝鲜	25.7	29.4	25.7	30.8	17.3	32.5	2.1	22.2	2.2	25.7
蒙古国	38.0	15.7	36.2	9.9	51.7	12.4	63.4	16.4	63.3	18.3

数据来源：《中国统计年鉴》。

表9-3列出了在中日商品贸易中占比排在前五位的商品种类，下面将针对中日贸易的商品结构进行分析，由此总结出具有发展潜力和较大外需的相关产业。

表9-3　　中国与日本商品贸易进出口前五名商品占比　（单位：亿美元）

年份 商品种类	2018				2019			
	出口		进口		出口		进口	
	金额	占比（%）	金额	占比（%）	金额	占比（%）	金额	占比（%）
机械制品	606.9	41.3	855.1	47.3	589.0	41.1	805.8	46.9
化学制品	105.0	7.1	276.8	15.3	96.9	6.8	279.2	16.3
运输设备	48.9	3.3	187.0	10.4	46.9	3.3	180.9	10.5
贱金属制品	88.7	6.0	142.1	7.9	89.8	6.3	132.1	7.7
纺织原料	47.2	3.2	26.6	1.5	46.2	3.2	25.5	1.5
总计	896.7	60.9	1487.6	82.4	868.8	60.7	1423.5	82.9

数据来源：联合国UN-Comtrade数据库。

从中日贸易的产品结构来看，中国进口商品的结构较为单一，进口前五名商品总额占进口总额的80%以上。而出口商品的种类相对较为丰富，除前五名商品之外，其他商品也占有较高的比重。在2019年中国对日本出口商品中，机械制品的占比最高，达到41.1%；其次是化学制品，占比达到6.8%。从中日商品贸易总体情况可以看出，在中国与东北亚的产业布局演进趋势中，机械制造业、化学工业、汽车制造业、纺织业是较具发展潜力的产业。

9.2.3 中国与东南亚地区产业布局的演进趋势

东南亚位于亚洲东南部，包括中南半岛和马来群岛两大部分。东南亚地区共有11个国家，分别为越南、老挝、柬埔寨、泰国、缅甸、马来西亚、新加坡、印度尼西亚、文莱、菲律宾、东帝汶，面积约457万平方千米。其中，老挝是东南亚唯一的内陆国，越南、老挝、缅甸与我国陆上接壤。

从表9-4的贸易总额来看，中国与东南亚部分国家的进出口贸易一直处于上升状态。其中，越南毗邻中国，因此越南成为中国在东南亚最大的贸易伙伴。

表9-4　2015年至2019年中国与东南亚部分国家进出口贸易总额

（单位：亿美元）

年份 国家	2015		2016		2017		2018		2019	
	进口	出口	进口	出口	进口	出口	进口	出口	进口	出口
越南	298.3	660.2	371.7	611.0	503.7	716.2	639.6	838.8	641.2	978.7
新加坡	275.8	519.4	260.1	445.1	342.5	450.2	337.3	490.4	352.4	548.0
马来西亚	532.8	439.8	492.7	376.7	544.3	417.1	632.1	453.8	719.1	521.4
泰国	371.7	382.9	385.3	372.0	416.0	385.4	446.3	428.8	461.6	455.8

数据来源：《中国统计年鉴》。

表9-5中的商品种类是中越商品贸易中占比前五名的商品。从表中数据可以看出，2018年与2019年，机电产品在中越贸易中所占比重较大，进口占比超过50%。其中，2019年机电产品出口占比相较2018年有所增加，达到40%以上，是中越贸易中最具发展潜力的产业；排名第二位的是纺织品，占比处于波动状态，但整体占比在10%左右。从2018年到2019年中越贸易总体情况来看，在“一带一路”建设背景下，中越最具贸易发展潜力的相关产

业主要包括机电制造业、纺织业、化学工业以及塑料产品加工业。

表 9－5　中国与越南商品贸易进出口前五名商品占比　（单位：亿美元）

商品种类＼年份	2018				2019			
	出口		进口		出口		进口	
	金额	占比（%）	金额	占比（%）	金额	占比（%）	金额	占比（%）
机电产品	328.3	39.1	358.7	56.1	432.6	44.2	373.2	58.2
纺织品	117.6	14.0	28.2	4.4	122.7	12.5	30.1	4.7
贱金属制品	90.8	10.8	2.7	0.4	91.0	9.3	5.2	0.8
化学制品	65.0	7.8	13.8	2.2	73.6	7.5	16.7	2.6
塑料制品	10.9	1.3	24.2	3.8	1.7	0.2	26.7	4.2
总计	612.6	73.0	427.6	66.9	721.6	73.7	451.9	70.5

数据来源：联合国 UN－Comtrade 数据库。

9.3　基于变异系数法的东北地区与“一带一路”沿线国家联动产业选择

随着“一带一路”建设的不断深入，中国与“一带一路”沿线国家的产业布局也在不断发生变化。东北地区要深度参与“一带一路”建设就必须结合自身的产业发展基础与“一带一路”的产业布局趋势相对应，实现东北地区与“一带一路”沿线国家的产业联动，从而进一步转变经济发展方式，推动东北地区振兴。

9.3.1　区域联动产业选择指标体系构建的基准

东北地区联动产业选择指标体系的构建，需要借鉴主导产业和优势产业选择的相关经验，进而选取出因地制宜的联动产业。国内外学者对于优势产业与主导产业的选择虽有许多研究，但有关主导产业和优势产业选择与相关指标体系构建的原则尚未达成一致。日本经济学家筱原三代平（1957）提出了需求收入弹性基准和生产率上升率基准，即著名的“筱原两基准理论”。波特（1985）

在《竞争优势》一书中提出市场需求、生产条件、产业关联性、企业自身战略、产业结构战略以及产业发展机遇六个影响区域优势产业选择的因素。这六个因素间彼此制约，又共同作用于区域优势产业。此外，美国经济学家赫希曼（1991）也提出了"赫希曼基准"。赫希曼认为产业关联效应是影响主导产业选择的至关重要的因素，因此将具有较强关联效应的产业作为主导产业。同样，中国学者基于中国发展实践也提出了主导产业选择基准。如中国学者郭克莎（2003）认为增长潜力、就业功能、带动效应以及生产上升率、技术密集度、可持续发展能力是主导产业选择的基准。姚晓芳（2006）同样支持上述观点，并在对衡量产业发展水平综合指标比较后，将产业规模、经济效益、市场需求、产业竞争力纳入优势产业评价内容。而曾德高（2011）等学者从现有优势产业和潜在优势产业两个角度分析了区域优势产业的选择。曾德高认为，在遴选优势产业的过程中要综合考虑这两方面因素，并同时参考两类指标体系。

综合以上学者研究成果，本书选取五项基准对东北地区联动产业选择进行测度。联动产业选择五项基准包括关联强度基准、发展潜力基准、技术进步基准、动态比较优势基准以及产业结构基准。影响区域联动产业选择的因素很多，如何对其进行高度抽象的概括，并从中抓住最本质的东西，是构建指标体系的关键。上述联动产业的选择基准，可以构成区域联动产业选择指标体系一级指标，反映各基准的指标可以构成二级指标。由此，在以上五项基准之下，本书进一步构建东北地区联动产业选择指标体系，如表 9－6 所示。

表 9－6　　东北地区联动产业选择指标体系

	一级指标	二级指标
指标体系	产业波及度指标	影响力系数
		感应度系数
	产业发展潜力指标	产业增长速度
		需求收入弹性
	产业比较优势指标	区位商
		技术效益系数
	产业规模指标	从业人员比重
		增加值比重

资料来源：作者整理。

9.3.2　指标解释与计算方法

（1）影响力系数。影响力系数又称后向关联系数，是指国民经济某一个产品部门增加一个单位最终产品时，对国民经济各部门所产生的生产需求波及程度。影响力系数越大，该部门对其他部门的拉动作用就越大。影响力系数的计算需要借助投入产出表，本书采用《中国地区投入产出表2017》中东北三省的相关数据，其计算公式为：

$$T_{ij} = \frac{\sum_{i=1}^{n} A_{ij}}{\frac{1}{n}\sum_{i=1}^{n}\sum_{j=1}^{n} A_{ij}} \left(\frac{\text{该产业纵列逆阵系数}}{\text{全部产业纵列逆阵系数平均值}}\right) \quad (9-1)$$

其中，A_{ij}为里昂惕夫逆矩阵的系数值，也称完全消耗系数。

（2）感应度系数。感应度系数又称前向关联系数，是指国民经济各部门每增加一个单位最终使用时，某一部门由此而受到的需求感应程度，也就是需要该部门为其他部门生产而提供的产出量。感应度系数越大，说明该部门对经济发展的需求感应程度越强；反之，则表示对经济发展的需求感应程度越弱。感应度系数的计算同样需要借助投入产出表，其计算公式为：

$$S_{ij} = \frac{\sum_{j=1}^{n} A_{ij}}{\frac{1}{n}\sum_{i=1}^{n}\sum_{j=1}^{n} A} \quad (9-2)$$

（3）产业增长速度。本书采用同比增长率测度东北地区各产业的增长速度，其计算公式为：

$$R_i = \frac{P_{i2017} - P_{i2016}}{P_{i2016}} \times 100\% \quad (9-3)$$

其中，P_{i2017}代表第 i 产业 2017 年全年的总产值，P_{i2016}代表第 i 产业 2016 年的总产值。

（4）需求收入弹性。需求收入弹性用以反映特定产业需求增长率与国民收入增长率的关系。公式为：

$$IDP_{ij} = \frac{\frac{N_{i2017} - N_{i2016}}{N_{i2016}} \times 100\%}{\frac{GDP_{i2017} - GDP_{i2016}}{GDP_{i2016}} \times 100\%} \quad (9-4)$$

其中，IDP_{ij}是指 j 地区第 i 产业的需求收入弹性。

（5）区位商。区位商又称专业化率，是一个地区某种产业生产产值在该地区所有产业中所占比重与该产业产值占全国该产业产值的比重之比。其计算公式为：

$$LQ_{ij} = \frac{L_{ij} / \sum_{j=1}^{m} L_{ij}}{\sum_{i=1}^{n} L_{ij} / \sum_{i=1}^{n} \sum_{j=1}^{m} L_{ij}} \tag{9-5}$$

其中，L_{ij}表示 i 地区 j 行业的产出，LQ_{ij} 表示 i 地区 j 行业的区位商。$LQ > 1$ 表示专业化程度高，超过全国总体水平。LQ 值越大，说明专业化程度越高，比较优势越明显。

（6）技术效益系数。技术效益系数是指该产业的科研经费投入占该产业产出的比值。技术效益系数越大，说明该产业的技术效益越明显，科技创新的带动效应也就越强。其计算公式为：

$$T_i = \frac{R_i}{P_i} \tag{9-6}$$

（7）从业人员比重。该指标反映的是特定产业从业人数在所有劳动力中所占的比重，表示该产业对于区域就业的拉动能力。从业人员比重越大，表明该产业对就业的拉动能力越强。其计算公式为：

$$LR_i = \frac{L_i}{\sum_{i=1}^{n} L_i} \tag{9-7}$$

（8）增加值比重。增加值比重表示区域内该产业的增加值占区域全年增加值的比重，能够直观地反映该产业对区域经济增长的贡献率。增加值比重越大，表明该产业对区域经济的贡献越大，同时产业发展具有较好的基础条件。其计算公式为：

$$IVR_i = \frac{IVR_i}{\sum_{i=1}^{n} IVR_i} \tag{9-8}$$

在确定各个指标及指标的计算方法之后，本书通过变异系数法确定权重。变异系数又称“标准差率”，能直接利用指标信息得到指标的权重。公式为：

$$变异系数 = \frac{标准差}{平均数} \times 100\% \tag{9-9}$$

此外，本书在研究中注重东北地区的分工与协作，分别对三个省份进行优势产业选择分析。故得出，各指标的权重在不同省份中各不相同，再对权重进行归一化处理后，结果如表 9 - 7 所示。

表 9 - 7　　东北地区联动产业选择指标权重

指标权重 \ 省份	辽宁	吉林	黑龙江
影响力系数	0.0139	0.0679	0.0106
感应度系数	0.0448	0.1023	0.0068
产业增长速度	0.2474	0.1251	0.7939
需求收入弹性	0.0858	0.1288	0.0242
区位商	0.1466	0.1388	0.0312
技术效益系数	0.0107	0.1491	0.0615
从业人员比重	0.2650	0.1158	0.0369
增加值比重	0.1857	0.1721	0.0348

数据来源：作者整理。

9.3.3　东北地区联动产业的评价与筛选

正确评价区域各产业优势，明确东北地区联动产业的地位，对于东北地区顺利对接“一带一路”产业转移具有重要意义。对东北地区进行联动产业选择，所依据的分类方法是标准分类法，本书依据《中国统计年鉴》以及《中国工业统计年鉴》中所采用的《国民经济行业分类（GB/T 4754—2002）》的分类标准对东北地区进行联动产业选择。对于以上各指标的计算，其数据来源于《辽宁统计年鉴 2017》《2017 吉林统计年鉴》《2017 黑龙江统计年鉴》《2017 中国工业统计年鉴》①。

（1）辽宁省联动产业选择。根据上述各指标公式，并结合相关年份统计年鉴，得出 2016 年至 2017 年辽宁省联动产业选择指标值，见表 9 - 8。

① 投入产出核算是国民经济核算体系的重要组成部分。由于模型中的影响力系数需要使用投入产出系数，而目前国家统计局牵头布置并组织的全国投入产出调查，最新数据为《中国地区投入产出表 2017》。因此，模型数据统一使用 2016 年至 2017 年数据。

表 9-8　　2016 年至 2017 年辽宁省联动产业选择指标值

产业分类＼指标	影响力系数	感应度系数	产业增长速度	需求收入弹性	区位商	技术效益系数	从业人员比重	增加值比重
农林牧渔产品和服务	0.7702	1.5412	0.0233	-4.6409	1.0996	0.0058	0.0413	0.0855
煤炭采选产品	0.6031	1.0209	0.1539	-11.468	0.7173	0.0009	0.0213	0.0097
石油和天然气开采产品	0.7484	1.2837	0.4249	-0.7633	0.7192	0.0047	0.0083	0.0067
金属矿采选产品	0.9013	1.2146	0.6737	-0.2440	0.9787	0.0018	0.0053	0.0063
非金属矿和其他矿采选产品	0.7636	0.7726	-0.2814	-0.7230	1.2859	0.0090	0.0008	0.0050
食品和烟草	1.1672	0.9982	-0.1278	-0.2949	0.4032	0.0039	0.0168	0.0145
纺织品	1.3043	1.2633	-0.0534	-0.2642	0.0994	0.0063	0.0020	0.0008
纺织服装鞋帽皮革羽绒及其制品	1.2154	0.5561	-0.1249	-0.3104	0.3172	0.0176	0.0087	0.0028
木材加工品和家具	1.1542	0.7105	-0.1951	-0.2054	0.2576	0.0029	0.0035	0.0017
造纸印刷和文教体育用品	1.2261	0.8747	0.0268	-0.2443	0.1495	0.0067	0.0036	0.0016

续　表

产业分类＼产业指标	影响力系数	感应度系数	产业增长速度	需求收入弹性	区位商	技术效益系数	从业人员比重	增加值比重
石油、炼焦产品和核燃料加工品	0.9574	1.2453	0.1916	0.4835	6.4114	0.0003	0.0152	0.0594
化学产品	1.2505	2.0482	0.0160	-0.4613	0.5721	0.0132	0.0219	0.0237
非金属矿物制品	1.0610	0.7509	0.0790	-0.2820	0.4749	0.0224	0.0077	0.0106
金属冶炼和压延加工品	1.1768	2.2433	0.4113	-2.4397	1.4787	0.0025	0.0441	0.0418
金属制品	1.2934	0.8790	0.2316	-0.3658	0.5025	0.0484	0.0108	0.0063
通用和专用设备	1.2900	1.2380	-0.2034	-0.3107	0.7942	0.0132	0.0340	0.0177
交通运输设备	1.1902	0.8459	0.0641	2.6055	1.9992	0.0070	0.0329	0.0460
电气机械和器材	1.3113	0.8330	-0.0449	-0.3980	0.4360	0.0147	0.0105	0.0060
通信设备、计算机和其他电子设备	0.9853	1.0767	0.0883	1.0966	0.6155	0.0357	0.0082	0.0116
仪器仪表	1.1205	0.5303	-0.1929	-3.6867	0.7774	0.0066	0.0037	0.0020

续 表

产业分类＼指标	影响力系数	感应度系数	产业增长速度	需求收入弹性	区位商	技术效益系数	从业人员比重	增加值比重
其他制造产品	0. 8308	0. 6998	-0. 1633	-0. 5657	0. 4047	0. 0312	0. 0013	0. 0004
废品废料	0. 8308	0. 5417	-0. 3411	-0. 1277	0. 0145	0. 0045	0. 0004	0. 0001
电力、热力的生产和供应	0. 9594	1. 7108	0. 0686	0. 3983	1. 3372	0. 0020	0. 0183	0. 0287
燃气生产和供应	0. 8675	0. 5652	0. 7169	0. 4206	0. 9229	0. 0006	0. 0028	0. 0015
水的生产和供应	0. 8147	0. 4880	0. 1108	0. 3798	1. 1503	0. 0162	0. 0058	0. 0016
建筑业	1. 1749	0. 4752	-0. 0608	-0. 3860	0. 3731	0. 5874	0. 0967	0. 0260
批发和零售	0. 5554	1. 2935	0. 1205	1. 0605	1. 3148	0. 0177	0. 0393	0. 1282
交通运输、仓储和邮政	0. 8692	1. 2282	-0. 3201	34. 9576	1. 2543	0. 0235	0. 0684	0. 0560
住宿和餐饮	0. 8416	0. 5281	-0. 0521	-15. 683	1. 1258	0. 0058	0. 0112	0. 0204
信息传输、软件和信息技术服务	0. 7656	0. 5429	0. 1824	2. 6409	0. 6647	0. 3077	0. 0248	0. 0236

数据来源：作者整理。

综合上述指标计算结果，辽宁省综合指标排名前七的产业包括交通运输、仓储和邮政（3. 1999），石油、炼焦产品和核燃料加工品（1. 1130），交通运输设备（0. 6043），信息传输、软件和信息技术服务（0. 4184），批发和零售（0. 4136），燃气生产和供应（0. 3817），金属矿采选产品（0. 3588）。计算结果表明，辽宁省在交通运输业、石油产业、交通运输设备相关产业具有发展比较优势，产业基础较为雄厚，有能力承接“一带一路”建设所带来的产业转移与产业结构调整。

（2）吉林省联动产业选择。运用上述指标的计算方法，结合相关统计年鉴数据，计算出2016年至2017年吉林省联动产业选择指标值，具体计算结果见表9－9。

表9－9　　2016年至2017年吉林省联动产业选择指标值

产业分类 \ 产业指标	影响力系数	感应度系数	产业增长速度	需求收入弹性	区位商	技术效益系数	从业人员比重	增加值比重
农林牧渔产品和服务	0.8382	1.6592	－0.0478	－0.1593	0.9796	0.0060	0.0812	0.0761
煤炭采选产品	0.9243	0.9946	－0.1259	－0.3015	0.3053	0.0094	0.0113	0.0041
石油和天然气开采产品	0.5917	1.2296	－0.0019	－0.4993	0.7036	0.0038	0.0052	0.0065
金属矿采选产品	1.0076	1.1537	0.0268	－0.5347	0.8738	0.0044	0.0027	0.0056
非金属矿和其他矿采选产品	0.9480	0.6680	－0.0688	－0.9361	0.9584	0.0082	0.0199	0.0038
食品和烟草	1.1089	1.1476	－0.0624	－4.6107	1.6866	0.0057	0.0054	0.0605
纺织品	1.0586	0.5649	0.1878	0.3771	0.5681	0.0016	0.0066	0.0045

续 表

产业分类 \ 产业指标	影响力系数	感应度系数	产业增长速度	需求收入弹性	区位商	技术效益系数	从业人员比重	增加值比重
纺织服装鞋帽皮革羽绒及其制品	1.0491	0.6330	0.2693	0.6906	0.4751	0.0044	0.0032	0.0042
木材加工品和家具	1.1156	0.8401	0.0824	-1.3010	2.2261	0.0109	0.0133	0.0146
造纸印刷和文教体育用品	1.1633	0.8848	0.0029	2.7931	0.3713	0.0076	0.0024	0.0041
石油、炼焦产品和核燃料加工品	0.9959	0.8157	0.0449	-0.2215	0.2386	0.0030	0.0012	0.0022
化学产品	0.9748	1.5225	0.0382	0.5820	1.7058	0.0065	0.0166	0.0708
非金属矿物制品	1.1435	0.9771	0.0732	4.0229	1.1330	0.0211	0.0179	0.0253
金属冶炼和压延加工品	1.0462	2.4642	0.0081	-0.5368	0.3261	0.0047	0.0064	0.0092
金属制品	1.1776	0.9557	-0.0112	0.5242	0.7333	0.0074	0.0032	0.0092

续　表

产业分类＼产业指标	影响力系数	感应度系数	产业增长速度	需求收入弹性	区位商	技术效益系数	从业人员比重	增加值比重
通用和专用设备	1.2105	1.0124	0.0465	2.8535	0.7748	0.0130	0.0119	0.0172
交通运输设备	1.1667	0.8810	0.0611	1.2033	5.7190	0.0364	0.0538	0.1315
电气机械和器材	1.2130	0.7637	0.1026	6.0915	0.4024	0.0102	0.0035	0.0056
通信设备、计算机和其他电子设备	1.1595	0.9442	-0.0370	0.7455	0.0958	0.0085	0.0018	0.0018
仪器仪表	1.0552	0.4841	0.1125	2.1903	0.3314	0.0157	0.0007	0.0009
其他制造产品	1.3040	0.9365	0.3634	0.4563	0.6339	0.0020	0.0003	0.0007
废品废料	1.3040	0.6503	0.0561	0.6732	0.0350	0.0012	0.0003	0.0002
电力、热力的生产和供应	0.5163	1.5228	0.0584	0.0478	0.9373	0.0040	0.0171	0.0201
燃气生产和供应	0.8753	0.4998	0.0973	-0.1891	0.9372	0.0049	0.0010	0.0016
水的生产和供应	0.8805	0.6784	0.0671	-1.3380	0.6757	0.0155	0.0018	0.0009
建筑业	1.1049	0.5288	-0.0286	0.0512	0.9270	0.0281	0.1456	0.0645
批发和零售	0.6003	1.7397	-0.0163	0.7701	0.8289	0.0162	0.0821	0.0809

续 表

产业分类＼指标	影响力系数	感应度系数	产业增长速度	需求收入弹性	区位商	技术效益系数	从业人员比重	增加值比重
交通运输、仓储和邮政	0.7617	1.7455	0.1838	-0.7117	0.8996	0.0085	0.0272	0.0401
住宿和餐饮	0.9597	0.5341	-0.0193	-1.6439	1.3861	0.0081	0.0101	0.0251
信息传输、软件和信息技术服务	0.7450	0.5681	-0.1408	0.8980	0.6517	0.3356	0.0062	0.0231

数据来源：作者整理。

综合上述指标计算结果，吉林省在交通运输设备（1.1601）、电气机械和器材（1.0167）、非金属矿物制品（0.8718）、通用和专用设备（0.6729）以及造纸印刷和文教体育用品（0.5833）产业中综合指标得分较高。这说明这些产业具有较大的发展潜力与产业比较优势，是潜在的联动产业。

（3）黑龙江省联动产业选择。本书利用上述指标的原始数据及指标计算方法，计算出2016年至2017年黑龙江省联动产业选择指标值，见表9-10。

表9-10　2016年至2017年黑龙江省联动产业选择指标值

产业分类＼指标	影响力系数	感应度系数	产业增长速度	需求收入弹性	区位商	技术效益系数	从业人员比重	增加值比重
农林牧渔产品和服务	0.8748	1.8870	0.0737	0.9173	2.4573	0.0051	0.2571	0.1910
煤炭采选产品	0.7681	1.7968	-0.3024	-3.9832	1.1680	0.0051	0.0624	0.0158

续　表

产业分类 \ 产业指标	影响力系数	感应度系数	产业增长速度	需求收入弹性	区位商	技术效益系数	从业人员比重	增加值比重
石油和天然气开采产品	0.5991	1.4001	-0.0116	-0.3707	4.6205	0.0045	0.0385	0.0430
金属矿采选产品	0.9434	0.8111	-0.0427	0.2981	0.3922	0.0090	0.0022	0.0025
非金属矿和其他矿采选产品	0.9024	0.6399	-0.1097	-0.9827	2.2904	0.0024	0.0013	0.0090
食品和烟草	1.1815	0.8638	0.0184	-0.6362	0.9560	0.0039	0.0264	0.0343
纺织品	1.0284	0.6954	0.1086	-1.0969	0.1458	0.0016	0.0104	0.0012
纺织服装鞋帽皮革羽绒及其制品	1.1300	0.5566	0.1403	-4.0315	0.1015	0.0117	0.0017	0.0009
木材加工品和家具	1.2135	0.6295	0.3426	-2.0721	0.7993	0.0053	0.0162	0.0053
造纸印刷和文教体育用品	1.1316	0.7509	0.0110	-7.0026	0.2309	0.0650	0.0077	0.0025
石油、炼焦产品和核燃料加工品	1.0150	1.5723	-0.0632	-1.2858	1.1043	0.0048	0.0175	0.0102

续 表

产业分类 \ 产业指标	影响力系数	感应度系数	产业增长速度	需求收入弹性	区位商	技术效益系数	从业人员比重	增加值比重
化学产品	1. 0465	1. 7656	0. 0346	-10. 755	0. 6101	0. 0094	0. 0152	0. 0253
非金属矿物制品	1. 1806	0. 7974	-0. 0221	-1. 0121	0. 3301	0. 0071	0. 0164	0. 0074
金属冶炼和压延加工品	1. 2517	1. 7001	0. 1320	-0. 2692	0. 0450	0. 0078	0. 0112	0. 0013
金属制品	1. 2938	0. 6805	0. 0402	0. 9738	0. 1469	0. 0124	0. 0077	0. 0018
通用和专用设备	1. 1265	0. 8469	-0. 0010	-1. 4739	0. 5584	0. 0181	0. 0399	0. 0124
交通运输设备	1. 0883	0. 7436	0. 2324	0. 9575	0. 3439	0. 1414	0. 0189	0. 0079
电气机械和器材	1. 1248	0. 7066	0. 0986	-0. 6952	0. 2166	0. 0098	0. 0108	0. 0030
通信设备、计算机和其他电子设备	1. 0726	1. 0061	0. 2291	-2. 2208	0. 0205	0. 0131	0. 0018	0. 0004
仪器仪表	1. 1870	0. 6041	0. 2133	-0. 7225	0. 1186	0. 0239	0. 0032	0. 0003
其他制造产品	1. 0888	0. 5509	0. 2012	-0. 2805	0. 1205	0. 0285	0. 0020	0. 0001
废品废料	1. 0888	0. 5020	-0. 7209	-0. 1272	0. 0082	0. 0288	0. 0003	0. 0001

续　表

产业分类＼产业指标	影响力系数	感应度系数	产业增长速度	需求收入弹性	区位商	技术效益系数	从业人员比重	增加值比重
电力、热力的生产和供应	0. 9984	1. 5442	-0. 0672	1. 3822	1. 0087	0. 0075	0. 0438	0. 0216
燃气生产和供应	0. 9250	0. 5537	0. 0682	1. 3101	1. 2956	0. 0114	0. 0026	0. 0022
水的生产和供应	0. 6571	0. 5020	0. 0566	-0. 4930	0. 7353	0. 0139	0. 0027	0. 0010
建筑业	1. 1179	0. 5278	-0. 0912	5. 0588	0. 7705	0. 0417	0. 0298	0. 0536
批发和零售	0. 5477	2. 4500	0. 1426	1. 0280	1. 1944	0. 0276	0. 0158	0. 1165
交通运输、仓储和邮政	0. 8719	1. 7460	-0. 0216	1. 1653	1. 1250	0. 0510	0. 0123	0. 0502
住宿和餐饮	0. 7910	0. 5697	0. 0467	0. 7629	1. 9680	0. 0192	0. 0037	0. 0356
信息传输、软件和信息技术服务	0. 7535	0. 5994	0. 1440	1. 0504	0. 5395	0. 2237	0. 0332	0. 0191

数据来源：作者整理。

结合黑龙江省各指标权重，计算出备选各产业的综合指标得分。模型结果表明，黑龙江省在木材加工品和家具（0. 2650）、交通运输设备（0. 2447）、批发和零售（0. 2042）以及农林牧渔产品和服务（0. 1959）产业具有良好的产业发展基础和比较优势，同时具有较好的产业联动基础和产业发展前景。

关于“一带一路”背景下东北地区产业分工与布局，综合各省数据分析结果来看，东北地区作为东北老工业基地，其经济结构具有相似之处。概括而言，东北地区的优势产业主要集中在金属矿采选业、汽车制造业、仪器仪表制造业以及纺织业、木材加工业，这些产业适宜作为高度联动产业的备选产业。然而从中国与欧盟、东北亚、东南亚贸易的发展现状来看，在中欧贸易中，机械制造业、新能源产业、汽车制造业、纺织业、钢铁产业、家具制造业是具有发展潜力的产业；在中国与东北亚的产业布局演进趋势中，机械制造业、化学工业、汽车制造业、纺织业是较具发展潜力的产业；在中国与东南亚贸易中，机械制造业、纺织业、化学工业以及塑料产品加工业是最具发展潜力的产业。综上分析，东北地区产业联动层次如图 9 -2 所示。

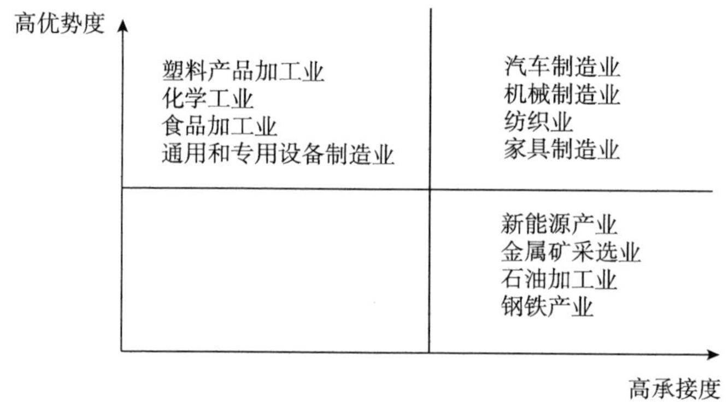

图 9 -2　东北地区产业联动层次

由图 9 -2 可以看出，汽车制造业、机械制造业、纺织业、家具制造业、新能源产业、化学工业、石油加工业、钢铁产业、金属矿采选业、通用和专用设备制造业、食品加工业以及塑料产品加工业 12 个产业，既是中国与欧盟、东南亚、东北亚贸易格局转变中的重要北向转移产业，又是我国东北地区具备较为雄厚的产业联动能力和产业比较优势的产业。在“一带一路”建设过程中，东北地区新一轮的产业布局应以上述 12 个产业为重点转移产业和联动产业。

在对接“一带一路”产业转移进程中，东北地区应充分注重分工协作问题，以比较优势为基础，建立科学合理的东北地区产业布局。从各省模型对比结果来看，辽宁省各产业综合评价得分最高，说明其在基础设施建设及产业发展基础等方面均高于吉林省和黑龙江省。同时，辽宁省作为东北地区唯一一个既是沿海又是沿边的省份，在 2017 年成立了中国（辽宁）自由贸易试验区。因此，辽宁省在新一轮的东北地区产业布局中应居于中心地位，主要联动交通运输、仓储和邮政业，石油、炼焦产品和核燃料加工品业，交通运输设备制造业，信息传输、软件和信息技术服务业，批发和零售业，燃气生产和供应业，金属矿采选产品业。吉林省位于日本、俄罗斯、朝鲜、韩国、蒙古国与中国东北部组成的东北亚几何中心地带，应当起到连接辽宁省和黑龙江省的纽带与桥梁作用。而其交通运输设备制造业、电气机械和器材业、非金属矿物制品业、通用和专用设备制造业、造纸印刷和文教体育用品业、化学制品产业以及仪器仪表制造业的发展优势明显，适宜作为联动产业。黑龙江省作为东北地区北向融入“一带一路”建设的重要支点和节点省份，在联动产业选择方面，应当选择木材加工品和家具制造业，交通运输设备制造业，批发零售业，农林牧渔产品和服务业，信息传输、软件及信息技术服务业，仪器仪表制造业以及石油和天然气开采业，作为其新一轮产业布局中的主导产业。概括而言，东北地区联动产业选择虽互有重叠，但产业地域分工特征明显。辽宁省主要以交通运输、仓储和邮政业为主导，以资本和技术导向型产业为核心；吉林省重点发展交通运输设备制造业，同时辅以化学制品产业以及木材加工品和家具制造业；黑龙江省作为重要的农业和能源大省，其农林牧渔产品和服务业、装备制造业、石油加工开采业发展比较优势明显。这种产业布局体系不仅有利于东北地区有效联动“一带一路”背景下的产业北向转移，还有利于东北地区内部的产业分工体系建设，进而实现东北地区协调发展。

第十章 “一带一路”背景下东北地区产业转型的路径分析

本章从技术创新、产业联动、产融结合以及人才培养四个方面，提出“一带一路”背景下东北地区产业转型升级的路径。首先，技术水平很大程度上决定了产业结构的发展水平。因此，在“一带一路”背景下，东北地区应当持续提升自身的技术研发能力。其次，产业联动作为东北地区产业转型升级的重要手段，东北地区地方政府应当做好保障市场平稳运行以及加快推进产业链本地化的工作，积极与东亚、东北亚国家对接产业链，构建适宜产业联动发展的平台，全方位提升自身的产业联动能力和优化产业联动条件。最后，在产业升级过程中，东北地区既要加强金融与产业的相互融合，也要积极应对金融领域可能形成的风险防范。与此同时，东北地区的产业发展也需要强大的人才供给，所以加强高端人才培养也是东北地区积极对接“一带一路”建设的重要内容和手段。

10.1 以技术创新推动东北地区产业升级

技术创新是提高产业生产率，促进产业结构高级化的重要因素，这一直是经济学研究的重点内容。政治经济学家熊彼特与经济学家索洛都曾明确指出，技术进步能够在很大程度上促进经济增长，创新经济发展模式。此外，库兹涅茨以及罗默等经济学家也都在其著作中进一步强调了技术进步对于经济增长的重要推动作用。在当今互联网技术的助力下，制造业技术发生了巨大的改变，同时也为实体经济的转型与升级提供了强大的动力。技术的飞速发展深刻地改变了行业的形成与发展，所以对于地区产业经济的重塑作用不容小觑。东北地区作为我国老工业基地，具有较好的工业技术研发基础。在

“一带一路”建设的逐步推进下，东北地区应当持续提升自身的技术研发能力，通过推进技术创新实现产业转型升级。

首先，地方政府应当做企业创新活动的“守夜人”，承担起政策实施和保护创新主体权益的职责。一方面，东北地区地方政府需要制定相关的政策，以此鼓励创新。如充分发挥税收、政府采购等措施对资源配置的调节作用，帮助企业降低研发风险，并通过税收优惠政策降低企业创新的研发成本。同时，合理利用加速折旧、所得税优惠以及税前扣除研发成本等手段，直接降低企业内部的技术创新研发成本，加大对企业研发创新的支持力度；通过降低技术产品的出口退税，优化高技术高附加值产品的出口退税服务，引导产业由劳动密集型转为技术密集型。另一方面，政府采购行为的合理利用也可以有效提高技术创新企业的研发效率。从企业内部来看，政府采购行为能够在一定程度上缓解企业出售产品的压力，并且表明政府对企业创新能力的认可与支持。同时，政府采购行为还可以有效解决企业研发资金的周转难题，降低企业的研发风险。从企业外部来看，政府采购行为是一种导向性行为，是对被采购企业能力和技术水平的充分肯定，进而使产品市场对这种信号做出反应。最终，在外部竞争的压力下，促进企业创新能力的提升。

其次，作为市场竞争秩序的规范者，东北地区地方政府应当制定较为完善的知识产权保护制度，保障技术研发者的权益，提升产业技术创新的效率。一方面，因为技术创新企业面临着巨大的技术外溢风险，由此可能造成产业内部产生“搭便车”的行为，会对技术创新企业造成极为不利的影响。另一方面，因为有些技术创新企业对于自身技术保护的意识不强，由此造成一定的风险。东北地区作为中国较为不发达的地区，其对知识产权的保护意识较为薄弱。知识产权制度的完善，既可以激发企业技术的创新活力，使企业内部的相关技术人才愿意进行技术研发，又能够吸引大量的人才投入生产研发。同时，知识产权法的完善与发展，有利于东北地区在区域内营造良好的创新发展氛围，在一定程度上推动区域技术创新活动的顺利开展和区域创新技术水平的提升。

最后，东北地区地方政府应提高企业创新活动的积极性，提升企业获取外部资源的能力，进而提升企业的自主研发和创新能力，在微观主体层面促进东北地区产业技术水平的提升。一方面，完善东北地区技术创新体系，可以通过提高创新人才服务水平、创造多边创新交流环境，从创新研发的各个环节入手，实现推动创新的目的。另一方面，东北地区也要注重引进技术的消化吸收与再创新。技术引进作为企业获取前沿技术的重要手段，对于企业生产技术以及管理水平的提高具有重要作用。但企业在引进的过程中，应清醒地认识到技术引进的核心在于吸收基础上的创新发展，这是形成核心竞争力的关键。

10.2 以产业联动带动东北地区产业升级

不同地区之间可以通过产业联动的方式，形成优势互补的产业结构体系，从而实现区域产业结构的优化、区域产业链的延长以及区域竞争力提升的目的。对于东北地区而言，结合目前国内整体形势，其最大效率地实现产业联动的方式是产业转移和产业承接，因为“一带一路”建设的不断加快，必然会推动我国及世界经济格局重构。在重构进程中，产业分工和布局也会面临新的调整，而东北地区在产业承接方面具有坚实的工业基础和良好的区位优势，不仅能够有效地承接发达地区需要转移的相关产业，同时也具备将产品输送至世界各地的运输网络。作为既与邻国接壤，又位于沿海、沿边区位的地区，东北地区在产业承接、转移方面具有得天独厚的天然优势。而东北地区作为我国老工业基地，其劳动力成本低，更有利于产业转移。产业转移不仅能够帮助东北地区快速填充产业链空白，也能实现现有产业的优化和升级，从而形成更加完整的产业体系。而伴随着产业转移形成的技术溢出效应，也会对加速东北地区产业升级以及更新产业市场中的技术与产品发挥重要作用。

为了更好地实现产业承接，东北地区需要发挥自身优势。具体措施：

第一，推动产业的集群式转移。在产业承接的过程中，会出现一种悖论现象，即产品附加值高、能够带来高利润和高 GDP 的产业占有一定优势。这种现象导致各地竞相引入这些具有优势的产业，而与之相关的上下游产业则会因为产品附加值低、利润薄、GDP 拉动不明显等不被看好。但产业集聚效应的规律表明：只追求暂时高效益的产业不能够实现可持续发展，也无法长久。所以高效益产业必然需要配套产业的支撑才会实现，而只有不断完善基础性产业，高效益产业才能生根。因此，东北地区地方政府在制定产业引入政策时，需要充分考虑未来产业的发展潜力与相关产业的集聚效应。只有这样，才能为当地整体产业的持续、健康发展起到积极作用，东北地区才能有效、平稳地实现产业承接。第二，产业升级必须完善产业链建设。东北地区应积极与东亚和东北亚国家（地区）对接产业链。由于存在近邻的区位优势，我国东北地区与东亚、东北亚各国的经济、文化紧密联系，这是其他地区所不能比拟的。因此，在中国与东亚及东北亚的开放合作中，东北地区能够扮演窗口的角色，在构建对接产业链方面更有优势。第三，加强法治化营商环境的自身建设。我国改革开放的经验表明，经济的发展离不开公平公正的法治化营商环境。良好的营商环境会促进经济的发展，尤其是在产业的转移与承接过程中，对营商环境的要求会更高。因此东北地区地方政府要创建法治化营商环境，通过地方政府的法规和政策来推动产业集聚区的建设，促进产业集聚区的产生。这样不仅可以实现产业集聚效应，也可以在产业集聚区内实现营商环境的突破和创新。此外，尽管东北地区的基础设施较为完善，但对于某些特殊的承接产业，还需要进一步提升自身的基础设施建设水平，为承接产业转移打下良好的发展基础。

10.3 以产融结合支撑东北地区产业升级

产融结合，从根本上说是产业资本与金融资本的结合。只有在金融资本发展到一定程度后，在企业寻找多元化运营手段的过程中，产融结合才能够显示出它的优势。产融结合的主要手段是信贷联系与资产证券。这两种手段不仅能够最大限度实现资本的价值，也是企业获得收益、解决融资难的主要方法。

产融结合能够拓宽产业获得金融资本支持的渠道，是产业核心竞争力提升的重要方式和手段。任何地区的产业结构的调整和升级都需要金融行业的支持，尤其是向工业化高级阶段发展时，只有拥有好的融资环境，才能为区域内产业结构调整和升级提供强有力支撑。东北地区的产业结构调整和升级需要借助于金融资本的支撑，尤其是嵌入“一带一路”建设后，东北地区面临两个市场、两种资源的局面，这表明其更需要产融结合。

产融结合可以为东北地区产业升级提供有力的金融后盾，也可以促进东北地区实现产业资本与金融资本间的协同效应，产生更高的资本收益。其一，金融资本可以扩大东北地区相关产业的投资规模，提高东北地区产业在全球价值链中的位置。与此同时，相应业务规模的扩大也可以实现资本边际效益的最大化。其二，产融结合可以将产业的融资活动内部化，这样可以降低交易成本。同时，大量的金融资本可以使东北地区产业实现规模化运营，提高产业资本的盈利能力。综上所述，产融结合模式不仅能够为东北地区的产业升级提供强有力的支撑，也会使产业盈利与产业生存能力得到提高。东北地区地方政府在大力推进产业升级的过程中，需要对有实力的企业予以积极引导，使这些企业能够有序参与到融资的过程中。这样既能够帮助有实力的企业扩大业务规模，也可以在一定程度上提升企业的盈利能力。

需要指出的是，产融结合虽然能够为产业发展带来诸多益处，但同时也需要注重防范金融风险。东北地区经济和金融发展水平尚处于深度调整阶段，因此不仅要利用好产融结合下的产业化升级效应，也要高度重视产融结合下的监察与风险防范。对产融结合的监管要实行及时、有效的管控，完善监管体系，提升监管水平，创新监督模式。而对于其合理的部分可以积极鼓励，对于其产生的不良影响需要提前规避。因此，东北地区可以尝试建立试点，实行负面清单制，理顺相关部门的金融职责，从而达到强化产业金融监管的目的。

10.4 以人才培养机制拉动东北地区产业转型升级

实现东北地区产业转型升级，迫切要求东北地区大力、全面提高各产业从业者的素质，使人力资本成为助推东北地区产业创新发展的强大内生动力。

第一，东北地区地方政府应当加强对高校以及科研机构的指导，积极促成校企合作，使高校的人才培养与企业的实际需求高度对接，进一步提高各产业高端专业化人才的供给能力。只有这样，才能真正为东北地区产业的创新发展提供人力资源的保障与支持。

第二，东北地区地方政府应当加大高校与部分高新技术产业相关专业的宣传力度，出台相关优惠政策，鼓励广大考生报考相关专业。从目前的人才培养现状来看，虽然东北三省都是高等教育的大省，但是东北地区高校在特殊行业的人才培养上，仍处于滞后状态。可以说，东北地区部分优势产业需要的高端人才都来自外省高校。因此，东北地区高校要承担起振兴东北的历史重任，要重点培养东北主导和支柱产业转型所需要的高端人才。尤其要加大招生宣传力度，向广大考生及家长介绍东北地区各产业的发展现状及阶段，说明产业发展的人才需求状况、就业发展前景，以及从事相关专业工作的优势等情况，从而增强学生对专业就业方向的认知和理解，从整体上为东北地区产业发展提供智力支持。

第三，重新制定东北地区各高校的人才培养目标，对高职教育进行合理定位，注意区分高职教育与大学教育人才培养目标的差异。尤其是在非学历教育方面，要大力支持各种社会组织和机构开展非学历教育，采取培训和实训相结合的方式，定点、定向地对行业从业人员进行系统、完善的培训，从而满足东北地区各产业对高端专业人才的需要。

10.5 正确把握产业转移特征，科学制定产业承接指导目录

产业转移对促进东北地区经济发展有重大意义，是优化东北地区产业布局、合理配置区域资源、形成合理分工体系、促进区域协调持续发展的重要路径，也是东北地区加快经济增长方式转变、提升经济质量的必然要求。随着“一带一路”建设的开展，我国产业向北转移的空间势能必然重塑我国产业的空间布局。事实上，产业转移始终对我国优化生产力空间布局、推进产业结构调整以及促进区域经济协调发展起着至关重要的作用。尤其是2008年国际金融危机以来，受生产要素成本上升以及经济转型升级等因素影响，我国东部地区产业向中西部地区转移的趋势日益明显。实践证明，东部地区产业向中西部地区的转移，对促进要素自由流动，实现东部、中西部地区良性互动，逐步形成分工合理、特色鲜明、优势互补的现代产业体系起到了至关重要的作用。需要指出的是，在“一带一路”建设背景下，东北地区承接产业转移与我国过往东部、中西部地区的产业转移，无论是在产业转移性质、政府作用和产业类型等方面都有着根本性的不同。正确把握东北地区承接“一带一路”产业转移的基本特征，对东北地区科学、精准制定全面对接“一

带一路”产业承接政策具有重要的意义。

从产业转移性质来看，过往的东部地区产业向中部和西部地区转移，主要表现为东部地区比较优势退化的产业向中部和西部地区转移，并通过提升中部和西部地区产业存量，进而优化生产力空间布局和促进区域协调发展。而“一带一路”建设所触发的新一轮转移产业，并不是由于比较优势丧失而形成的边际产业，而是由于世界经济地理格局变化导致比较优势成本重构而形成的产业。因此，“一带一路”建设所触发的产业转移，其根本属性是产业空间布局的再调整和再优化。这就决定了“一带一路”建设下的产业转出地区，既包含东部地区，也包含中部地区，甚至西部地区的部分产业也存在转移的空间势能。传统的东部地区向中西部地区的产业转移多以劳动密集型或资本密集型产业为主，其目的是获得最低的生产成本；而“一带一路”建设背景下的产业转移，不仅可以获得最低生产成本，也可以获得国际贸易成本的节约。因此，“一带一路”建设触发的可转移的产业，不仅包含劳动密集型、资本密集型产业，同时也有技术密集型产业，甚至包含战略性新兴产业，可以说产业转移更具多元化趋势，这是显著区别于东部、中西部地区之间产业转移的最大特征。这就要求东北地区在承接“一带一路”产业转移时，必须坚持有所引、有所不引，紧紧围绕发展方式转变、产业转型升级来制定产业承接指导目录，从而精准引导产业有序转移，推动东北地区形成重点突出、特色鲜明的高质量现代产业体系，更快融入国际产业分工体系。

10.6 加快建设东北地区“一带一路”产业转移承接示范区

“一带一路”建设触发的产业分工布局调整是我国深化供给侧结构性改革，优化区域协调发展格局，加快构建现代化经济体系的重要战略机遇。需要指出的是，“一带一路”建设对我国产业布局的重构与优化，与我国过往东部、中西部地区的产业转移有着根本性的不同。一般而言，产业转移的本质是生产力对比较优势的寻求并在空间布局上的重组和重构。从根本上讲，产业转移是市场机制运行的结果，产业转移的动力是市场对资源的重新配置。在“一带一路”的启动和初期建设阶段，在充分尊重企业的主体地位、充分发挥市场在资源配置中的决定性作用的基础上，正确发挥政府在优化产业空间布局中的科学引导作用，能够更好地提高资源的综合利用效益，有序推进产业转移。因此，有序推进“一带一路”建设下的产业转移，更需要有力的顶层设计和完善的制度保障。从政府作用来看，过往我国东部地区向中部和西部地区的产业转移，无论是东部地区的地方政府还是作为产业承接地的中部和西部地区的地方政府，都有较强的参与积极性。东部地区地方政府出于自身产业升级考虑以及受生产要素成本上升的影响，积极进行产业结构调整，通过“腾笼换鸟”的形式，主动推进边际产业向中西部地区转出。而作为产业承接地的中西部地区地方政府为快速嵌入东部地区产业链，实现自身产业升级，要积极建设承接产业转移园区，通过招商引资来吸引产业转入。而“一带一路”建设触发的可转移产业并不是边际产业，多数是具有国际市场竞争优势的主导产业。如果东部地区的产业转出地政府，推进产业转出的意愿不足，那么在很大程度上会形成产业转移黏性。因此，为加快对接“一带一路”建设，东北地区应积极申请“一带一路”产业转移国家示范区，建设国家级高层次产业承接平台，在顶层设计层面获得国家的有力支持，进而充分利用“一带一路”建设对我国产业空间布局的优化作用，推进我国形成分工合理、特色鲜明、优势互补的高质量现代产业体系。

10.7 注重东北地区与沿线国家的文化与经济双向协同发展

“一带一路”建设涉及东亚文化、南亚文化、中东文化以及东欧文化，跨越国家众多。这些国家具有显著的政治、经济和文化差异，同时其参与“一带一路”建设的程度和范围也明显不同。这就导致了沿线国家对“一带一路”文化认同的程度具有明显差异。因此，如何使得沿线各国家超越文明隔阂、超越文明冲突、超越文明优越，进而更加准确地认同“一带一路”建设的多元、自主、平衡与可持续发展本质，这在很大程度上决定了东北地区与“一带一路”沿线国家产业联动发展的成效。

在东北地区与“一带一路”沿线国家的产业联动发展过程中，其一，要注重顶层设计，加强整体规划，有序推进沿线国家的文化交流。沿线国家间的文化认同与交流不仅是“一带一路”建设的重要内容，也关系到“一带一路”建设的成败。因此要想实现沿线国家对“一带一路”倡议的文化认同，必须在战略实施上做好顶层设计和整体规划，从而能够有序推进东北地区与“一带一路”沿线国家间的文化交流与合作。在与“一带一路”沿线国家的产业合作中，东北地区应树立共同建设、合作共赢的理念，在彼此认同、相互包容的多元文化共存理念下统筹规划，研究各项经济合作的实施方案。

其二，构建人类命运共同体理念，促进多元文化融合下的经济合作与发展。东北地区产业转型升级正处于百年未有之大变局的时代背景，政治多极化、风险多元化以及信息革命、产业革命的冲击都对国际经济秩序产生了严峻挑战。尤其是新冠肺炎疫情在全球肆虐，使得世界既面临全球公共卫生危机，又面临全球经济衰退的巨大风险；同时全球产业链、供应链遭受了极大影响，不少国家已经出现了社会危机与就业危机。当前，世界经济增长新动能尚未形成，新冠肺炎疫情对世界经济的冲击越来越大，没有任何一个国家能够独自应对新冠肺炎疫情的挑战。在这样的背景下，“一带一路”建设将沿线国家紧密地联系在一起，形成同生共存的命运共同体。可以说，“一带一路”倡议既是人类命运共同体理念的实践结晶，也是实现人类命运共同体的重要路径。应该指出的是，人类命运共同体是新型的国际政治、经济和文化关系的总和，人类首次运用集体智慧、协作能力来正面博弈全球性的共同风险和挑战。从这个角度来说，东北地区与沿线国家的产业联动发展既离不开人类命运共同体，同时又推动着人类命运共同体的构建。

参考文献

一、中文文献

[1] 杨治．产业经济学导论［M］．北京：中国人民大学出版社，1985.

[2] 刘伟，杨云龙．工业化与市场化：中国第三次产业发展的双重历史使命［J］．经济研究，1992（12）：3－11.

[3] 郭克莎．中国工业化的进程、问题与出路［J］．中国社会科学，2000（3）：60－71.

[4] 张庆君，王维国．东北老工业基地产业结构与经济增长的实证分析［J］．税务与经济，2006（3）：55－59.

[5] 白娟，路晓琳．我国产业结构如何优化升级［J］．企业研究，2010（8）：79－80.

[6] 殷宁宇．经济增长速度与产业结构关系研究——对中国不同区域经济增长速度趋势性变化的分析［J］．中山大学学报（社会科学版），2014（2）：174－183.

[7] 赵儒煜．产业结构演进规律新探——对传统产业结构理论的质疑并回答［J］．吉林大学社会科学学报，1997（4）：1－10，93.

[8] 赵儒煜．"后工业化"理论与经济增长：基于产业结构视角的分析［J］．社会科学战线，2013（4）：46－60.

[9] 张建平．澳门信息业发展与产业转型［J］．广东社会科学，1999（4）：18－22.

[10] 梁启东．资源枯竭城市如何实现产业转型［J］．中国林业，2001（15）：38－39.

[11] 姚晓艳．高新区建设和关中经济带产业转型与空间重组［D］．西

安：西北大学，2004.

［12］张米尔，武春友．资源型城市产业转型障碍与对策研究［J］．经济理论与经济管理，2001（2）：35－38.

［13］凌文昌，邓伟根．产业转型与中国经济增长［J］．中国工业经济，2004（12）：20－24.

［14］王德鲁，周敏．城市衰退产业转型的国际比较［J］．煤炭经济研究，2005（2）：24－26.

［15］刘宇．外商直接投资对我国产业结构影响的实证分析——基于面板数据模型的研究［J］．南开经济研究，2007（1）：125－134.

［16］刘凤良，任继球．中国工业内部结构转型的动力机制：来自中国省级面板数据的证据［J］．福建论坛（人文社会科学版），2014（11）：13－19.

［17］于泽，章潇萌，刘凤良．中国产业结构升级内生动力：需求还是供给［J］．经济理论与经济管理，2014（3）：25－35.

［18］辽宁工业转型研究课题组．区域（辽宁）煤炭产业转型理论与数学模型研究［J］．中国软科学，2002（5）：92－97.

［19］王如松．资源、环境与产业转型的复合生态管理［J］．系统工程理论与实践，2003（2）：125－132，138.

［20］陈旭升，綦良群，舒喆醒．资源型城市产业转型的探讨［J］．科技与管理，2005（1）：22－24.

［21］李猛，张米尔．资源型城市产业转型的国际比较［J］．大连理工大学学报（社会科学版），2002（1）：16－20.

［22］钱勇．国外资源型城市产业转型的实践、理论与启示［J］．财经问题研究，2005（12）：24－29.

［23］王光宇．资源型城市产业转型实例分析［J］．商业时代，2005（26）：83.

［24］孙军．需求因素、技术创新与产业结构演变［J］．南开经济研究，2008（5）：58－71.

［25］李健．国际城市产业转型的理论、经验与启示［J］．现代经济探讨，2014（2）：82－87.

［26］吴利华．企业发展中产业转型战略初探［J］．西南交通大学学报

(社会科学版), 2004 (5): 40 -44.

[27] 姜春海, 于立. 资源枯竭型城市产业转型研究 [J]. 南大商学评论, 2007 (1): 65 -82.

[28] 任建雄. 资源型城市产业转型的有序演化与治理对策 [J]. 生态经济, 2008 (7): 120 -123.

[29] 周建发. 我国资源型城市产业转型面临的障碍及对策建议 [J]. 西部资源, 2012 (2): 117 -119.

[30] 洪银兴. 产业结构转型升级的方向和动力 [J]. 求是学刊, 2014 (1): 57 -62, 173.

[31] 李悦. 对我国社会主义初级阶段产业结构格局的思考 [J]. 经济问题, 1988 (9): 2 -5.

[32] 林毅夫, 蔡昉, 李周. 对赶超战略的反思 [J]. 战略与管理, 1994 (6): 1 -12.

[33] 刘世锦. 中国产业结构变动的趋势 [J]. 中国集体经济, 2001 (1): 8 -9.

[34] 范泽孟, 徐建华. 技术进步与产业升级问题研究 [J]. 科学·经济·社会, 2002 (2): 59 -63.

[35] 甘国华. 国际产业发展历史与产业结构演变规律 [J]. 江西科技师范学院学报, 2004 (6): 16 -18.

[36] 吴进红. 对外贸易与江苏产业结构升级 [J]. 南京社会科学, 2006 (3): 134 -139.

[37] 张淑玲, 卢婵君. FDI 对我国产业结构升级的作用机制研究 [J]. 生产力研究, 2007 (9): 102 -104.

[38] 李正辉, 刘思明. 金融危机视角下中国产业结构调整与提升研究 [J]. 经济问题, 2009 (5): 31 -33.

[39] [美] 艾伯特·赫希曼. 经济发展战略 [M]. 潘照东, 曹征海, 译. 经济科学出版社, 1991.

[40] [英] 威廉·配第. 政治算术 [M]. 马妍, 译. 北京: 中国社会科学出版社, 2010.

[41] 刘志彪. 产业升级的发展效应及其动因分析 [J]. 南京师大学报

（社会科学版），2000（2）：3－10.

［42］姜泽华，白艳．产业结构升级的内涵与影响因素分析［J］．当代经济研究，2006（10）：53－56.

［43］卜国琴．全球生产网络与中国产业升级研究［M］．广州：暨南大学出版社，2009.

［44］黄茂兴，李军军．技术选择、产业结构升级与经济增长［J］．经济研究，2009（7）：143－151.

［45］刘红燕．正式创新网络内产业集群升级影响因素探讨［J］．商业时代，2009（4）：85－86.

［46］王培，柴秋星．东北地区产业结构升级与中小企业物流效率变革研究［J］．商业经济，2019（4）：57－58，66.

［47］宋维佳，王军徽．ODI对母国制造业产业升级影响机理分析［J］．宏观经济研究，2012（11）：39－45，91.

［48］徐晓红，李璐．合肥产业转型升级影响因素分析——基于“中四角”16市的比较［J］．合肥学院学报（社会科学版），2015（2）：14－17.

［49］金福子，刘洋．制度创新对产业转型升级影响的区域性差异［J］．北京工业大学学报（社会科学版），2017（5）：43－49，82.

［50］汪浩瀚，潘源．金融发展对产业升级影响的非线性效应——基于京津冀和长三角地区城市群的比较分析［J］．经济地理，2018（9）：59－66.

［51］黄永明，何伟，聂鸣．全球价值链视角下中国纺织服装企业的升级路径选择［J］．中国工业经济，2006（5）：56－63.

［52］罗勇，曹丽莉．全球价值链视角下我国产业集群升级的思路［J］．国际贸易问题，2008（11）：92－98.

［53］张少军，刘志彪．全球价值链模式的产业转移——动力、影响与对中国产业升级和区域协调发展的启示［J］．中国工业经济，2009（11）：5－15.

［54］蒙丹．能力二重性与全球价值链上的企业升级［J］．中国经济问题，2011（4）：30－36.

［55］党政军，陈宏伟．基于全球生产网络视角的区域产业升级影响因素分析［J］．特区经济，2012（11）：214－216.

［56］孟祺．基于“一带一路”的制造业全球价值链构建［J］．财经科

学，2016（2）：72－81.

［57］柴秋星．“一带一路”倡议下黑龙江省产业联动发展问题研究［J］．对外经贸，2017（11）：60－61，84.

［58］程文先，樊秀峰．全球价值链双重嵌入对中国贸易附加值率的影响［J］．西安交通大学学报（社会科学版），2017，37（1）：31－38.

［59］盛广耀．东北地区振兴战略实施效果评析［J］．社会科学辑刊，2013（2）：94－101.

［60］魏后凯．东北振兴政策的效果评价及调整思路［J］．社会科学辑刊，2008（1）：60－65.

［61］樊杰，刘汉初，王亚飞，等．东北现象再解析和东北振兴预判研究——对影响国土空间开发保护格局变化稳定因素的初探［J］．地理科学，2016，36（10）：1445－1456.

［62］李向平，王希文，陈萍，等．通向复兴之路——东北老工业基地振兴政策研究［M］．北京：社会科学文献出版社，2008：57－58.

［63］杨东亮．东北振兴政策实践效果评价与政策启示——基于全要素生产率增长的全国比较［J］．东北亚论坛，2011，20（5）：99－108.

［64］姜四清，王姣娥，金凤君．全面推进东北地区等老工业基地振兴的战略思路研究［J］．经济地理，2010，30（4）：558－562.

［65］柴秋星．基于产业联动视角东北地区产业优化升级研究［J］．商业经济，2018（1）：41－42.

［66］段成荣，吕利丹，秦敏．东北振兴与破解人口困局［J］．中国党政干部论坛，2015（7）：64－67.

［67］徐青民．“新东北现象”探析［N］．吉林日报，2015－09－08.

［68］赵儒煜，王媛玉．东北经济频发衰退的原因探析——从“产业缺位”到“体制固化”的嬗变［J］．社会科学战线，2017（2）：48－57.

［69］孙明慧．东北地区传统优势产业转型的对策思考［J］．前沿，2016（4）：64－69.

［70］刘晓静，李春艳，陈艺毛，等．东北地区产业升级路径依赖研究——基于比较优势演化视角［J］．经济问题，2017（11）：11－19.

［71］刘雅君．东北地区产业结构现状及升级效率测算［J］．学习与探

索，2018（4）：118－125.

［72］初天天，柴秋星．黑龙江省装备制造业全球价值链升级研究——基于“冰上丝绸之路”背景下［J］．北方经贸，2019（7）：1－2.

［73］刘晓静，李春艳．东北地区产业转型“断档”风险与升级方向研究［J］．求是学刊，2018，45（1）：69－74.

［74］柴秋星，张明珠．新时期农村经营组织创新研究［J］．商业经济，2014，25（2）：15－16.

［75］孙贺．东北地区振兴的产业转型升级路径［J］．学术交流，2016（9）：114－118.

［76］李诚固．东北工业基地产业结构调整与布局［J］．经济地理，1996（4）：68－73.

［77］张可云．东北老工业基地振兴的难点与重构新思路［J］．中国发展观察，2016（2）：15－17.

［78］易红，吴相利．东北省级开发区产业发展问题研究［J］．知与行，2019（1）：115－119.

［79］胡国杰，刘强，姜骞．东北地区制造业转型升级存在问题及影响因素分析［J］．辽宁工业大学学报（社会科学版），2018，20（5）：28－30.

［80］刘洋．东北地区经济转型升级的战略思考［J］．宏观经济管理，2016（2）：47－49.

［81］张可云．论老工业基地的内部“缺新”与外部“有新”——成因、适用理论与振兴新思路［J］．社会科学辑刊，2017（6）：21－29.

［82］王塑峰，纪玉山．东北重化工业转型升级的战略思考——基于综合竞争优势理论的视角［J］．社会科学辑刊，2017（6）：30－41.

［83］胡仁霞，李晓乐．“一带一路”与东北经济的转型发展［J］．延边大学学报（社会科学版），2016，49（3）：137－143.

［84］张远鹏．关于“一带一路”与东北全面振兴的思考——基于江苏的经验与视角［J］．现代经济探讨，2017（4）：67－71.

［85］刘德权，邢玉升．“一带一路”战略下东北地区产业结构转型升级研究［J］．求是学刊，2016，43（3）：60－66.

［86］柴秋星，原小艳．面向“健全”的成功：从弗洛姆“健全的

人”看当代中国的成功观［J］．哈尔滨商业大学学报（社会科学版），2014（1）：120－124.

［87］郭克莎．工业化新时期新兴主导产业的选择［J］．中国工业经济，2003（2）：5－14.

［88］姚晓芳，赵恒志．区域优势产业选择的方法及实证研究［J］．科学学研究，2006（S2）：463－466.

［89］曾德高，张燕华．区域优势产业选择指标体系研究［J］．科技管理研究，2011，31（5）：58－61.

［90］杜朝晖．经济新常态下我国传统产业转型升级的原则与路径［J］．经济纵横，2017（5）：61－68.

［91］赵志亚．开封市旅游产业结构优化升级研究［D］．开封：河南大学，2017.

［92］沈娇．应对产业结构升级的高校专业调整原则初探［J］．科技信息，2010（36）：456.

［93］柴秋星，张明珠．现代农村流通体系与农村消费内在机制研究［J］．经济研究导刊，2014（2）：21－22.

［94］王媛媛．技术创新对传统产业升级的影响研究［D］．哈尔滨：哈尔滨工业大学，2018.

［95］李星谕．我国自主创新对产业升级的影响分析［D］．南京：南京大学，2018.

［96］李文，蔡建红．“一带一路”对中国外交新理念的实践意义［J］．东南亚研究，2015（3）：4－9.

［97］梁晨．“一带一路”战略背景分析［J］．学理论，2015（20）：44－45.

［98］郑志来．“一带一路”战略实施背景、路径与对策研究［J］．湖湘论坛，2016，29（1）98－102.

［99］刘华芹．积极实施“走出去”战略 助推“一带一路”建设［J］．国际商务财会，2015（2）：8－12.

［100］李向阳．论海上丝绸之路的多元化合作机制［J］．世界经济与政治，2014（11）：4－17.

［101］孙壮志．“丝绸之路经济带”：打造区域合作新模式［J］．新疆师范大学学报（哲学社会科学版），2014（3）：36－41.

［102］何茂春，张冀兵，张雅芃，等．“一带一路”战略面临的障碍与对策［J］．新疆师范大学学报（哲学社会科学版），2015，36（3）：36－45.

［103］胡键．“一带一路”：战略内涵与城市布局［J］．社会观察，2015（6）：9－12.

［104］刘卫东．“一带一路”战略的科学内涵与科学问题［J］．地理科学进展，2015，34（5）：538－544.

［105］陈耀．“一带一路”战略的核心内涵与推进思路［J］．中国发展观察，2015（1）：53－55.

［106］徐小杰．“丝绸之路”战略构想的特征研究［J］．俄罗斯研究，2014（6）：162－180.

［107］剧锦文．“一带一路”战略的意义、机遇与挑战［N］．经济日报，2015－04－02.

［108］王永中．“一带一路”建设与中国开放型经济的转型发展［J］．学海，2016（1）：118－124.

［109］魏鉴，刘建刚．“一带一路”战略实施对我国的经济影响分析［J］．全国商情，2016（6）：17－18.

［110］肖金成．“一带一路”：开放、合作、发展、和平之路［J］．区域经济评论，2015（3）：70－72.

［111］郝瑞军．“一带一路”战略下我国区域经济发展受到的影响与格局重塑［J］．现代商业，2016（16）：77－78.

［112］郭楠．“一带一路”战略对区域经济新格局的影响［J］．改革与战略，2016，32（11）：78－81.

［113］惠宁，杨世迪．丝绸之路经济带的内涵界定、合作内容及实现路径［J］．延安大学学报（社会科学版），2014，36（4）：60－66.

［114］陶坚．“一带一路”对中国及世界经济的影响［J］．社会观察，2015（12）：23－25.

［115］王成．论“一带一路”战略的深远意义［J］．中国市场，2015（39）：16，18.

［116］张希梅．从“三个世界划分”理论看“一带一路”战略的意义［J］．赤峰学院学报（汉文哲学社会科学版），2016，37（10）：45－47.

［117］陈文玲．以长效机制推进“一带一路”建设［N］．光明日报，2015－04－15.

［118］姜彩良，华光，孙东泉．经济带战略下交通物流一体化发展的策略［J］．综合运输，2014（7）：20－23.

［119］龚新蜀，马骏．“丝绸之路”经济带交通基础设施建设对区域贸易的影响［J］．企业经济，2014（3）：156－159.

［120］林跃勤．“一带一路”构想：挑战与应对［J］．湖南财政经济学院学报，2015，31（2）：5－17.

［121］黄红山．“一带一路”倡议：驱动力、战略内涵及建设路径辨析［J］．贵州社会科学，2015（9）：26－30.

［122］王晓梅，葛欣．“一带一路”战略再认识［J］．山东农业工程学院学报，2015，32（5）：63－67.

二、外文文献

［1］AVDASHEVA S，SHASTITKO A，KUZNETSOV B. Competition and Industrial Organization in Transition Markets：What Can We Derive from Empirical Studies［J］. Post－Communist Economies，2007（1）：17－33.

［2］LAURA N. Haar，Industrial Restructuring in Romania from a Bilateral Trade Perspective：Manufacturing Exports to the EU from 1995 to 2006［J］. Europe－Asia Studies，2010（5）：779－805.

［3］ALCORTA L. Industrialization，Employment and the Sustainable Development Agenda［J］. Development，2015（4）：528－539.

［4］LEWIS W A. Economic Development with Unlimited Supplies of Labour［J］. Manchester School，1954（2）：139－191.

［5］KUZNETS S. Modern Economic Growth：Rate，Structure and Spread［J］. Journal of Political Economy，1966（37）：475－476.

［6］CHENERY H B. Patterns of Industrial Growth［J］. The American Economic Review，1960，50（4）：624－654.

[7] PORTER M. The Competitive Advantage: Creating and Sustaining Superior Performance [M]. New York: Free Press, 1985.

[8] GEREFFI G. International Trade and Industrial Upgrading in the Apparel Commodity Chain [J]. Journal of International Economics, 1999 (1): 37 -70.

[9] GIULIANI E, PIETROBELLI C, RABELLOTTI R. Upgrading in Global Value Chains: Lessons from Latin American Clusters [J]. World Development, 2005 (4): 549 -573.

[10] HUMPHREY J. Upgrading in Global Value Chains [J]. International Labor Office Working Papers, 2004: 209 -239.

[11] CATTANEO O, GEREFFI G, STARITZ C. Global Value Chains in a Postcrisis World: A Development Perspective [J]. International Labour Review. 2012 (2): 367 -369.

[12] MORRISON A, PIETROBELLI C, RABELLOTTI R. Global Value Chains and Technological Capabilities: A Framework to Study Learning and Innovation in Developing Countries [J]. Oxford Development Studies, 2008 (1): 39 -58.

[13] PIETROBELLI C, RABELLOTTI R. Global Value Chains Meet Innovation Systems: Are There Learning Opportunities for Developing Countries [J]. World Development, 2010 (7): 1261 -1269.

[14] AZADEGAN A, WAGNER S W. Industrial Upgrading, Exploitative Innovations and Explorative Innovations [J]. International Journal of Production Economics, 2011 (1): 54 -65.

[15] ROSTOW W W. Politics and the Stages of Growth [M]. New York: Cambridge University Press, 1971: 121 -124.